说三国 话战略

Saying the Three Kingdoms　Discussing Strategies

刘锦秀◎著

九州出版社
JIUZHOUPRESS

图书在版编目（CIP）数据

说三国　话战略／刘锦秀著.－－北京：九州出版社，2014.6

ISBN 978－7－5108－3046－4

Ⅰ.①说… Ⅱ.①刘… Ⅲ.①《三国演义》—应用—商业经营—研究 Ⅳ.①F715

中国版本图书馆 CIP 数据核字（2014）第 129229 号

说三国　话战略

作　　者	刘锦秀　著
出版发行	九州出版社
出 版 人	黄宪华
地　　址	北京市西城区阜外大街甲 35 号（100037）
发行电话	（010）68992190/3/5/6
网　　址	www.jiuzhoupress.com
电子信箱	jiuzhou@jiuzhoupress.com
印　　刷	北京天正元印务有限公司
开　　本	710 毫米×1000 毫米　16 开
印　　张	17
字　　数	305 千字
版　　次	2014 年 8 月第 1 版
印　　次	2014 年 8 月第 1 次印刷
书　　号	ISBN 978－7－5108－3046－4
定　　价	49.00 元

前　言

滚滚长江东逝水,浪花淘尽英雄。

是非成败转头空,青山依旧在,几度夕阳红。

白发渔樵江渚上,惯看秋月春风。

一壶浊酒喜相逢,古今多少事,都付笑谈中。

看过《三国演义》的朋友都很熟悉,这是它的开场白。这是明朝杨慎所做《廿一史弹词》第三段《说秦汉》的开场词,后毛宗岗父子评刻《三国演义》时将其放在卷首,成为中国四大名著《三国演义》的告白。

这首词的大意是:

那滚滚向东流的长江水啊,有多少英雄人物像你那翻飞的浪花一般消逝。不管是与非,还是成与败,到了最后都是一场空,都已经随着岁月的流逝而逐渐地消逝了。当年的青山依然还在,只是太阳已经重复了不知多少次的日升日落。在江边的白发隐士,早已看惯了世事的变化岁月的更替,那些英雄事迹,风流往事,都已经看淡了。那些人那些事只是在和老友难得的相聚时,当作下酒的小菜罢了。绝妙好辞,用在历史小说中很贴切。

杨慎的一曲《临江仙》,道尽了历史真谛,生活真情。尽管其中说的都是实话,但是未免有点太消极了。这与杨慎的人生经历有关,此处不做多言,但是大丈夫处世,为所当为! 能在有限的人生中做出一点闪光的业绩,那才不枉人间走了一趟! 年轻时可以玩味,不可沉浸其中,否则一生毁矣!

三国时期,在中国历史上,只能算是一个很短的片段,但是他在中国人心中的地位却是至高无上的,无论是达官贵人,还是平民百姓,只是看点不同。正像《临江仙》中的两种感受那样:"是非成败转头空,青山依旧在,几度夕阳红。"——达官贵人型的感受;"白发渔樵江渚上,惯看秋月春风。"——平民百姓型的感受。但是历史就是历史,已经过去再也不能改变什么,我们也不可能回到那个时代,所以无论我们是什么身份,如果聚在一起,那就喝喝酒,把那些历史作为下酒菜,"古今多少事,都付笑谈中"。

在中国浩瀚的历史长河中,充满了可歌可泣的历史话剧,三国时期就是其一。虽然三国时期历史很短,只有区区96年(公元184年爆发黄巾起义为三国上限,以公元280年晋灭吴为下限),但是一部《三国演义》竟然能将这96年历史极尽升华,成为其诞生以来中国人乃至世界政治家、军事家的智慧源泉!一段三国历史,有着太多的领袖、能人、名仕演绎了自己的风采,给后人留下了耀眼的传奇。今天,我们就以笑谈方式来说说三国,说说那些闪光的人和故事,在笑谈中,走近那些人,走进那些事,走进古人的智慧,总结他们的得失,对比我们今天的工作,总结自己的言行得失,赢取明天的成功。

三国时期的政治家曹操、刘备、孙权、诸葛亮、司马懿的政治、经济、军事智慧以及众多的谋士、将领的个人领导魅力成为所有政治、经济、军事上层人士的研究核心。他们在历史和小说中的一言一行、一举一动无不令各国的社会精英人物反思!

"商场如战场。"本书从三国竞争入手,以国家竞争谋略对比分析企业商战竞争谋略,从经济角度展现《三国演义》的新时代经济价值!经济集团的崛起与政治集团的崛起相似,除了营销团队和军队是各自势力成长壮大的外部相类必备条件外,其集团内部核心成员立业资本的成长经历也有白手起家、祖宗遗荫、借壳而生三种情况。本书通过再现《三国演义》中魏、蜀、吴的立国过程,分析各个政治军事集团在立国的过程中领导者、前辈、智囊幕僚等各个要素的作用,衡量各个要素在其成功立国的事业中所处的地位,从战略设计角度总结他们成功的必要条件和核心工作,以指导今天的企业界竞争。

一方面,本书着眼管理和竞争,从三国争雄的历史事实中,在研究三方势力之间的政治、经济、军事竞争实例中,感悟古人的人才管理智慧、竞争智慧,对照今天的企业竞争,将中国的历史管理精粹融入今天的经济及企业管理中,从理念上改造中国的"儒商"文化,将法家、纵横家、兵家等思维融入儒商理念,塑造符合时代特点的儒家经营理念,打造符合时代特点的华夏商家新气象。

　　另一方面,本书专注于当今市场竞争战略、企业发展战略设计规划,通过研究三国战略的形成过程,分析古人智慧,把中国丰富的历史政治智慧分解为企业管理智慧,并应用到当今的企业经济管理工作中去,以帮劼企业建立战略设计、战略管理大智慧,打造中国特色的企业管理模式,重塑中华民族在世界上的文化、经济地位,让中华民族重新登上世界的巅峰。

　　就像当今时代"每个成功男人背后都有一个伟大的女人"一样,古时,每个成功军事家背后都应该有一个伟大的战略家。因为战略家不仅谋划战场上的事情,同时还要运筹政治、经济、外交等方面的问题,从而才能够取得战争上的最终胜利。白起的身后有吕不韦支持,韩信的身后有萧何支持,徐达的身后有刘伯温支持等等,如果在后方没有一个能够着眼全局、审时度势并且拥有统帅权的人,战场上的人必将不知何去何从。同理,刘备背后有谁?孙权背后有谁?一代枭雄曹操背后也有人吗?

　　古人言:"读史使人明智。"今天,我们就一起读读三国,明明战略,长长智慧。随便也探索一下刘备、孙权、曹操背后的人和事。

目 录
CONTENTS

上 篇

01

| 说三国 话战略 |

《隆中对》 话战略

亮躬耕陇亩，好为《梁父吟》。身长八尺，每自比于管仲、乐毅，时人莫之许也。惟博陵崔州平、颍川徐庶元直与亮友善，谓为信然。

时先主屯新野。徐庶见先主，先主器之，谓先主曰："诸葛孔明者，卧龙也，将军岂愿见之乎？"先主曰："君与俱来。"庶曰："此人可就见，不可屈致也。将军宜枉驾顾之。"

由是先主遂诣亮，凡三往，乃见。因屏人曰："汉室倾颓，奸臣窃命，主上蒙尘。孤不度德量力，欲信大义于天下；而智术浅短，遂用猖獗，至于今日。然志犹未已，君谓计将安出？"

亮答曰："自董卓以来，豪杰并起，跨州连郡者不可胜数。曹操比于袁绍，则名微而众寡。然操遂能克绍，以弱为强者，非惟天时，抑亦人谋也。今操已拥百万之众，挟天子而令诸侯，此诚不可与争锋。孙权据有江东，已历三世，国险而民附，贤能为之用，此可以为援而不可图也。荆州北据汉、沔，利尽南海，东连吴会，西通巴蜀，此用武之国，而其主不能守，此殆天所以资将军，将军岂有意乎？益州险塞，沃野千里，天府之土，高祖因之以成帝业。刘璋暗弱，张鲁在北，民殷国富而不知存恤，智能之士思得明君。将军既帝室之胄，信义著于四海，总揽英雄，思贤如渴，若跨有荆、益，保其岩阻，西和诸戎，南抚夷越，外结好孙权，内修政理；天下有变，则命一上将将荆州之军以向宛、洛，将军身率益州之众出于秦川，百姓孰敢不箪食壶浆，以迎将军者乎？诚如是，则霸业可成，汉室可兴矣。"

先主曰："善！"于是与亮情好日密。

关羽、张飞等不悦，先主解之曰："孤之有孔明，犹鱼之有水也。愿者君勿复言。"羽、飞乃止。

这就是《隆中对》。《隆中对》是中学课本的一篇重要课文，中国人除了小孩和部分新中国成立前出生的老人外，几乎无人不知，无人不晓，甚至人人都能背上一段。本书以《隆中对》开篇，不是因为《隆中对》在中国人中耳熟能详，而是因为

《隆中对》这不是一篇普通的文章,而是一篇三国战略的总纲,是一篇中国人的战略智慧启蒙文章,更是中国人对待智慧、对待人才态度的典范——三顾茅庐!《隆中对》尽管问世近两千年了,但是其中包含的中国人的智慧仍然在今天具有高度的指导意义,时至今日依然熠熠生辉。这也是诸葛亮留给我们解读三国历史的钥匙,是留给我们华夏儿女的宝贵智慧财富。陈寿一篇《隆中对》,倾倒读后的所有中国人,非为文采,实为内中诸葛亮的对白,那是中国千古名臣诸葛亮的传世智慧之言,也是最高水平的战略策划书。

在中国,诸葛亮不仅是智慧的化身,也是忠诚的代表,"鞠躬尽瘁,死而后已"是他一生的写照,诸葛亮也因此成为中国传统文化中忠臣与智者的代表人物。因此,诸葛亮的形象可以说是家喻户晓,老少皆知,也因此诸葛亮的东西几乎都成了圣物,诸葛亮的言行文章成了天下楷模,尤其是这一篇《隆中对》,天时、地利、人和的战略分析,层层递进分析,言简意赅表达,一针见血的评论,准确的历史发展推断,在智者如过江之鲫的中国历史上无出其右者,成了天下读书人的策论瑰宝。中国历代上至老人下至懵懂孩童,都不得不佩服诸葛亮的战略远见!千百年来,诸葛亮已经成为智慧的化身,其传奇性故事为世人传诵。究其原因,主要在于其智慧传奇的一生,尤其是《隆中对》和其中的天下分析论述。与其说他是杰出政治家、军事家、战略家、散文家、外交家,不如说他是中国历史上最伟大的战略策划家。

诸葛亮和《隆中对》之所以能够被如此推崇,还因为一篇《隆中对》,就像汉末三国时期的墓志铭,而且是三国时代还没开始就已经写就的墓志铭。其中对各个政治力量未来发展的战略预测的准确性历史罕见,也因此诸葛亮神机妙算折服了后代所有人,大智若仙的称号主要就是由此而来。且看《隆中对》战略分析:

"先主遂诣亮,凡三往,乃见。"这就是刘备一生的亮点品牌——三顾茅庐,这是一代帝王留给世人对待人才的态度的楷模,也是刘备之所以能够占据三国时期人和阵地的写照。刘备的生平除了在请诸葛亮出山这件事做得漂亮外,作为帝王再也没有什么亮点了。刘备如果没有这一亮点,他就会在中国的历史上沦为普通开国帝王,简短一提一掠而过。

因屏人曰:"汉室倾颓,奸臣窃命,主上蒙尘。孤不度德量力,欲信大义于天下;而智术浅短,遂用猖獗,至于今日。然志犹未已,君谓计将安出?"

此为作为迷路者的刘备寻找诸葛亮的来由,并表达自己的行动目标——欲信大义于天下,接着自己分析自己的缺陷——智术浅短,以及明白由此对自己事业的实现造成致命威胁,最后表达自己不甘心失败,还要继续努力拼搏的意愿,今天是向您求教来了!开门见山,直达主题,自己的缺点和不顺,竹筒倒豆子一点不掩藏，全部袒露。不仅体现了一代英雄人物的开阔胸怀，也表达出了自己的诚意，诚心向诸葛亮请教。

于是，战略大师诸葛亮开讲。首先是天下形势战略分析：

"自董卓以来，豪杰并起，跨州连郡者不可胜数。曹操比于袁绍，则名微而众寡。然操遂能克绍，以弱为强者，非惟天时，抑亦人谋也。今操已拥百万之众，挟天子而令诸侯，此诚不可与争锋。孙权据有江东，已历三世，国险而民附，贤能为之用，此可以为援而不可图也。"

这是诸葛亮直抒胸臆，指点江山。诸葛亮首先指出了已经稳坐"江山"市场上两把交椅的人物——曹操和孙权，他们的实力已经不可撼动，不是你刘备目前所能谋取的。接着，诸葛亮又简明扼要地分析了他们两人成功的因素：曹操——除了"挟天子而令诸侯"的天时优势外，还有"抑亦人谋"优势，即不仅占了天时，而且还占了人才人和的优势；孙权——"已历三世，国险而民附，贤能为之用"，即孙权之所以成功占据江东是因为祖上遗荫、地利、人和、人才四大优势。同时诸葛亮也隐约地暗示了未来的敌人是谁——"不可与之争锋"的曹操，明确指出未来的朋友是谁——"可以为援而不可图"的孙权。以上江山可谓已经"名花有主"，其中的敌人和朋友也已经分清，那么刘备往何处去？所以，诸葛亮接着就开始分析刘备的未来发展方向：

目标一："荆州北据汉、沔，利尽南海，东连吴会，西通巴蜀，此用武之国，而其主不能守，此殆天所以资将军，将军岂有意乎？"

目标二："益州险塞，沃野千里，天府之土，高祖因之以成帝业。刘璋暗弱，张鲁在北，民殷国富而不知存恤，智能之士思得明君。"

这两处地盘，每一处都资源丰富，而且现在的统治者都不是能够守得住的英明领导人，将来必定会换人。这两处地盘，一处是"用武之国"，一处是"高祖因之以成帝业"，都可以成为你的地盘，你想要哪一处地盘？无论得到哪一处地盘，你都不仅可以安身立命，而且都可以实现你匡扶汉室的抱负。

地盘先说到这里，你暂时也不需要做出选择，也不需要回答，再分析一下你刘备自己："将军既帝室之胄，信义著于四海，总揽英雄，思贤如渴。"

你刘备的优势：

一是身份优势——"帝室之胄"。这是汉朝的正统，正所谓"根正苗红"，无论在哪里占地盘都是理所当然——这些都是我们家的地盘，我占自己家的东西你有什么资格说三道四指手画脚。所以，这个身份优势可以在舆论上处于先发制人的道德制高点。

二是品牌优势——"信义著于四海"。你从剿灭黄巾军暴动开始，为汉朝为了老百姓的和平安宁东挡西杀,一心为了天下着想,你的大公无私的形象已经传遍全国,就连我这个在家种地的人都知道。

三是实力优势——"总揽英雄"。你现在有张飞、关羽、赵云等那么多的英雄豪杰跟随,你也已经初步具备了争霸的实力。

四是人才观优势——"思贤如渴"。你对待人才的需求就像口渴的人想要喝水一样的急切,你对人才的态度就像口渴的人对待宝贵的水那么保护爱护。

你现在要身份有皇家身份,要影响有信义品牌,要实力有那么多英雄人物跟随你,要吸引力同样不差,你对我的态度和表现就说明了一切。你已经很厉害了,很有发展前途!你有如此的实力,可以干出很大的事业啊。

接着,诸葛亮对刘备的江山事业的项目战略策划出台,原话是这样的:"若跨有荆、益,保其岩阻,西和诸戎,南抚夷越,外结好孙权,内修政理;天下有变,则命一上将将荆州之军以向宛、洛,将军身率益州之众出于秦川,百姓孰敢不箪食壶浆,以迎将军者乎?诚如是,则霸业可成,汉室可兴矣。"这是一句标准的策划用语表达方式,和严谨的规划策划结构特点。

这句话首先明确点明刘备的未来事业的攻占发展方向——"若跨有荆、益",虽然是假设,但是他却是告诉了刘备下刀进攻的方向。接着是维持江山的经营策划方案:在军事上——"保其岩阻",凭借地形地利优势,建立稳固的防御阵地;在外交上——"西和诸戎,南抚夷越,外结好孙权",这实际上是点明了这两片地盘的弱点,一个是西边的少数民族势力,一个是南边的少数民族势力,另外还有江东的孙权需要格外关注,那是未来匡扶汉室消灭汉贼曹操的最强助力,这三股势力需要认真打理、结交、经营;在内政管理上——"内修政理",就是要理顺内部管理制度和结构,做到内部和谐团结,思想统一,一致对外,以你为中心恢复刘汉天下;最后是匡扶汉室的江山扩张战略——"天下有变,则命一上将将荆州之军以向宛、洛,将军身率益州之众出于秦川,百姓孰敢不箪食壶浆,以迎将军者乎?"这是诸葛亮为刘备所做的实现匡扶汉室策划的核心。前边的所有策划都是为此目的做准备工作,这些才是真正地实现刘备战略目标的具体途径规划:

一是等待机会——"天下有变"。战略的执行需要准备执行所需的物质基础条件和战略机遇,而战略机遇的出现需要时间等待。每个战略规划的执行都需要满足一定人力物力的物质条件,而且需要一定的机遇才能触发,否则称不上战略规划。所以刘备想要实现自己的目标,不仅需要将前边的一切问题做好,还需要等待一个天下形势发生重大变化的机遇。

二是军事行动安排——"命一上将将荆州之军以向宛、洛,将军身率益州之众出于秦川",从西、南派两路大军讨伐曹魏,必然会一战而平曹魏政权。

最后是战略设计的总结和展望——"诚如是,则霸业可成,汉室可兴矣"。如果这些条件都能达到,军事部署都能到位,那么您的愿望就一定能够实现,刘汉王朝就可以重现辉煌。到此为止,诸葛亮给刘备量身定做的一篇完整的建国复汉战略策划方案完成。

整篇《隆中对》中,诸葛亮所言虽然字数不多,包括标点在内只有区区350字,但是却是一篇条理分明、结构完整、分析令人人信服的建国战略策划方案,其分析和规划结构之完整堪称今天的商业项目策划、企业战略策划的鼻祖。

正是有了此项策划,并且被刘备坚决执行,刘备这才迎来了华丽转变,才有了之后蜀国的顺利建立,并且历史也更鲜明地展现了刘备违背了此策划,结果军事上遭到了空前的打击,从而掐断了蜀国的最后前景展望,因而造成了诸葛亮最终只能维持三国鼎立局面,而没有如《隆中对》中所言,"霸业(可)成,汉室(可)兴"。可谓"非策划之失,实执行之过也"。

首先看违背孙刘联盟战略设计的过程和结果。据历史记载:

公元214年,孙权"以备已得益州,令诸葛瑾从求荆州诸郡。备不许……(孙权)遂置南三郡长吏,关羽尽逐之"。自此,吴、蜀矛盾爆发。为争夺荆州地区,吴、蜀开始不惜兵戎相见。

公元219年,蜀汉留驻荆州的大将关羽,在伐魏战略条件不成熟的情况下,率军攻打曹魏占领下的樊城。虽然战术非常成功,曹操派于禁督七军援助曹仁,结果于禁七军尽被关羽水淹,"羽威震华夏",当此之时,蜀汉军事力量发展至巅峰,居于三国之中最强盛,曹操甚至"议徙许都以避其锐"的地步,但是,蜀汉军事势力的发展,不仅对曹魏集团构成了极大的甚至是致命的威胁,而且对孙吴集团也是形成了严重的威胁,曹操和孙权在这种情况下,出人意料地结成了同盟。虽然双方都知道是暂时的,但是共同的目标和威胁下,却结出了他们都期望的果子。孙权趁关羽出兵樊城,后方空虚的时机,命大将吕蒙袭取荆州,斩杀了关羽。

公元221年,为了夺回荆州,刘备置战略设计于不顾,不惜一切代价,称帝后立即倾巢出动,沿长江而下伐吴,与《隆中对》所设计战略背道而驰。结果,夷陵一战,蜀军大败,至此蜀汉的巅峰军事实力几乎全灭。自此,蜀汉的军事实力再也不能对孙吴、曹魏构成军事威胁。至此,诸葛亮在《隆中对》中给刘备所做的战略策划完全被破坏。刘备执行不力,一着不慎,满盘萧瑟。

由此可见,孙刘联盟战略不仅不是铁打的,而且还需要不断维护保养的。这是《隆中对》中未来目标实现的一个重要条件——孙刘联盟击曹魏,不可变,更不可破坏。

再说诸葛亮伐魏失败。按照诸葛亮的伐魏战略设计,分两步走,一步是建立伐魏根据地,做好伐魏准备;第二步才是军事伐魏。

如诸葛亮《隆中对》所策划那样:首先利用荆州牧刘表、益州牧刘璋的弱点,抓住时机夺取荆、益二州;然后再以荆州、益州为根据地,待机而动。刘备都按照诸葛亮《隆中对》战略决策执行,都实现了,刘备先后夺取了荆、益二州。当此之时,可谓万事俱备,只欠修炼内功和等待"天下有变"的时机了。然而,由于关羽的盲动,连累荆州丢失,使得诸葛亮伐魏时的军事布局条件,与《隆中对》所策划的伐魏战略的布局条件发生了极大的差异,已完全不同于《隆中对》中所设计的伐魏战略条件。

伐魏成功的设计条件是"天下有变,则命一上将将荆州之军以向宛、洛,将军身率益州之众出于秦川",这是两个军事战略布局配合的钳形攻击战术,两头夹击,最后取得胜利。如今,荆州已经丢失,使得实施诸葛亮所设计的钳形攻击战术断去一臂,只能寄希望于他人——孙权合作实施,从而成为战术空谈。尽管诸葛亮后来与孙吴重修盟好,但是终究不是自己的军队,这就注定了完美的战术合作很难达成,同样想要的战术结果——伐魏成功也很难实现。

同时,失去荆州,不仅使得军事上丧失了"命一上将将荆州之军以向宛、洛"与"将军身率益州之众出于秦川"的两面夹击曹魏的战术设计成为泡影,而且使得蜀汉疆土偏居一隅,经济实力也被极大削弱,并且处于被蜀道天险与中原隔离的窘境。每次伐魏,所需要的军事物资集结、供应都成了大问题,攻击能力大大被削弱,严重地影响着伐魏军事行动。

最重要的是失去荆州,蜀汉的经济实力一落千丈。尽管诸葛亮对蜀汉政权在政治上加强治理,整顿吏治,举贤任能,调和了蜀汉集团内部随刘备入川的荆州集团和原属刘璋的益州集团的关系;经济上则大力奖励耕战,务农植谷;军事上治戎讲武,为北伐作准备,从而蜀汉出现了"田畴辟,仓廪实,器械利,蓄积饶"的局面和训练出了一支十余万人的精兵;尽管为了安定蜀汉的后方,解除北伐的后顾之忧,诸葛亮亲率大军南征,平定了南中四郡南夷首领的叛乱,同时,又征收南中地区出产的金、银、丹漆、耕牛、战马等物资以给军国之用,并得到劲卒万人编入蜀军,加强了蜀汉的军事实力,但是即使如此,蜀汉与曹魏、孙吴相比,在经济上和军事上都还是最弱的,已经完全丧失了建国之初的强盛,失去了成为最强的发展条件,也完全丧失了《隆中对》中完美的战略策划成功的一个最重要条件。

综观三国,细看蜀国的成长史,没有伟大的策划,就不会建立起伟大的事业。同时,没有高超的执行团队,也不可能实现伟大的战略。

占天时　曹魏雄起

自古以来都说,三国争霸,曹操占了天时,从而成就了曹魏集团的崛起。今天我们就以立业为出发点,针对此观点从战略角度说一说,论一论。

何谓天时?高深的说法就是道,通俗的说法就是规律。占天时就是做事顺天应人也。所谓顺天,就是顺应事物的发展趋势,顺应变化规律;应人就是响应大多数百姓的愿望,符合天下人的心愿。说曹操占了天时,可以说对,也可以说不对。为什么这么说?

话说刘汉政权末年,由于朝廷腐败,宦官外戚争权夺利争斗不止,加上边疆战事不断,国势日趋疲弱。又适值全国大旱,土地颗粒不收而官府赋税不减,走投无路的贫苦农民在巨鹿人张角的号令下,于公元184年,纷纷揭竿而起,全国七州二十八郡都发生了起义,这就是中国历史上著名的黄巾军起义。

黄巾军起义导致天下大乱,东汉政权为了平息叛乱,将兵权从中央政权下放到地方州郡,于是群雄并起,各地官员都借着剿灭黄巾军机会发展自身实力,拥兵自重。虽然黄巾军起义最后被剿灭,但是最终导致了各地方官掌握了国家的最终极武器——军队,然后携势自重,不听朝廷号令或者阳奉阴违,脱离了中央政权的控制,形成了军阀割据,东汉政权走上了名存实亡的结局。

当此之时,天下人心浮动,思想不一,但是最终只有两种势力,那就是保皇派和分裂自立派。保皇和自立两种思想贯穿了整个剿灭黄巾军的过程,两种势力纵横交错,互相攻伐,一片民不聊生。最终,还是应了那句话"天下大势,合久必分,分久必合",刘汉400多年的国家一统局面被打破,开始了中国历史"合久必分"的历程。

自公元184年黄巾起义开始,到公元196年曹操迎汉献帝到许都,全国各地的割据势力经过十多年的火拼厮杀,最后形成了比较稳定的11大政治军事势力,将全国划分成了十大地盘。公孙瓒占据幽州;公孙度占据辽东;袁绍占据冀州、青州、并州三个地区,实力最雄厚;袁术占据扬州;曹操占据兖、豫二州;刘表占据荆州;孙策、孙权占据江东;韩遂、马腾占据凉州;刘焉、刘璋父子占据益州,张鲁占据汉中。唯独作为保皇派中坚力量的刘备，没有占据固定的地盘，率领部队辗转四方，先后依附于公孙瓒、曹操、袁绍、刘表等，狼奔豕突，几乎是颠沛流离的状态。各个势力中，除了刘备集团特殊外，还有曹操很特殊，他的地盘处于中国大地的中央，四周全是各大割据势力，此为四战之国，很容易被周边国家瓜分灭亡，尤其是最大的袁绍军事集团在他的北方，第二强势集团孙吴军事集团在他的东南边，更容易成为他们的目标，被他们所覆亡。

直到公元 196 年，曹操迎汉献帝到许都后，天下割据形势才开始发生巨变。曹操接连先后率军消灭了吕布、袁术、袁绍等割据势力，占领了冀、幽、青、并等州，几乎平定了长江以北刘汉天下的大部分疆域，大有顺势平定南方，一统华夏的趋势。然而，这一切的发生，都是在曹操的军事势力没有大的改变，同时又没有其他势力倾力相助的情况下，完成了此等壮举，尤其是打败袁绍更为不易。为什么曹操集团在迎汉献帝到许都后会发生如此大的改变，这首先要详细认识一下曹操，然后再说一说曹操所执行的"挟天子以令诸侯"战略。

曹操（155—220 年），即魏武帝，字孟德，小名阿瞒，谯郡（今安徽亳县）人。三国时政治家、军事家，诗人。东汉末年，在镇压黄巾起义军中，逐步扩充军事力量。初平三年（192 年）占据兖州，分化、诱降青州黄巾军的一部分，编为"青州兵"。建安元年（196 年）迎献帝都许（今河南许昌东）。挟天子以令诸侯，先后削平吕布等割据势力。官渡之战大破军阀袁绍后，逐渐统一了中国北部。建安十三年，进位为丞相，率军南下，被孙权和刘备的联军击败于赤壁。后封魏王。子曹丕称帝，追尊为武帝。著有《孙子略解》、《兵书接要》等军事著作和《蒿里行》、《观沧海》、《龟虽寿》等诗篇。史书评论曹操："明略最优"，"治世之能臣，乱世之奸雄"，"横槊赋诗，固一世之雄也"。

曹操出生在官宦世家，他的父亲曹嵩本姓夏侯，因为后来成为中常侍大长秋曹腾的养子，于是改姓曹氏。曹操年轻时即已文武双全，《魏书》说他"才力绝人，手射飞鸟，躬禽猛兽，尝于南皮，一日射雉获六十三头"。《三国志》说他"才武绝人"，"少机警，有权数"。公元 175 年，曹操举孝廉，任洛阳部尉。公元 177 年任顿丘令，公元 179 年娶卞氏为妻，公元 180 年升为议郎。公元 184 年，在东汉王朝镇压黄巾军起义的战争中起家，任骑都尉。由于镇压黄巾军有功，升任济南相。后历任东郡太守、都尉、典军校尉等职。公元 189 年，董卓入京后，曹操逃亡回家乡陈留起兵讨伐董卓。

公元 192 年，曹操正式组建自己的军事集团"青州兵"，公元 196 年，率军进驻洛阳奉迎汉献帝，"奉天子以令不臣"并迁都至许昌。公元 200 年到公元 207 年间，经官渡之战等战役，打败袁绍和其他割据军阀，统一中国北部。建安十三年

(208 年)12 月,于赤壁之战中败于孙权和刘备联军,从此奠定中国历史上魏蜀吴三国鼎立的局面。

公元 213 年,曹操封为"魏公"。公元 215 年,攻灭汉中的张鲁势力。公元 216年,再被晋爵"魏王",受九锡,设天子旌旗,戴天子旒冕,出入得称警跸,并作泮宫。他名义上虽仍为汉臣,权倾朝野,实际上已具备皇帝的权力和威势,但仍未篡汉自立。曹操死于公元 220 年 3 月 15 日,享年六十六岁,谥曰武王。公元 220 年,长子曹丕立魏代汉,追尊曹操为太祖武皇帝。

曹操在内政方面,他创立屯田制。他在北方屯田,兴修水利,命令不用打仗的士兵下田耕作,解决了军粮缺乏的问题,对农业生产的恢复有一定作用。他对东汉末年中国北方的统一,经济、生产的恢复发展和社会秩序的稳定有着重大贡献。

在用人方面,爱才若渴,唯才是用,建立了汉末时期最大的人才团队。关羽被他抓住时,他很希望关羽降服于他,因为他知道关羽是一个又忠心又骁勇善战的人,但关羽始终都不答应,还恶语相加。最后,宁愿放关羽回去,也舍不得杀了他。可见他是一个很惜才的人。用人唯才,打破世族门第观念,罗致地主阶级中下层人物,抑制豪强,加强集权。所统治的地区社会经济得到恢复和发展。

他精于兵法,著有《孙子略解》、《兵书接要》等书。他善诗歌,《蒿里行》、《观沧海》等篇抒发自己的政治抱负,并反映汉末人民的苦难生活,气魄雄伟,慷慨悲凉,开创了一代新词风。

最明确的"挟天子以令诸侯"来源于诸葛亮的《隆中对》,原文是"今操已拥百万之众,挟天子而令诸侯,此诚不可与争锋"。此时已经是该战略已经执行成功了,然而起源在哪里?这就要从毛玠和荀彧说起。

毛玠(?—216 年),字孝先,陈留平丘(今河南封丘)人,曹魏谋士。他是最早向曹操提出"奉天子以令不臣,脩耕植,畜军资"的战略规划的谋士,也因而得到曹操的欣赏。

毛玠很廉洁,在其年少为县吏时,就以清廉公正著称。后来,因为战乱他计划到荆州去避乱,但是在中途时由于知道了刘表政令不严明,因而改道去了鲁阳,后来又投靠了曹操。在曹操手下为官时期,毛玠与崔琰主持选举,最后所举用的都是清廉正直之士。由于毛玠很廉洁,因而也激起了天下廉洁之风,使得即使尊贵得宠的大臣,衣着和车辆都不敢太奢华。由于毛玠和崔琰的表率作用,一改曹魏时期朝中风气,令曹操大为赞赏,曹丕也亲自去拜访他。曹操评价毛玠:"用人如此,使天下人自治,吾复何为哉。""此古所谓国之司直,我之周昌也。"一个没有丰功伟业、少见经传的谋士,能得到曹操如此评价,可谓难得之至!

公元 213 年,曹操封魏公,毛玠改任尚书仆射,再典选举。又密谏曹操应该立嫡长子曹丕为魏国太子。公元 216 年，崔琰被杀，毛玠因而十分不快，后来因被诬告而免职，不久逝世于家中。

由此可见，毛玠只是给曹魏集团提供了这一战略的构想，与曹操的执行此战略相距甚远。至于另一谋士荀彧，他不仅是"挟天子以令诸侯"的提出者，而且是关键时候能够抓住机遇的执行者。

荀彧（163—212 年），字文若，颍川颍阴（今河南许昌）人，官至侍中，守尚书令，封万岁亭侯，是曹操的最重要的谋士之一。因其任尚书令，居中持重达十数年，被人敬称为"荀令君"。后因反对曹操称魏公而受曹操所忌，调离中枢，在寿春忧郁成病而亡。死后被追谥为敬侯，后又被追赠太尉。荀彧是曹操统一北方的首席谋臣和功臣，居功至伟，是"挟天子以令诸侯"战略的具体提出者和执行者。

公元 196 年，黄巾军起义被彻底击败。七月，汉献帝刘协在杨奉、董承等护卫下，从长安返回洛阳。在要不要奉迎天子建都许县的问题上，曹军内部发生了争执。多数人不同意迎接献帝，理由是徐州还未平定，韩暹、杨奉刚刚将天子迎到洛阳，往北联结张杨，暂时还不能控制他们。

这时，荀彧则对曹操说："从前晋文公迎周襄王返回而诸侯服从，汉高祖东征项羽，为义帝穿素服发丧而天下归心。自从天子蒙乱，将军您首先倡导义兵勤王，只是因为山东地区纷扰战乱，还不能远赴关右，但还是分派将领，冒险与朝廷通使节，虽挽救国难于朝廷之外，而心无时不系于王室，这是将军诚扶天下的一贯志向。现今天子已返回京城，而洛阳又狼藉不堪，一片荒芜，义士有保朝廷的想法，百姓感念旧主而更增哀伤，如能趁此机会，拥戴天子以顺从民心，这是大顺；秉持大公无私之心以使天下豪杰归服，这是大略；主持正义以纳英才俊杰，这是大德。这样，天下虽有人叛逆，必定不会成为我们的忧患，这是很清楚的。韩暹、杨奉怎么敢为害呢？如不及时扶正朝廷，天下将生叛离之心，以后即使考虑此事，也来不及了。"

又是一篇精彩的战略策划。首先旁征博引"晋文公迎周襄王返回而诸侯服从，汉高祖东征项羽，为义帝穿素服发丧而天下归心"谈古做成功例证，然后论今天下形势分析"天子蒙乱"，就如同周襄王和汉高祖东征时一样的天下形势，接着指出目前机遇和好处，最后点出实际稍纵即逝，如果被别人占先，危害不可估量。

曹操不愧为一代枭雄，认为荀彧之言有理，马上顺应安集将军董承的秘密召请，亲率大军进抵洛阳，被任命为司隶校尉，奉迎汉献帝迁都许县（今河南许昌东）。果然，仅此一举，曹操一跃成为黄巾军之乱后最大的赢家，被封为大将军、武平侯，成为天子的代言人，天下的管理者，如此顺理成章地将那么多人想过或者执行过的"挟天子以令诸侯"战略最终实现。

虽然毛玠和荀彧的提议在文字上与曹魏真正实施的"挟天子以令诸侯"有点差异,他们提议的是"奉"天子,而曹操之行的是"挟"天子,并且在战略内涵上"奉天子"和"挟天子"也有着完全相反的行事区别,但是二者在执行过程的行事方式大同小异,都是将天子接来,在自己的地盘上让天子对外发布政令,命令与约束各地官员,仅此形式上一点,迷惑了大多数拥立刘汉政权的天下人。尽管毛玠和荀彧提出的都是"奉天子以令诸侯",都是为曹操能够匡扶汉室而设计,不是为曹操能够割据一方而策划设计,但是由于此战略符合当时天下形势,仍然达到了战略设计者的目的。此策划不仅取得了设计者所有的策划目的——曹操荣获"大顺、大略、大德",而且确实匡扶了汉室,但是他们终究没有曹操、曹丕的野心,低估了曹操、曹丕的智慧。曹操、曹丕都不是墨守成规之人,将"奉天子以令不臣"的拥汉战略规划进行了战略延伸,改造成"挟天子以令诸侯"的战略规划。

实际上,无论是"奉天子以令不臣"还是"挟天子以令诸侯",都不是一个新鲜战略策划,三国之前用过的大有人在,并且他们同时代许多战略家都想过和执行过。

汉末最早提出"挟天子以令诸侯"策略的是有"毒士"之称的战略家贾诩。据《三国志·魏书·贾诩传》中记载:

初平三年(192年),董卓被杀,其部将李傕等人便遣使诣长安求赦。当时掌权的司徒王允为人刚直,没有同意,李傕等人更加恐惧,不知所为,准备各自解散,逃归乡里。贾诩当时因为是董卓的部将,在李傕军中任职,为求自保,便出面阻止了他们,对李傕等人说:"闻长安中议欲尽诛凉州人,而诸君弃众单行,即一亭长能束君矣。不如率众而西,所在收兵,以攻长安,为董公报仇,幸而事济,奉国家以征天下,若不济,走未后也。"

此计为凉州军众人所采纳。李傕等以替董卓报仇为名,联络西凉军诸将,率军昼夜兼程,奔袭长安,后击败吕布,杀死王允,挟持了汉献帝,控制了东汉政府。

尽管贾诩向凉州军后期首领李傕提出的是"奉国家以征天下",与"挟天子以令诸侯"文字完全不同,但是本质却都是一样的,而且还成功执行了。只不过,由于凉州军缺少核心统领,内部不和,争权夺利互相攻讦,最终导致此战略失败,没有达到最终战略目标。同样的战略设计,在公元195年,汉献帝辗转流亡到河东等地时,袁绍的谋士沮授也向袁绍献过此计,不仅是标准的"挟天子以令诸侯",而且比荀彧还早一年提出的。据《后汉书·袁绍传》记载:

沮授说绍曰:"将军累叶台辅,世济忠义。今朝廷播越,宗庙残毁,观诸州郡,虽外托义兵,内实相图,未有忧存社稷恤人之意。且今州城粗定,兵强士附,西迎大驾,即宫邺都,挟天子而令诸侯,稸士马以讨不庭,谁能御之?"可是袁绍手下其他的谋士不赞成，从而使得此"挟天子而令诸侯，畜士马以讨不庭"战略，在袁绍那里成为空谈。可惜时间不会倒流，我们无法了解到袁绍最后被曹操实施此战略所灭时，到底在想什么。

虽然"奉天子以令不臣"与"挟天子以令诸侯"文字有别，但是实际含义上只是"奉天子"和"挟天子"一字之差。尽管只是一字之差，但是其对天子的态度却是"我听你的话"和"你的听我的话"的区别，追求的结果却是大汉天子"生"与"灭"的目标结果区别。原本的兴汉战略策划，经过枭雄曹操如此战略延伸更改，就成了曹氏集团的灭汉建国战略规划。这一战略迷惑了天下人，从而顺天应人，直接造就了曹魏集团的崛起，最终间接地促成了曹魏国家的成立，也结束了刘汉王朝四百多年的统治。

由此可见，同样的好策略曹操就比李傕、袁绍智商高明多了，政治手段的运用也比他们高超多了。看看全部战略过程，前有毛玠构思战略，被曹操认可，后有荀彧抓住机遇规划曹操执行，最后曹操战略改造延伸实施，图穷匕见，荀彧匡扶汉室适得其反，忧郁成病而亡，可见曹操战略运作之高超。

所以，追究曹魏的崛起的缘由，不是占了天时才如此，而是因为占了人和加曹操的枭雄能力，然后又进一步谋夺了天时，最后还是依靠人和这才成就了曹魏大业。有他的庞大的人才团队。在曹操征战天下的过程中，他吸引集中了大量人才，其数量之多用"猛将如云，谋臣如雨"来形容一点不为过。综合来看，曹操的团队有如下构成：

参谋团队：

军政全才的将领两人：前期为钟繇，后期为司马懿；骨干谋士荀彧、荀攸、贾诩、郭嘉、程昱、戏志才、刘晔、蒋济共八人；重要谋士三十五人：毛玠、董昭、陈群、华歆、满宠、王朗、崔琰、贾逵、杜畿、田畴、王修、杨修、辛毗、杨阜、田豫、王粲、蒯越、张既、杜袭、枣祗、任峻、陈矫、郗虑、桓玠、丁仪、丁廙、司马朗、韩暨、韦康、邴原、赵俨、娄圭、许攸、郭淮；其他谋士及掾属如严象、袁涣、张范、凉茂、国渊、何夔、徐奕、邢颙、鲍勋、刘放、刘资、梁习、温恢、郑浑、卫凯、刘廙、徐干、陈琳、阮瑀、应瑒、刘桢、繁钦、路粹、徐宣、卫臻、卢毓、戴乾、和恰、常林、杨俊、裴潜、崔林、高柔、孙礼、王观、高堂隆、牵招、徐邈、胡质、王昶、戴陵、郭湛、薛洪、董蒙、傅异、王选、张承、任藩、傅干、侯生、荀悦、成公英、贾洪、薛夏、令狐邵、刘毖、魏讽等五十七人。直到曹操去世为止，军政全才的将领、骨干谋士、重要谋士以及各级掾属，共有一百零二人。

尽管有这么多的谋士，但是起步就跟随曹操的找不到几人，绝大部分是跳槽过来的。如荀彧，被誉为有"王佐之风"，曹操称之为"吾之子房也"。荀彧原在袁绍那儿,后来发现其不能成事,便跳槽到曹操帐下。贾诩的背景就复杂多了,先是跟着董卓,后来依赖李傕、郭汜,再后来依附张绣、再后来依附曹操。华歆归属东吴,孙策对他很恭敬。曹操知道华歆很有贤名,便以朝廷名义征他到许都任职。他为曹操家族做了不少事,尤其是在曹丕篡汉,华歆是功劳大大的,后被任命为三公之一的司徒。钟繇曾在李傕、郭汜手下任职,后跳槽到曹操帐下。曹操专心平定山东时,就派他到长安去安抚韩遂、马腾。果然,钟繇凭借高超的外交手段办成。王朗最开始在陶谦那里,后来出任会稽太守,孙策攻破城池,王朗则逃至曹操帐下,其最大的功绩是与华歆一起逼汉献帝禅让。陈群先为刘备所用,后刘备被吕布所袭,陈群避居徐州;及吕布破后,方归曹操。在中国历史上著名的“九品中正制”就是陈群订制的,陈群历仕曹操、曹丕、曹睿三朝,以其突出的治世之才,竭忠尽职,为曹魏政权的礼制及其政治制度的建设,做出了突出的贡献。

天时的机遇就是在他们的策划下谋夺来的,曹操一统北方的大业也是在他们的协助下一步一步夺取的、建立的。

军力团队:

以虎卫军许褚、典韦,五子良将张辽、乐进、于禁、张郃、徐晃,八虎骑曹仁、曹洪、曹真、曹纯、曹休、夏侯惇、夏侯渊、夏侯尚为核心的战将团队,组成有嫡亲的、有跳槽来的、有挖角的、有礼聘、也有归降的等各种形式。如五子良将张辽,原为吕布帐下,后经曹操礼聘才归顺。同样张郃原为袁绍帐下,但是袁绍偏爱莽夫的颜良、文丑,不听张郃、田丰、沮授等人忠心计策,终于在官渡大败,而后张郃跳槽到曹操帐下等等,除了嫡亲的将领,几乎都是这样来的。

正像诸葛亮在《隆中对》中,总结曹操做大做强的原因时所说:“操遂能克绍,以弱为强者,非惟天时,抑亦人谋也。”可谓一针见血。

战略策划的制定,要跟着时代走,要有时代特色。同样的“挟天子以令诸侯”战略策划,用在现代社会,其行动表现通俗的说法就是“拉大旗作虎皮”,做品牌,包装自己,然后“狐假虎威”经营。此战略,在目前政治经济的中国,可谓司空见惯,在未来也会屡见不鲜。

政治场中,一个高官一倒台,下面倒下一大片,这不是主政者想要看到的,但是却是那些下级官员“拉大旗作虎皮”办事作风和爬升借力的必然结果。哪个不是如此。这种现象无须举例,翻翻历史不计其数,看看往年也司空见惯,睁着眼睛看着,以后同样会络绎不绝。

经济场中,看看以往那些已经暴露的“黑色”企业集团,哪个不是因为有保护伞才将企业做到那么大。保护伞的作用就是“以令诸侯”,至于是“挟天子”还是“奉天子”已经不重要了,总之得到了“天子”的许可做事了,又可以利用“天子”的威慑推开拦路的,目的都达到了。只不过这种对决明面上的很少见,都是在背后较量,胜败都在于幕后老板的能量大小,局外人根本不知这种较量,只有身在其中的掌控者,才会知道并感受到其中的滋味。

在人群中,自古就有的那些"官二代"、"富二代",他们飞扬跋扈、践踏法律、强取豪夺,为何古来不绝,无不是中国自古以来人治政治养成的这种思维促成。

无须奇怪,在这些都可以用中国此竞争战略解读。

现在是法治社会,这些都是不正常的占天时,我们需要的是合法合理的占天时。在政场很常见,表面的、背后的屡见不鲜。当大的天时机遇来临时,对每个人、每个组织都是机会均等,能否把握天时借势腾飞,在于政治场、经济场中每个人、每个组织的战略设计规划。

在商场中,这样的企业很多可供借鉴,摆在明面上的"挟天子以令诸侯"企业也就是国有企业,比如像中国石油天然气集团公司这样的企业:

中国石油天然气集团公司(简称"中国石油")是国有重要骨干企业,是以油气业务、工程技术服务、石油工程建设、石油装备制造、金融服务、新能源开发等为主营业务的综合性国际能源公司,是中国主要的油气生产商和供应商之一,2012年在世界最大50家石油公司综合排名上升至第4位,财富500强位居第6位,在国际石油领域的影响力举足轻重。

像这种资源型公司,其"祖国是我家,哪里有油哪里挖"的强势市场地位,就是"挟天子以令诸侯"的最形象表达,是新时代的挟天子以令诸侯的翻版。这样的超级公司,在石化资源统领全球的时代,在掌控全球最大的区域的采油权的局势下,在国家的倾力支持下,在历经60多年的经营后,即使做到全球第一公司,也不算奇迹!

这样的公司还有中国石油化工集团公司(简称中国石化)、中国海洋石油总公司(简称"中海油")、中国烟草专卖公司、各地的食盐销售公司等。任何资金如果与这种公司合作,取得一方霸主地位都不是奇怪的商业事件,只有没有取得成功的才是一件奇怪的商业奇迹。这就是所谓的借势,也就是"站在巨人的肩膀上经营"。

以上是国有企业占天时的情况,私营企业也不乏案例,标志性人物是胡雪岩。胡雪岩之类的"红顶商人"是私人企业占天时的典型代表,现在的北京博宥投资管理集团公司董事长丁羽心,也许丁书苗这个名字更熟悉些,依靠原铁道部部长、党组书记刘志军,在国家的铁路投资领域疯狂借权谋私、挟权谋私,获取巨额非法利益也是占天时的一种方式,只不过这种违法违纪的占天时经营行为注定最终不会有好结果。我们要的是像三一重工梁稳根这样的企业家,借着国家大规模的基础建设天时,扎实经营成就中国最大的工程建设机械制造企业之一这样的公平获取天时的企业;要的是像福耀玻璃曹德旺借着改革开放天时,中国走入汽车时代的天时,创立了中国最大的汽车玻璃制造厂商,世界第六大汽车玻璃生产商这样的顺时而为的企业。

中国天时分析:

企业无论是投资或者要做战略规划,关于"天时"的分析都不可缺少,这是策划必做的工作,而且是核心工作。这项天时分析工作主要有六个层面:

一是国家政策环境,这是最重要的天时。国家的经济发展政策现状、走势、未来模式,是每个企业都必须关注的,企业越大,关注度就要越重。小企业遇到国家政策调整,关、停、并、转可以快速适应,可以快速止损,但是越大的企业越难以改变,所以小企业可以没有战略规划,大企业必须得有自己的战略规划。国家的政策、资金支持的生产和研发项目必然是关系国计民生和未来发展的国际尖端性技术的、资源节约型产品,具体的是节约型技术、环保型技术、健康安全型技术、尖端技术型、海洋资源开发技术。

二是省区政策环境:省区的政策、资金支持方向原则上与国家保持一致,但是会增加地方特色的一些产品技术项目,所以仍然保持了国家政策支持项目范围,另外增加了国内高技术型产业、地方资源深加工型产业、本地区核心产业的产品生产和技术研发项目。

法律环境:主要表现在国家对行业准入门槛的变化、政府监管的变化等。

人文环境:主要是关系到各个产业及行业发展的国民素质、技工水平、人口结构等方面的表现和重大变化。

技术市场环境:主要指技术的开放、科技创新环境等。

行业环境:主要指行业现状及前景、产品技术门槛、前景及技术发展趋势。

以上五个方面只是最基本的天时分类分析,但是那都是过时的天时,战略策划最重要的是预测到五个方面的发展走势,并做下准备,一旦时机来临,立即爆发。想要得到天时,最重要的是要学会等待,然后是预测天机,通过合法途径制造或者力求掌控天机运行,能够做到这样,那才能真正地获得天时,那才是战略策划。

居地利　孙吴成霸业

　　自古以来都说东吴的建立,是依靠地利建立的,事情果真如此吗? 今天,我们就针对这个千古不疑的说法寻寻根,究究底。要对东吴的建立寻根究底,首先要了解东吴建立的全部过程和关键人物。

张角乱　孙吴起

　　我们都知道,东吴立国,离不开三个重要人物,那就是孙坚、孙策、孙权,其中孙坚是孙策、孙权的父亲。一门三杰,所以还是需要从父亲孙坚说起。

　　孙坚(155—191 年),吴郡富春(今浙江杭州富阳)人,是春秋时期军事家孙武的后裔。其前辈都没有声名,靠孙坚的勇力,参与剿杀黄巾军以及讨伐董卓的战役,战场搏命成为那个乱世的著名将领,官至破虏将军,经过 8 年奋力打拼成为东汉末期的地方军阀。

　　公元 184 年,黄巾首领张角在魏郡起事。由于这次起义八州并发,所以来势迅猛,起义火焰很快燃遍了整个中原地区。东汉统治者惶恐不安。他们调动一切力量,对起义军进行镇压。车骑将军皇甫嵩、中郎将朱俊奉调围剿威胁洛阳的黄巾军波才部。朱俊奏请孙坚担任佐军司马。从此,孙坚开始了征战生涯,也埋下了孙吴王朝的崛起的种子。

　　孙坚原先只是一县小吏,黄巾起义爆发后,他在淮、泗一带招募了一些士兵,加上跟随他在下邳县当差的同乡少年,共得精兵一千人拥兵自守,升为别部司马,由于战功显赫,英名远播,后来被封为长沙太守。公元 192 年,孙坚在与刘表作战中中箭身亡。孙坚去世后,他的长子,年仅十七岁的孙策接班。孙策接班后,一改孙坚的政治作风,以孙坚旧部为基础,专心经营自己的势力。在短短八年的时间里,孙策便削平江东各方割据势力,攻占了整个江东,成为江东霸主。然而,天妒英才,公元 200 年,孙策被刺杀去世,他的弟弟,年仅十八岁的孙权便成为江东的新主人。公元 208 年,孙权与刘备联合,于赤壁打败曹操军队,度过他接班后的最大一次危机。公元222年,孙权被魏文帝曹丕封为吴王,建立吴国;公元229年,孙权称帝。

由东吴建立的全过程可以看出,孙坚建立了孙家军队,然后孙策接过军队打天下,最后孙权继承家业、守业、发展家业,所以不得不说东吴的地盘是孙策打出来的,东吴的天下是孙权撑起来、发展壮大的。所以孙策是东吴建立的核心人物,研究东吴建国固然孙权应该占了很重的砝码,但是还是需要从孙策开始,因为孙吴的事业是在孙策的统御下发生了根本改变,这里面的玄机才是关键。尽管孙吴的事业是孙坚打下的基础,但是他只是一个战场将军,没有政治韬略,他留下的遗产只是一个忠勇好名声和一千多名忠心老兵。

遇张纮　江都对　孙策醒

孙策(175—200年),孙坚长子,孙权长兄。17岁接班,8年时间便削平江东各方割据势力,攻占整个江东,成为江东霸主。公元200年,孙策被刺杀而亡。这短短8年,到底发生了什么?

话说孙坚去世后,孙策接班,但是接到的是孙坚原本的政治势力垮台,仅剩下孙坚起家所带出的一千多老兵。相比于袁绍、袁术、张绣、吕布等强大的政治军事集团与曹操在中原争雄的做法,孙策一发动就选择在江南经营、设立政权的做法极为让人疑惑。当时的环境正是194—200年孙策实际军事活动时期,而这个时候,正是袁绍经略北方,曹操四战中原的时候,作为一个政治家、军事家,专门经营一个并不看好的地区,这其中肯定是另有玄机。

仔细分析一下,孙策所接班底,是一千人如此弱小的军事实力和凄惨的政治境遇,如果没有经历刘备经历过的《隆中对》般的华丽战略决策转变,注定会被大大小小的政治集团淹没。历史就是那么巧合,孙策还真有此《隆中对》般的机遇经历。只不过孙策遇到的是张纮,一个没被人看重、没被人传颂的谋士,但是其谋略之高同样是三国时期帝师级别的谋士,这就是孙策一生最重要的江都问策对答。在三分天下的历史事件中,其地位相当于刘备所得《隆中对》,所以我称之为"江都对"。

张纮因丧母,时居江都。孙策经常拜见他,和他讨论天下大势。几次三番之后,双方熟悉了,孙策说出了自己的也可以说是其父孙坚的志向,大意是这样的:

"目前汉祚衰微,天下纷乱,英雄豪杰,都拥兵自重,各图发展。没有人出于公心,扶危济乱。先父曾与袁氏共破董卓,功业未遂,不幸被黄祖所害。我虽年轻识浅,但却有心要干一番事业。如今,我想到袁术那里去,请求他把先父当年的旧部交我统领,然后到丹阳(安徽宣城)去依靠舅父吴景,收集流散兵士,东据吴郡(原江苏吴县）、会稽（浙江绍兴），报仇雪耻，做臣服于朝廷的外藩。您以为如何？"

张纮推托自己识见简陋，况且又服丧在身，对孙策的事，实在难以帮忙。这明显就是不愿意帮忙，又不是带兵打仗，动动脑就可以做了的事情，与服丧在身有何关系。

孙策很聪明，领会了张纮的意思，这是张纮对孙策这一志向的委婉否定。孙策也很可能是故意拿出其父孙坚的志向说事，以解自己的迷茫。其父一世英雄，披肝沥胆为朝廷征战多年，死后却如此凄凉，为什么会落得如此下场。于是，他敞开心胸进一步请求：

"您的大名，名闻遐迩。四方之人，无不向往仰慕。我的这些打算，成与不成，由您一言而决。您一定要对我直言相告。如果我志向得伸，大仇得报，决不会忘记您的教诲之恩。"说到此处，孙策眼中不觉落下泪来。

张纮见孙策言辞慷慨，神色间流露着忠义豪壮之气，被他的人格深深打动，终于对孙策说出了自己的对孙策前途的看法：

"当年周朝王道凌迟，齐桓公、晋文公才能应运而生；王室一旦安宁，诸侯就只能贡奉周朝，尽臣子的本分了。您继承父辈威烈，骁勇善战，假如真能栖身丹阳，召集吴郡、会稽兵马，那么，荆扬二州自可扫平，报仇雪恨也指日可待。那时您凭倚长江，奋发威德，扫除群雄，匡扶汉室，所建的功业，绝不会亚于齐桓、晋文，定会流芳千古，岂止作一个外藩呢？目前世难时艰，如果您想建功立业，就应当南渡，我将与我的好友一起去支持您。"

孙策听了张纮的一番话语，心中激荡难平："那一言为定！我马上开始行动！只是我有老母幼弟，不便同行，现在全都托付给您。希望您多加照顾，使我无后顾之忧。"

这次江都问计，是孙策人生的转折点。同理，张纮所献的"南渡"战略被孙策采纳，也成了孙吴王朝立国的转折点！从此，张纮踏上了孙吴的战车，并且不时左右着这架战车的方向。孙策时代如此，孙权时代更是如此，两代吴国之主对他可谓言听计从！一点不夸张，且看张纮生平大事：

张纮与孙吴

张纮（151—211 年），字子纲，江苏徐州广陵人，东吴著名谋士，和张昭一起合称东吴"二张"。孙策江都问计后，忠实地执行了张纮的南渡发展战略，最终统一江东。孙策平定江东后，实践诺言亲自登门邀请张纮，张纮遂出仕为官。后来，张纮被派遣至许都奉献奏章，被留在许都任命侍御史。直到孙策去世，孙权继位后，张纮又返回了东吴，任长史之职。后来，张纮建议孙权迁都秣陵，孙权正在准备时张纮病逝,其年六十岁。孙权为之流涕。

传战理 改天命

建安十三年(公元 208 年),孙权任命张纮为长史,随军征讨合肥。

孙权十九岁成为东吴之主,这一年才二十六岁,还是血气旺盛之年,他准备像父亲孙坚、哥哥孙策一样,身先士卒,亲自率领轻骑前往突击敌人。

张纮看到了孙权作为一国之主在性格上的危机点,于是借机劝谏说:

"兵器即是凶器,战争即是凶险。现在您依恃旺盛雄壮的气势,轻视强大凶暴的敌人,三军将士,无不寒心,虽说斩敌将夺敌旗,威震敌军,但这只是偏将的责任,而不是主帅所干的事情。希望您抑制住孟贲、夏育那样的勇猛鲁莽,胸怀成为王霸的大计。"孙权接受了他的建议,放弃了行动。这是张纮对孙权性格的改造,也是对孙权参加军事行动方式的改造。

同样的事情在跟随孙策征战时也发生过。在征伐丹杨时,孙策依仗武勇总想亲临战斗前线,张纮劝谏说:

"主将是筹谋划策的角色,三军命运全依托于他,不可轻率行动,亲身与区区小寇对阵相斗。希望您能珍重上天授予您的才干,符合天下的愿望,不要让全国上下为您的安危而担心受吓。"很可惜,孙策被刺杀时,他被留在许都。

回师后,第二年孙权准备再次出兵,张纮又劝谏说:"自古以来帝王是承受天命的君主,虽有皇灵辅佑在上,文德传扬于下,也要依靠武功来昭其勋绩。然而武功贵在因时而取,然后才建树威势。如今您正遭遇汉家四百年未有之厄运,有扶助危难之功业,理当暂且隐伏偃息军队,广泛开垦农耕,任贤使能,务须崇尚宽和仁惠政策,顺应天命来施行诛讨,这样就可以不劳师动众而天下平定。"于是孙权便停止了军事行动。这一次是张纮对孙权军事决策方式的改造。

两年的时间,对同一个军事目标,张纮从军事战略决策到军事战术操作对孙权进行了指导,使孙权认清了由于所处军队领导位置的不同,参入战争的方式也不同的战争法则,避免了孙坚、孙策的悲剧在孙权身上再次发生。

临终留帝术 泽被孙吴

张纮建议应当离开吴郡移都秣陵,孙权依从其说。孙权让张纮回吴郡接来家眷,走在半路上张纮病逝。

张纮临死前,他授意儿子张靖给孙权留下书笺说:

自古以来有国有家之人,都想修治德政来兴隆盛世,至于他们的治理,大多没有理想的结果。并非没有忠臣良将相辅佐,不是不明白治国的根本,而是由于君主不能克服自己的好恶情感,不善于听取意见。人之常情是畏难趋易,喜好相同的意见而讨厌不同的意见,这与治世法则正好相反。

《易传》有言"从善如登山,学坏如崩山",是说学好不容易。君主继承数代相传的基业,凭借自然的趋势,掌握着驾御群臣的八柄权威,乐于做好做的事、听好听的话,无须向他人索求什么,而忠臣心怀难于进用的治国之术,说出逆耳的忠言,两者不能相互合意,不也是理所当然吗?不合就会产生隔阂,巧言令色之人便乘虚而入,君主就会被假忠迷惑眼睛,贪恋小人的恩爱,于是贤愚混杂,长幼失序,这些情况产生的原因,是人情关系扰乱了正常的统治秩序。

故此,圣明的君主醒悟到这一点,如饥似渴地寻求贤才,不厌其烦地接受忠谏,克制感情、减抑情欲,为了道义而割舍恩爱,在上者无偏颇错误的任命,在下者也就绝了非分之念。您应当加以三思,忍受辱垢、掩藏锋芒,以成就仁义泽被天下的大业。

这是一席培养大帝的金玉之言,而且通俗易懂、言简意赅。孙权看了他的遗书涕泣交流。

生子当如孙仲谋

"生子当如孙仲谋",此话虽然是曹操所言,但是千古以来,凡是读过三国历史的人,他们有谁不是心有戚戚焉!由此可知孙权的历史评价有多高。

孙权(182—252年),字仲谋,三国时吴郡富春人,东吴的建立者。

公元200年,十九岁时,兄长孙策遭刺杀身亡,孙权接班掌管江东,成为汉末乱世一方诸侯,以不及弱冠之年混迹诸侯之间拼杀。他注意团结各方面的力量,很快赢得了部下的支持,使江东名士张昭、周瑜、鲁肃、程普、太史慈等对他"委心而服事焉",稳定了东吴局势。

公元208年,孙权与刘备联合,在赤壁打败强大的曹操军队,取得了卫国胜利。

公元219年,孙权派吕蒙偷袭镇守荆州的关羽成功,使吴国的领土面积大大扩张。

公元221年,蜀汉刘备兴兵问罪讨伐东吴。孙权任命陆逊为大都督迎击刘备,策划了彝陵之战大破蜀军,控制了长江中下游地区。

公元222年,孙权被魏文帝曹丕封为吴王,建立吴国。

公元229年,孙权称帝。

公元252年病逝,享年七十岁,谥号大皇帝,庙号太祖,葬于钟山,史称蒋陵。

孙权是三国时代统治者中最长寿的。

孙权称帝后，设置农官，实行屯田，平定山越，设置郡县，促进了江南经济的发展。在此基础上，他又多次派人出海，去过辽东、夷州（今台湾岛）、亶洲（今推断应为日本），孙权还进一步巩固了对交州（包括今天越南北、中部和中国广西的一部分）的统治，并与扶南（今柬埔寨）、林邑（今越南南方）诸国建立友好关系，又派交州刺史出使南洋诸国，甚至与印度建立了外交关系，一下子开启了中国古代大航海的时代。

208 年，孙权与刘备联合，在赤壁大败曹军，与魏、蜀成鼎足之势，219 年，孙权索取荆州，袭杀蜀国大将关羽，次年又在彝陵之战中大败刘备，控制了长江中下游地区，229 年他在南京称吴王。

孙权的一生，波澜壮阔，运筹帷幄建立了东吴大业，并且政治家与英雄两项桂冠兼得，自古难寻。讲东吴孙权的成功经验，首先要澄清一些历史迷雾，那就要先讲诸葛亮的《隆中对》了。之所以如此，是因为诸葛亮在《隆中对》中有一段三分天下有孙权一份、东吴立国原因的论述，需要重新认真思考。

自古以来，都说孙权据地利而立国，考察起源就是诸葛亮的《隆中对》，但是仔细分析，从来都没有看到过东吴的地利到底是什么的明确分析。我们都知道，天时、地利、人和是中国自古以来对所有战略战术决策分析的三要素，《隆中对》就是这种分析的典范之作。何谓地利，占据特殊的地理位置、特别的地形形成护卫优势，被称为占据地利优势。

诸葛亮在《隆中对》中仅仅以"国险"而言之，没有说出险在何处？不过细细追究，在地理上也确实找不出险在何处！找不出像蜀道之险可以严重阻碍军队穿越的天堑存在，找不出大漠千里的死亡隔离。长江是天险吗？几千公里的长江沿岸，难道只有赤壁可以渡江吗！赤壁之战那只是因为曹操要寻求主力作战，企图一战而擒孙权，连带者收拾刘表、刘备而已！收拾刘表的战略目的，曹操的赤壁会战战役已经达到。刘表集团看曹操势大，闻风而降，从此曹操也有了水军！也因此助长了曹操的骄横心理，以水战击败东吴！以己之短攻敌之长，曹操不败那就没道理了！

通过以上分析可以看出，诸葛亮说东吴"国险"，实在看不出险在何处，所以把诸葛亮的"国险"与地利挂钩是个假命题，军事对阵风险是真。为何这么说，且听我把关于东吴的地利优势细细道来就明白了。

仔细分析，真正的地利有二。一是当大汉王朝统治力崩溃之时，东吴地处东南边陲，远离天下核心的中原地区，使得天下各大主要军事集团初期都不重视东吴地区是主要原因，才是地利之一，而且是最重要的地利条件。所谓的长江天险无论是在孙吴政权成立之前还是在成立之后都不是地利的重要因素。

第二在于两军对阵攻守方式的地利。在赤壁之战前,关于南北战争的论战分析中说过,"北军不利水战",而东吴擅长水战的言论,算是触及到了要点,但是实际上还不够。

长江天险,江河湖泊密布,是水战的天堂,所有强大军事集团都不具备的军事实力,此地利二也。有此二者,是孙吴立国的原因。然而,天下逐鹿,主力都是陆上称雄,陆军遇水战,自然难以克服,所以曹魏难克,刘蜀败绩。

以上两者才是孙吴立国的地利优势所在。

尽管有天然的地利优势,但是身居江东的何止孙权一家!黄祖是其一,更强大的还有刘表!孙权有的优势他们全都有,而且军事综合优势比孙家更强大,但是他们都没有统一东吴,反而最后被孙权反超,被孙权所灭,或者被他人所灭,真实原因何在? 找出这个原因,才能明白孙吴立国的根基所在。

这里面又一个关键的因素就是领导者是谁! 那就是孙权。

孙权是个怎样的人,他之所以能够建立吴国,分得三分之一天下,其敌人最清楚,所以曹操对孙权的评价最可信。曹操没有多说,只有区区七个字:"生子当如孙仲谋"! 字数不多,但是赞誉之盛无出其右! 还有其他历史名人对孙权的评价,以佐证领导人的重要性:

孙权是个怎样的人,他之所以能够建立吴国,分得三分之一天下,提拔他的上级领导的评价也最具说服力。孙权的上级领导是他的兄长孙策。按理说,孙策去世,他的家族领导宝座应该是他的儿子继承,也就是孙权的侄子继承,但是孙策最后没有传给儿子,却将他的领导宝座传给了弟弟孙权,这有违中国的政治传统。在中国历史上传位发生这样的事情,是会动摇国本、引发血腥动乱的,然而孙策就做出了这样的冒天下之大不韪的决定,这里面肯定有重大的原因。《三国志·吴书·孙策传》中记录孙策传位孙权的原因时,是这样描述的:"举江东之众,决机于两陈之间,与天下争衡,卿不如我;举贤任能,各尽其心,以保江东,我不如卿。"由此可见孙策对孙权的褒奖之重!

孙权是个怎样的人,他之所以能够建立吴国,分得三分之一天下,英雄盖世的下属周瑜的评价最具信服力。周瑜称赞孙权:"将军以神武雄才,兼仗父兄之烈,割据江东,地方数千里,兵精足用,英雄乐业。"其中的"神武雄才、英雄乐业"足以说明周瑜对其内在品质之优秀和统御能力之高超的认可。这不是奉承之词,是一个英雄人物的衷心之言,与诸葛亮对孙权的评价几乎相同,正所谓英雄之见略同。

孙权是个怎样的人,他之所以能够建立吴国,分得三分之一天下,作为与诸葛亮齐名的最有眼光的杰出人物,其下属鲁肃的评价也最具信服力:"神武命世、聪明仁惠、敬贤礼士,江表英豪咸归附之。"这评价既是对孙权品质的评价,也是对其成功原因的总结。这是对孙权成功立国个人因素方面的最精准论述。

孙权是个怎样的人,他之所以能够建立吴国,分得三分之一天下,对手的评价最可靠,尤其是高明的对手的评价可谓一针见血。诸葛亮在《隆中对》中说孙权:"已历三世,国险而民附,贤能为之用。"话不长,只有十三个字,但是意思很多很广,其中包含四个方面:

一是"已历三世",讲了经营历史。这里面既包含了时间长,根基稳固;

二是"国险",讲了地利;

三是"民附",讲了人和,民众的拥护;

四是"贤能为之用",这点很重要,讲的是人才聚集在他的周围,并且能够为他所知、所用,也就是所说的知人善用。

这四个方面是由易得到难得层层递增,对事业重要性由轻到重一个比一个重要,也一个比一个难得和难以做到。诸葛亮看得很准,用词很精确,逻辑严密,将那么大的事业,那么多年的复杂历程,只用了十三个字就变成了白开水——一览无余。

由此可见,虽然东吴是孙权建立的,他个人也是极具领袖魅力,固然孙权的作用不可低估,但是,其功业还是要仰赖父兄惠泽,周围文臣武将人才的辅助,尤其是得益于张纮的战略谋划,以及其兄孙策的严格执行。

纵观东吴的建国历程,打天下时,孙坚、孙策带上战场的主要人马几乎没有变化,只是孙策比孙坚多了一个武将周瑜,但是结果却完全不同。孙坚死后,传给孙策的是只有一千多人马,政治资本是无立锥之地;孙策接班八年后传给孙权的是兵强马壮的一片江东江山。两人能力都是当世之豪杰,战无不胜的战场英雄,但是结局却是截然不同的两种极端。之所以会发生如此巨大差距,究其原因是因为孙策有了政治方向——生逢乱世,不再忠于摇摇欲坠的朝廷,忠于自己,忠于实力,这就是张纮的南渡发展战略。之所以发生如此翻天巨变,是因为孙策比孙坚多了一个战略人才——张纮。

张纮,这是被历代所有读三国的人都忽略了的重要人物,他在三国时代是第二个形成三国鼎立局面的战略设计者。尽管张纮在《三国演义》中声名不显,没有显赫的丰功伟绩,但是他却是东吴的诸葛亮式的中流砥柱般的谋士存在。他没有显赫的战功,可是他的功绩对东吴而言却是决定性的!没有他,那孙权也不可避免地会消失在战场上,孙家三人即使有翻天的本事,也是东奔西走一场空,不可能建立比战国时期楚国地盘还要大的孙吴政权!如果孙权没有将自己改造成将帅素质,那么孙权就很可能如他父兄般牺牲在战场了,那就真的可能没有了东吴,也就没有了三国鼎立。如果没有了张纮的帝王教育,孙权不会有那么高超的治国统御之术,也就不可能给后代留下稳固富饶的江山。

这样的重要人物文臣还有张昭、顾雍、诸葛瑾三人;武将有周瑜、鲁肃、吕蒙、陆逊四英杰;另外还有主力战将太史慈、甘宁、周泰、黄盖、韩当、程普、凌统等。

其中第一位要属张昭。张昭(156—236年),字子布,徐州彭城(今江苏徐州)人,是三国时期孙吴重臣,是孙吴政权的稳定和发展的关键人物,而且是一位孙策去世后被委以自由裁夺权的大臣。孙策临终前将弟弟孙权托付给张昭。孙策曾嘱咐张昭说:"若仲谋不任事者,君便自取之。正复不克捷,缓步西归,亦无所虑。"可见张昭的能量之大。

东汉末年,张昭为避战乱而南渡至扬州。孙策创业时,被任命为长史、抚军中郎将。孙策的日常文武之事,都委任于张昭处理。孙策临死前,将弟弟孙权托付给张昭,寄望张昭率群臣辅立孙权。后来,在孙权任车骑将军时,以张昭为军师。公元221年,又拜张昭为绥远将军,封由拳侯。张昭在孙权面前敢于直陈己见,指责孙权做得不对的地方,对于孙权有良性的作用。也因此孙权设置丞相职位时,虽然众人推举张昭,但是孙权没用。

孙权称帝后,张昭以年老多病为由,上还官位及所统领的部属,被孙权另行拜为辅吴将军、班亚三司,改封娄侯。晚年时一度不参与政事,在家著《春秋左氏传解》及《论语注》,今佚失。公元236年去世,时年八十一,谥号文。

孙策刚刚去世时,孙权非常悲伤。张昭劝孙权说:"作为继承人,重要的是能继承先辈遗业,使之昌大兴隆,以建立伟大的功业。如今天下动荡不安,盗贼占山蜂起,孝廉你怎么能卧床哀伤,与常人那样去放纵个人的感情呢?"他亲自扶孙权上马,陈兵而出,然后众人才服从了孙权,给孙权的接班打下了上层基础。

在孙权最初掌管江东时,因孙氏根基未稳,加之孙权太年轻,导致一些不服的人勾结在一起,意图造反。幸有张昭辅佐孙权安抚百姓,地方的长吏及羁旅之人也得到重用,从而上下安稳,孙氏政权得以安定下来。

孙权每次出征,都留张昭镇守后方,总领府署的事务。后来黄巾余党起兵,张旰率军将其讨平。孙权征合肥,命张昭另外率部攻讨匡琦。又命张昭监督统率诸将,攻破豫章贼帅周凤等人于南城。自此以后就很少领兵,经常在孙权左右,担任谋臣。

第二位要属周瑜。周瑜(175—210年),字公瑾,庐江舒县(今安徽省庐江县西南)人,汉末名将,东吴开国将领。周瑜从小就与孙策交好,二十一岁起就随孙策奔赴战场,协助孙策平定了江东,打下了东吴政权的政治资本。孙策遇刺身亡后,孙权继任,周瑜带兵赴丧,以中护军的身份与长史张昭共掌众事,威慑一众不安分势力,实现了政权的稳定交接。公元 208 年,周瑜率江东孙氏集团军队与刘备军队联合,在赤壁之战大败曹军,由此奠定了三分天下的基础。公元 209 年领南郡太守。公元 210 年病逝,年仅三十六岁。

初平二年(公元 191 年)孙坚死后,孙策继承父志,统率部卒,准备东渡开拓地盘。周瑜率汉军帮助孙策,军力上给他以大力支持。二人协同作战,先克横江(今安徽和县东南长江北岸)、当利(今安徽和县东,当利水入江处),接着挥师渡江,进攻秣陵(今江苏江宁秣陵关),打败了笮融、薛礼,转而攻占湖孰(今江苏江宁湖熟镇)、江乘,进入曲阿(今江苏丹阳)。公元 195 年,二人又合力逼走刘繇。此时孙策部众已发展到几万人,周瑜见大局已定,才率汉军撤回。

公元 198 年,周瑜父亲去官归乡,孙策授周瑜建威中郎将,命他出守牛渚,又兼任春谷长。不久,孙策要攻打荆州,拜周瑜为中护军,随军征讨,并兼任江夏(治湖北新州西)太守。周瑜、孙策攻破皖城,接着进攻寻阳,败刘勋,然后讨江夏,又回兵平定豫章(今江西南昌)、庐陵(今江西吉安),最后周瑜留下来镇守巴丘。

公元 208 年,曹操率军南侵,占领荆州,向孙权进逼。孙权命周瑜及程普等领三万人抗曹。周瑜与刘备军用火攻,在赤壁将曹军打败,曹操北还南郡,解除了曹操对东吴的威胁,一举奠定了东吴的政权。

第三位要属鲁肃。鲁肃(172—217 年),字子敬,临淮郡东城县(今安徽定远)人,中国东汉末年杰出战略家、外交家,是稳定孙刘联合抗曹战略的关键人物。

公元 197 年,鲁肃率领部属投奔孙策,为其提出鼎足江东的战略规划,因此得到孙策的赏识。

公元 208 年,曹操率大军南下。孙权部下多主降,而鲁肃与周瑜力排众议,坚决主战。结果,孙、刘联军大败曹军于赤壁,从此,稳定了三国鼎立格局。

赤壁大战后,鲁肃被任命为赞军校尉。周瑜逝世后,鲁肃代周瑜职务,后又任命鲁肃为汉昌太守,授偏将军;鲁肃随从孙权破皖城后,被授为横江将军。公元217 年,鲁肃去世,终年四十六岁。

这三位对于东吴的建立和发展有着重要作用的人物,作为文武大臣一直护卫着孙策、孙权,直到东吴建立,但是他们与张纮相比,只能称得上是战术家,而张纮是战略家,是东吴的建国战略设计者和执行者。

综上所述,东吴的建立和发展,地利固然重要,但是如果没有英明的君主,无论多么强大的地理条件,同样不可恃;英明的君主如孙坚、孙策、孙权固然重要,但是如果没有张纮的战略策划,孙坚的心血将会付之东流,孙策还会陷身在各大政治集团的手中,没有目标方向地东奔西突征战中,理所当然孙权就不可能有那么好的建国基础,也就不可能建立东吴。同样道理,即使有高明的战略策划,如果没有张昭的维稳、周瑜的攻伐、鲁肃的大局观,没有他们的忠心耿耿地保驾护航,也不可能有东吴的生存和发展。所以,人才才是东吴立国的根本,而不是地利。

说了这么多,当前时代,关于江山的争夺机会已经过去,我们所能够做的只有争夺经济江山。中国的经济发展可谓正在半路上,远没有达到顶点。在这个战场上同样也有天时、地利、人和,那么,在经济战场上,地利是什么? 有哪些因素影响地利优势呢? 经过多年的策划经验总结,地利优势分析通常有以下两大部分:

大陆地理位置优势:

同样的公司、同样的项目、同样的人招商,如果项目处在北京、天津、上海、南京、西安、兰州、三亚、满洲里、乌鲁木齐不同的地方,他们在对外合作谈判过程中,不同类型的谈判对手会有截然不同的取舍结果。

内陆优势:由于有雄厚的土地矿产资源优势,并且四面八方都有市场拓展空间,所以适合批发零售商业行业、资源开发型行业、支持性制造工业、物流行业发展。

沿海优势:由于有雄厚的海洋资源做后盾和无限的国外市场,所以海产品加工型、出口加工型、进出口贸易型、海洋开发支持性工业、旅游休闲产业等是比较好的投资项目。

边境优势:由于地处两国或者多国边境,所以进出口贸易、跨国旅游(观光、考察)、服务行业是通常比较好的选项。

海岛优势:根据岛屿面积的大小,对大岛和小岛按照内陆、沿海优势综合考量,区别对待。

地貌优势:山区、平原、河流、湖泊、草原、沙漠等等任何特殊地貌特色,都可以因地制宜,发展适合的特色种植、养殖、深加工、休闲度假旅游、运输等产业。

气候优势:特殊的地貌气候、纬度气候等,是休闲、旅游、度假、养生的好地方,也是发展相关种植养殖产业的好去处。

经济资源优势:

当地人口特点:人口的多寡、各个年龄段的数量、学历修养水平、男女人数和年龄结构等等,是各个行业投资所必须考虑的项目。

当地交通资源:水陆空运输是任何一个大中型项目投资都必须考虑的因素,他们涉及原料和产品的运进运出,事关项目生命和发展前途,不可不察。

当地矿产资源:任何矿产资源都可以发展成一个链条产业,都能繁荣一方,所以摸清矿产资源底细是投资产业链条中任何一个环节的关键。

当地工农业发展情况:这是工业投资项目必须考虑的背景基础。

当地经济发展现状:这是消费类型产业投资、商业投资、房地产投资必须摸清的资源。

当地的气候、当地人的习惯等等。

以上两大部分内容都是项目投资立项的关键因素,反过来也是判断投资项目可行性的判断因素,只不过是一部分,是地利部分。

取人和　刘备逆境再生

　　话说汉末黄巾军起义,天下大乱,群雄并起,都借着剿灭黄巾军机会发展自身实力,然后携势自重,不听朝廷号令或者阳奉阴违,形成了多方割据局面。当此之时,天下人心浮动,思想不一,但是最终只有两种势力,那就是保皇派和分裂自立派。保皇和自立两种思想贯穿了整个剿灭黄巾军的过程,两种势力纵横交错,互相攻伐,一片民不聊生。最终,还是应了那句话"天下大势,合久必分,分久必合",刘汉四百多年的统一被打破,开始了中国历史"合久必分"的历程。

　　自公元184年黄巾起义开始,到公元196年曹操迎汉献帝到许都,经过十多年的火拼厮杀,全国形成了比较稳定的十大政治军事势力,九大地盘,公孙瓒占据幽州;公孙度占据辽东;袁绍占据冀州、青州、并州;袁术占据扬州;曹操占据兖、豫二州;刘表占据荆州;孙策、孙权占据江东;韩遂、马腾占据凉州;刘焉、刘璋父子占据益州,唯独刘备作为保皇派的中坚力量,没有固定的地盘,率领部队辗转四方,先后依附于公孙瓒、曹操、袁绍、刘表等,狼奔豕突,几乎是随遇而安状态。

　　自古以来,都说刘备占了人和,才有了天下,事实真的如此吗? 这一次,我们就分析一下刘备是否是有了人和就会有天下。

　　刘备(161—223年),字玄德,东汉末年幽州涿郡涿县(今河北省涿州市)人,西汉中山靖王刘胜的后代,三国时期蜀汉开国皇帝,政治家。

　　刘备少年与公孙瓒拜卢植为师求学,成年后参与镇压黄巾起义,之后在地方势力混战中与关羽、张飞带兵先后救援过北海孔融、徐州陶谦等。陶谦病亡,其将徐州太守官职让与刘备。从此之后开始了自己的权力之路,直到建立蜀汉政权称帝。

　　刘备一生,早期颠沛流离,投靠过多个地方割据势力,最后又与孙权联盟,通过赤壁之战击败曹操,趁势夺取荆州,而后又占领益州,建立蜀汉政权。

　　陈寿在史书中评价刘备机权干略不及曹操,但其弘毅宽厚,知人待士,百折不挠,终成帝业。刘备自己也曾说过,自己做事"每与操反,事乃成尔"。

　　看看刘备一生的总结评价,他除了拼命外确实再无长处。历史给了他一个政治家的称号,除了自己的政治定位"每与操反,事乃成尔"有些高明之外,再也看不出他有多少政治天赋、政治谋略,总是寄人篱下、藏心藏形,但是除了保命有道外,真没有看出政治智慧。刘备的成功里面到底有何玄机?我们再通过他的打拼过程看看:

　　上学时代咱就不说了,就从他正式走进社会建功立业开始。

　　公元184年,爆发黄巾起义,刘备因镇压起义军有功开始了动荡的地方小吏生涯。

　　公元191年,刘备帮助青州刺史田楷一起对抗冀州牧袁绍的扩张行为,开始了在军阀割据势力间的侠义助阵生涯。

　　公元194年,曹操以为父报仇为名再度攻打徐州。徐州牧陶谦文弱不能抵挡,向青州刺史田楷求救。刘备随田楷一起前往徐州助阵救援。到徐州后,陶谦对刘备给兵给地盘,刘备从此初步具备天下割据势力。

　　公元195年,陶谦病重,将徐州地盘送与刘备。刘备推辞不敢接受。在陈登、孔融的为民着想的立场上,晓以大义及责任的劝说下,刘备遂领徐州。从此刘备正式成为汉末割据势力中的一个,登上了逐鹿天下的大舞台。

　　公元196年,刘备受封为镇东将军,封宜城亭侯。时扬州袁术率大军进攻徐州,与刘备战于盱眙、淮阴,遭吕布偷袭后方,丢失徐州兵败,势力再一次被打回原形。之后,前往许都投奔曹操。曹操让刘备做豫州牧,给予刘备兵马粮草,再一次立身于割据势力中间,人称刘备为"刘豫州"。

　　公元198年,吕布再次进攻刘备,虽然曹操派夏侯惇援救,但仍然被击败,于是与曹操联合擒杀吕布。其后,刘备被解除兵权,随曹操回到许都,被封为有名无实的左将军。

　　公元199年,车骑将军董承受汉献帝衣带诏反对曹操,刘备是其中一员。之后,刘备抓住机会回到徐州,北连袁绍抗击曹操。

　　公元200年春,衣带诏事发。曹操亲自东征刘备,刘备战败,投奔袁绍。

　　公元201年,曹操亲自讨伐刘备,刘备无力抗衡,往投刘表。荆州豪杰都前往归附刘备。刘备在荆州数年,一无所成。

　　公元207年,刘备前往隆中拜访诸葛亮,三顾茅庐之后,诸葛亮向刘备献上了隆中对。

　　公元208年,曹操亲率大军南下,欲扫平江南割据势力,一统中国整个东部地区。此时刘表病死,刘表次子刘琮率众投降曹操。诸葛亮建议刘备攻打刘琮,可占据荆州,但刘备因和刘表同宗,不忍相夺。刘琮的部下以及很多荆州士人投靠刘备,以至于刘备撤退到当阳时,竟有十余万众跟随,严重地拖累了军事行动。部下劝刘备先走,但刘备说:"想要成大事必须以人为本,现在这么多人背井离乡跟着我,我怎么忍心抛下他们!"

公元208年,刘备联合孙权,与周瑜率领联军大败曹操于赤壁,之后南收荆州四郡为根据地。刘备又从孙权手中借得荆州江陵(南郡),自此占据荆州五郡,再次有了争夺天下的资本。

公元211年,刘璋听从张松建议,派法正邀请刘备入川襄助自己对付张鲁。法正、庞统在此时劝刘备图取益州。刘备遂留诸葛亮、关羽等守荆州,自将数万步卒入蜀,与刘璋会于涪。期间张松、法正、庞统皆劝刘备袭杀刘璋,刘备以初来到蜀地,人心尚未信服,不宜轻举妄动为由拒绝。刘璋上表推荐刘备代理大司马,兼领司隶校尉,配给刘备士兵,督白水军,令他攻击张鲁。刘备北至葭萌,驻军不前,厚树恩德以收众心。

公元212年,张松事情败露被杀,于是刘备与刘璋反目。刘备依庞统提出的计谋,召白水军的杨怀到来并将其斩杀,吞并其部队。派黄忠、卓膺率军南下进攻刘璋,占领涪城。

公元214年,刘备派简雍劝降了刘璋,刘备获得益州。

公元215年,孙权认为刘备已经占据益州,想要要回荆州,刘备回应说:"等得了凉州,就把荆州给你。"自此,孙刘双方开始摩擦、交恶,联盟战略受到冲击。

公元218年,刘备率兵进攻汉中。

公元219年,刘备与曹操交兵汉中,汉水之战大破曹军,刘备进位汉中王。

同年,关羽孤军北伐,虽然创造水淹七军、擒于禁、斩庞德,威震华夏的功绩,但是遭到东吴吕蒙袭击后方,关羽兵败,遭到杀害。

公元221年(章武元年),刘备成都称帝,国号"汉"。同年,刘备以为关羽报仇的名义,发兵讨伐东吴。孙派遣使者前来请和,刘备大怒不许。

公元222年,夷陵之战,刘备伐吴大败。

公元223年,刘备托孤于诸葛亮,病逝于白帝城,终年六十三岁,谥号昭烈皇帝,庙号烈祖。

研究刘备的一生你会发现:

一是刘备有勇无谋,好战。在他周边地区,哪里有战争,他就到了哪里,但是打来打去二十多年,都是给别人作嫁衣,自己的人还是那几个,没有自己的地盘,有了也保不住。他的一生总是如浮萍飘荡不定中征战,而且总是在危险中穿行。

就是在曹操统一北方后,他到了最危急的逃无可逃之时,才忽然一下子变聪明了,开始节节胜利,人马越来越多,地盘越来越大,这其中大有玄机。

二是刘备缺乏政治观。刘备的一生是赤诚待人的一生,所谓"成也萧何,败也萧何",都在这"赤诚"两个字上。对朝廷、对友、对民众、对同僚、对人才、对宗亲、对功臣老人都是赤诚以待、以报,直到去世都是如此。如此处世,远离政治自然声名远播,"人和"就是这么得到的,然而如果秉持此心去追名逐利,必然竹篮打水一场空。在徐州做太守,赤心待吕布,结果反被吕布偷袭,将自己打拼十几年好不容易才得到的宝贵地盘拱手相让。赤心对刘表不愿谋夺自家人的东西,最后成为孙刘联盟的战利品,引发了荆州归属问题,最终导致与孙权反目;如果明确反目,没有孙刘联盟的表象迷惑,关羽不至于那么大意导致兵败身死,当然也就不会有后来的伐吴,也就不会有白帝城之死。

三是刘备缺乏政治管理智慧。老天授予他徐州两次机会、豫州一次机会,总共三次机会,尤其是徐州,刘备都没有成就事业。治理不良,军事一打就倒,可谓智慧不足,勇武不力,政治才能乏善可陈。正如他自己所言:自己做事"每与操反,事乃成尔"。由此可见他就是一个纯粹的针对曹操的政治反对派,一旦上了台面,立即顾此失彼,不知所当为。不信,你看看,称帝之后就去伐吴打仗去了,将国家丢给诸葛亮,最后的结局仍然如此———一打就倒!诸葛亮、庞统等那么多人辛辛苦苦帮他策划、建立起的国家,就被他如此的"冲冠一怒为义气"差点又被弄没了,如果没有诸葛亮肯定就没了!

四是刘备缺乏政治远见。蜀汉政权初立之时,政局不稳,原先四方归顺刘璋的势力躁动不安,需要安抚,此时伐吴操之过急,而且意气用事。伐吴前,孙权请和,这正是不战讨还荆州,获取政治利益的机会,不会政治用势;即使发兵,如果收复荆州然后打住,再与孙权交涉争取更大的政治利益,不仅可以留住伐魏的战略支点,而且也保留了中原人才进入蜀汉的大门。

刘备的一生,可圈可点的地方有三点:

第一,刘备善于利用"皇叔"品牌的力量为自己聚集各种干事业的资源,"皇叔"的品牌包装被他用得炉火纯青,这在当时是任何人都做不到的。而曹操干同样的事,却要背负"奸贼"的骂名。

第二,刘备的危及应急处理能力超强。他遇到危险,总是能够化险为夷。他在建立蜀汉政权之前,一直都生活在重重危机之中,最为著名的新野之败、火烧连营、东吴娶妻、刘曹煮酒话英雄都是最危险的时候,然而,他每次都能走出危机,化险为夷。

第三,刘备征服人心能力超强。刘备、孙权、曹操虽然都善于识人用人,但是,曹操和孙权却没有一个像诸葛亮、关羽、张飞、赵云、黄忠等那样的"铁杆人才",而且是当时的超级人才。

刘备的一生,诸葛亮的出现是他的事业的分水岭。以前是少胜多败的失败期,以后是走入事业上升通道的成功期;以前是草莽英雄的上阵冲杀期,以后是政治人物的稳坐指挥期;以前是没有头的苍蝇模样,以后是有头有脑的智者。有一句名言:一艘没有航行目标的船,任何方向的风都是逆风。这句话用在刘备身上再清楚明白不过了,诸葛亮的出现就是刘备变化的玄机。

以前呢,昨天在赵家帮忙,今天又到了钱家帮忙,明天投靠孙家,后天又投奔李家,东奔西走,好不容易得到了徐州,又给弄丢了,再次得到了,还是没有守住,流离失所,直到遇到诸葛亮时,还是没有地盘,仅仅有两个虚名——皇叔、公义,和几个文臣武将。也就幸亏诸葛亮是策划高手、战略大师,就将这一点点资源进行了整合,然后刘备就事业步步高升,最后一直升到称帝,虽然诸葛亮一不留神又被他打翻了,但是他的蜀汉事业已经建立了,并延续了下来,可以说还是成功了。

以前呢,刘备就像一个小说中的侠客一样,古道热肠,亲自带人上阵,帮人解决困难,虽然有所收获,但是以侠客的个性经营地盘,最终是得而复失一场空,自从遇到了诸葛亮,他才开始从上阵杀敌到退后经营的转变,开始脱离草莽习气,向政治人物靠拢。自此,刘备开始与诸葛亮一起居中指挥小弟关羽、张飞、赵云等到哪里,干什么事。但是,江山易改本性难移,称帝之后志得意满,草莽习气复发,弃国家管理与不顾,丢给诸葛亮照顾,冲冠一怒,再一次上阵,结果又是大败,幸亏有诸葛亮收拾,否则临死又是一场空。

以前呢,一会去了北海孔融那里,一会又去了辽东公孙瓒处,一会又在袁绍那里,一会又到了青州田楷那里,一会又到徐州陶谦处,今天在曹操那里,明天又到了刘表处,明晃晃地就像没头的苍蝇一样,不知道要干啥,不知道要向哪里飞,有了诸葛亮后,知道了匡扶现在的汉室不可能,自己也是刘邦后代,自己也代表汉室,与其匡扶不可能的别人,不如匡扶自己吧!刘备一下子就清醒了,有了人生目标了!要达到此目标,这路该怎么走?诸葛亮说:"荆州北据汉、沔,利尽南海,东连吴会,西通巴蜀,此用武之国,而其主不能守,此殆天所以资将军,将军岂有意乎?益州险塞,沃野千里,天府之土,高祖因之以成帝业。刘璋暗弱,张鲁在北,民殷国富而不知存恤,智能之士思得明君。将军既帝室之胄,信义著于四海,总揽英雄,思贤如渴,若跨有荆、益,保其岩阻,西和诸戎,南抚夷越,外结好孙权,内修政理;天下有变,则命一上将将荆州之军以向宛、洛,将军身率益州之众出于秦川,百姓孰敢不箪食壶浆,以迎将军者乎?"自此,刘备被诸葛亮武装了头脑,明白了政治,知道了战略,知道了要到哪里去,知道了要干什么事。

分析他的一生,没有诸葛亮时,他颠沛流离,自从有了诸葛亮,发展才有了方向,事业有了条理。诸葛亮帮他制定了战略,帮他整合乱局,帮他出谋划策,帮他主持政务,帮他收拾去世后的乱摊子;帮他支撑、治理、扩张遗产——蜀汉。可以说,有了诸葛亮才有了蜀汉的开国皇帝刘备。刘备就是陈寿捧出来的历史明帝,与他的儿子刘禅一样,就是一个"扶不起来的阿斗",即使最后当了皇帝,强盛至极,也只是过了一把皇帝瘾,自毁长城导致事业轰然倒塌,然后又需要让诸葛亮替他收拾乱摊子,生前的事业才得以延续,否则也就是一个当了不到两年皇帝,死后江山立即分崩离析的英雄豪杰。

在中国历史上,出现过很多帝王,但是绝大多数的帝王也如同一些将相大臣一般,在史书上一掠而过。按理说,成为帝王的人物应该被人们所熟知,毕竟那是天是老大、他是老二的人物,在芸芸众生中,没有人会比他们名气大了,但是,实际上除了历史专业的,中国人能够说出的中国历史上的帝王名字少得可怜。分析其原因,都因为他们没有历史闪光点或者姑且说是"闪黑点"。因为凡是有历史闪光点或者"闪黑点"的帝王总是被后人作为楷模或者做反面教材,用于教导别人而被铭记。但是细细地分析,刘备就不是如此。刘备实际上与所有的创业之人一样,都有爱才特点和打拼精神,没有太大不一样,但是他却成了流传千古的爱才典范。这都要拜谢陈寿和诸葛亮,否则他也会被扫进历史的帝王垃圾里了。

然而,就是这么一个政治不行,战略空白,勇武不足的刘备,最后还是成功了,这是"人和"能够做到的吗?

你还别不信,仔细分析,还真的是纯粹的人和实现的!

"人和",使他能够有张飞、关羽两人从一开始就联手打天下,一直到生命终结;"人和",使他在军阀混战中,始终能够聚拢力量东山再起;"人和",使他能够空手得到徐州;"人和",使得各个军阀对他不设防,供食、一路欢迎入荆州、入益州;"人和",使他能够得到诸葛亮,能够使徐庶"身在曹营心在汉";"人和",使他能够得到关羽、张飞、赵云、马超、黄忠、严颜、王平、廖化等,名将云集周围,得到徐庶、诸葛亮、庞统、张松、法正、孙乾、简雍、马良、蒋琬、杨仪等那么多战略战术家,而且真正做到死心塌地效力。

综合刘备一生,可以发现其人性特点:爱民如子,求才若渴,用才有义,刘备也正是以这三点为核心经营"人和",征服了所有他需要的、想要的人的心,其征服力可以在以下人中巨头人物身上体现:

诸葛亮（181—234年），字孔明，号卧龙，三国时杰出政治家、军事家、战略家、散文家、外交家，是历史公认的大智若仙的谋略家。刘备托孤重臣，主政蜀汉，南征北伐，六出祁连山。于建兴十二年（234年）在五丈原（今宝鸡岐山境内）逝世。刘备一生失败的事件都没有他参入，刘备成功的事件都有他的参入。诸葛亮一生"鞠躬尽瘁、死而后已"，是中国传统文化中忠臣与智者的代表人物。在世时被封为武乡侯，死后追谥忠武侯，东晋政权因其军事才能特追封他为武兴王。在长期的战争中，曾发明木牛流马、孔明灯等，并改造连弩，叫作诸葛连弩，可一弩十矢俱发，是中国冷兵器的巨大进步。去世后被追谥为忠武侯，所以后世常以武侯、诸葛武侯尊称诸葛亮。

徐庶，字元直，原颍川郡（治今河南禹州）长社县人。三国时蜀汉人物，后归曹魏。曹操南下时因母亲被曹操所掳获，徐庶不得已辞别刘备，进入曹营，但是发誓终生不为曹操谋划，因此一生无成。这也是"身在曹营心在汉"、"徐庶进曹营，一言不发"等被广为流传的历史典故。

庞统（179—214年），字士元，号凤雏，汉时荆州襄阳（治今湖北襄阳）人，三国时刘备手下的重要谋士，与诸葛亮齐名的谋士。徐庶曾对刘备说，卧龙凤雏，得一而可安天下！与刘备一同入川，在刘备与刘璋决裂之际，献上上中下三条计策，刘备用其中计取代了刘璋。

关羽（？—220年），字云长，河东解良（今山西运城）人，三国时蜀汉名将，早期跟随刘备辗转各地，于白马坡斩杀袁绍大将颜良，与张飞一同被称为万人敌。

建安二十四年（公元219年），关羽围襄樊，曹操派于禁前来增援，关羽擒获于禁，斩杀庞德，威震华夏，曹操曾想迁都以避其锐。后曹操派徐晃前来增援，东吴吕蒙又偷袭荆州，关羽腹背受敌，兵败被杀。

张飞（？—221年），字益德，幽州涿郡（今河北省涿州）人氏，三国时期蜀汉名将。刘备长坂坡败退，张飞仅率二十骑断后，据水断桥，曹军没人敢逼近；与诸葛亮、赵云扫荡西川时，于江州义释严颜；汉中之战时又于宕渠击败张郃，对蜀汉贡献极大，官至车骑将军、领司隶校尉，封西乡侯，后被范强、张达刺杀。

赵云（？—229年），字子龙，常山真定（今河北省正定）人，蜀汉五虎上将之一，乱军之中救出幼主，后主刘禅的救命恩人。赵云跟随刘备将近三十年，先后参加过博望坡之战、长坂坡之战、江南平定战，独自指挥过入川之战、汉水之战、箕谷之战，都取得了非常好的战果。在关羽张飞被害之后，赵云曾劝谏刘备不要伐吴。除了四处征战，赵云还先后以偏将军任桂阳太守，以留营司马留守公安，以翊军将军督江州。赵云死后，刘禅又下令追谥赵云，姜维以"柔贤慈惠曰顺，执事有班曰平，克定祸乱曰平"追谥赵云为顺平侯。

仅举几例,以示刘备的人格魅力在取得"人和"战略支点的超级能力。这些人才能够死心塌地一生追随刘备,刘备的"人和"功夫可见有多么高超。陈寿在《隆中对》中,一句"凡三往"就略过了一段求才千古名剧——"三顾茅庐",这是刘备营造"人和"高地的行动写照。这么出彩的一件事,作为特别推崇刘备的陈寿竟然平常化甚至平淡化地用三个字一掠而过,可见这样的事在刘备身上发生是多么的平凡。刘备营造"人和"的功夫投入之深可见一斑。

刘备就是这样建立起了他的人才团队,而且人才团队成员几乎囊括了当时的天下的最精华人才!刘备的人才团队组合如下:

军政干将:诸葛亮、庞统二人,是得一就可以得天下的顶尖战略人才。

谋士:法正,马良,马谡,孙乾,简雍,黄权,邓芝

武将中五虎上将:关羽,张飞,赵云,马超,黄忠

猛将:魏延,严颜,刘封,关兴,张苞,马岱

"人和"在古代重要,在当今社会同样重要。无论是组织还是个人,想要成功都需要人才的加入,"一个篱笆三个桩,一个好汉三个帮"说的就是这个道理,这就离不开"人和"的吸引力量。只是由于社会的变化,"人和"的内容与古代有些不同了,添加了与现代相适应一些内容。

传统的"人和"力量就是看领导人的品行吸引力,是领导者的个人魅力的吸引力。古代因为道德的约束力强,使得任何组织都是由与领导者人品相似的人组成,否则必然会互相排斥,从而组织分裂,所谓"物以类聚,人以群分"就是这个道理。然而,当今社会,传统道德已经几乎丧失了约束力,兼之人心的复杂性、组织岗位分工的多样性,道德的力量已经不可能约束组织中每个人的行为,领导者的精力也不可能统管组织中每个人,所以领导者以制度取代自己的约束和统管。领导者亲自制定或者审查制定出来的制度,必然会处处烙印下组织领导者的品行特点。这样,无论执行人发生多少次改变,只要制度不变,领导者的"人和"意志不变,它的品质仍旧在组织中存在。尽管社会变化了很大,但是领导者的"人和"魅力同样重要,只是"人和"重点转移了,转移到组织管理制度上。所以当今社会,一个组织的"人和"影响力主要来自两个方面。

一是组织品牌。

组织品牌不仅在商品销售市场上起作用,而且在人才市场上也有着巨大作用。这里所说的组织品牌是广义的组织品牌,其主要分为两个方面:一个是领导者品牌,即组织领导者包括老板和总经理的个人道德品行、管理能力、用人方式等个人品质特点,在人群中的口碑,这是组织领导者品牌;另一个是纯粹的组织品牌,即该组织在社会上的口碑,这是狭义的企业品牌。组织领导者品牌对

高级人才的影响力巨大,对于他们的求职选择有着决定性的作用;纯粹的组织品牌对全部职位、岗位的人才都影响力巨大,而且对越低级岗位影响力越大。所以,任何组织的领导者都是组织品牌的源头,组织领导者的品质决定了组织的品牌,然后决定了组织的高级人才的集聚质量,最后有决定了组织的前途命运。

这两个口碑是求职者选择企业时的第一层过滤网,口碑不好的组织无论其他条件多好,正直的、有真才实学的人才都会首先剔除该组织,他只会招收到走投无路者。

二是组织的管理制度,尤其是人力资源管理制度。

1. 工资、奖金等福利待遇:

吃、穿、养家糊口是每个求职者选择职位时首先关注的、最基础的工作目标。所以任何组织所设计的工资待遇标准,首先要能满足一个人对这些最基本工作目标的支出才行。这是涉及一个人生存、面子甚至尊严的大事,所以如何制定组织的工资、福利等的标准是一个组织能够吸引什么级别的人才、多少人才加入的最基础的关键因素。所以,这是关系公司能否顺畅运行起来的关键制度。

2. 晋升前途空间:

这是每一个有真才实学的人才和杰出人才都最关注的内容,甚至对它的关注超过了工资、奖金等福利待遇。越是有才能的人才越关心此项内容。这是员工积极向上的动力来源,也是公司效益的源泉,所以这是一项关系公司能否更好、更高效运行的关键制度。

3. 激励制度:

这是杰出管理人才、技术人才的关注热点,而这两类人才是关系公司发展壮大的核心型重要人才。前两条对他们而言没有任何吸引力,要说钱,他们有,高工资对他们而言唾手可得;要说职位,他们已经做到了自己专业的最高职位,已经升无可升,他们唯一想要的是挑战自己的能力,做出更大的事业,同时也要求得到相匹配的回报。这项激励制度决定了组织能否吸引来这两种人才,至于能不能留住那就在于领导者的执行力度了,所以,该制度是关系公司未来发展的关键制度。

4. 组织惩戒制度

所有组织都是为了完成领导者的目标在运行,组织中每个人按照贡献值大小获得报酬是理所应当的,但是出现了做不好工作、做坏了工作、破坏工作、出卖公司的人怎么办? 这是任何组织都不可回避的问题,谁也不能保证组织中不会出现这样的人和事,所以出现了怎么办,同样不可回避! 这是最考验领导者的智慧的组织工作。

这些都是老板或者总经理做最终决定的制度,是领导者的经营管理理念的反映,是领导者对下属的态度的反映,更是领导者心性、心胸的反映。所以,每个领导者对组织制度、人力资源管理制度的制定一定要用心做,那不仅仅是企业的一项制度,那更是在刻画面向所有员工、面向社会的赤裸裸的自己。

张经理是一家生产瓷砖的集体所有制企业的一个承包经营经理,承包经营期还剩下两年。经过多年的打拼,已经有了丰厚的个人资本,想要自己独立办一家同样的公司。现在应该怎样操作? 于是,我给他做了一个简洁的以人和为核心的个人商业策划。

整合资源　充分发挥资源优势

借机积累　广交朋友　塑造个人品牌魅力

张经理个人商业策划

龙锋策划工作室

2009 年 1 月

在目前没有产品决定权、定价权、没有价格活动空间的承包经营情况下,为达到自己独立经营目的,2009 年的主要经营管理工作的基调应该确定为:

充分利用一切可利用资源

增加收入

节约开支

加强营销人员管理

与经销商建立亲密的个人友谊,塑造个人品牌

要实现以上目标,首先要清楚自己拥有的资源,优势资源是什么,可以发挥利用的资源是什么。

一、当前资源整合

1. 物资调配权:样品、宣传品、喷绘广告布合理、充分满足经销商。

2. 工资统发,自己不承担;这是一块优势资源,合理利用既可以满足公司要求做服务、做品牌要求,而且也能达到自己的增加销售目的。在每个有两个以上经销商存在的地市,雇佣一个当地营销服务专员,负责为公司服务、为本市经销商服

务,不出差。

服务内容:展品清洁卫生,经销商信息收集,库存、信息传递,协助经销商活动促销,协助经销商订货、收货,对客户的工程业务实施过程关怀,质量问题第一时间到现场调查。

服务专员工资分为基本工资、职效工资(每月经销商满意调查)、业绩级别工资(发展经销商数目、销售成果)、业绩提成。

3. 三辆车:车辆不需要在公司做后勤服务工作,三个公司经理轮流出去,沿着国道线开发空白市场,并可以招聘发展当地服务专员、服务处人员、培训新员工、巡查工作。我们的产品到处都是市场,有区别的只是大小市场而已。尤其张总要经常出去,您是利益直接相关者。

4. 有权利多要求开发新花色品种,扩大财源。

二、增收策划

在公司营销管理上表现为最大能力发挥资源作用增加销售额。

1. 利用公司政策,在经销商密集、市场销量大的地级市建立服务处,在两个以上经销商存在的城市设立服务专员,所聘人员以当地人为准,加强老市场服务,深层开拓市场,提高销量。

2. 对于大的分销商,设立专人服务他的分销地域,甚至在重点地区专设服务处。

3. 在受制于公司没有给予做促销活动价格空间,无法实施活动营销情况下,提供为经销商制定的促销策划方案是搞活市场的唯一选择,同时还加强了服务。

4. 放权分销商开发无精力开发的市场规模小的空白市场。

5. 分销商、业务人员合力开发经济发达地区空白市场,一起做分销、做直销。

6. 片区销售任务为提成基点,超额完成任务部分加大提成比例,刺激营销人员做市场热情。

7. 在原管理提成标准之上制定市场营销管理人员的超额完成营销任务的管理提成标准,提高其市场管理、辅助开发市场热情和责任心。

8. 经销商协助做营销渠道网络,所协助网点的销售额提取一定比例返点奖励,奖励期到年底。

9. 在陶瓷产地过道主干线旁租房设立两人以下的办事处,既可以进行经销商产地采购拦截,也可以服务于周边市场。不宜发展经销商,以防窜货发生。办事处可大可小,可以成为展示点,也可以配备电脑展示,用人仍然是招聘本地人。主要功能是展示、服务、广告、收集情报。

10. 要求公司增加更多瓷砖、内墙砖花色品种供应，满足更多人的不同需要，占领更多、更大的市场。

11. 淡季、淡月作活动促销售，旺季、旺月作服务，使销售淡月不淡，旺月更旺。

12. 充分调动营销人员、营销管理人员、经销商积极性，做大营销渠道网络，多做经销商布点，长抓不懈。

三、节支策划

1. 实施业务人员本土化：招聘当地人，地头熟，麻烦少，即使有麻烦，在经销商和本地营销人员的配合下，也容易解决，而且免掉了差旅费开支。周边县市同样如此操作，实行就地服务。本地人不需住宿、出差，只有工资、提成，不需自己负担。

2. 租房建立服务处，实行办公住宿一体化，本地人服务于本地经销商。

3. 差旅费补贴考虑业务人员情绪不宜做大的变动，增加设立驻地补贴标准减少费用支出，最多再设立级别标准。

4. 服务处费用包干，物资设备充分利用公司优惠政策。

5. 减少营销人员往返汇报工作次数，在经理巡查时实行就地汇报工作。

6. 每个业务人员往返公司都要实行往返路线规划，制定详细、可操作的客户拜访路线，实现边走边巡查、考察、开发市场，往返不空行。这样既可以提高工作效率，又可以节约经费。

7. 精简后勤人员，集中主要人力资源力量投放营销战场。

四、营销人员管理

1. 人尽其用，满负荷工作：晚上提交第二天工作计划，发到管理人员信箱，方便对营销人员和服务人员进行行动、活动工作监督和指导。

2. 建立费用申报制度，实现计划控制。

3. 建立合理收入分配机制：实行片区区域总提成制，提高片区经理工资，拿总量提成，原提成比例降低，一线人员拿自己服务区域提成，占本区域总提成大头。可以考虑3：7或者2：8分配。

4. 建立晋升激励机制：树立征服人心理念，业绩、管理表现突出者，提升职位、工资，形成内部晋升激励体制，掌握下属人心，掌握办实事者、能者人心，建立高能效的营销团队，更好地掌控营销网络，服务于公司目标。

5. 恩威并施，引进技术加强营销人员监管：

● 利用公司网站，建立各个经销商、专营店网上联系及信息传递网络平台，通过赠送（电脑）上网费、必要的设备器材、平台使用培训，利用经销商的电脑和公司自己的网站，搭建网上交流平台、录像声音信息收集平台、库存数据更新平台、工作计划交流平台、订货发货收货追查平台、往来账户资金对账平台、信息发布平台等,使得公司的信息及时传达,经销商、市场信息第一时间掌握,同时营销人员的行踪也可以通过她跟踪。

● 引进手机位置实时监控管理程序,对业务人员手机位置变动监控,对所有营销人员进行动态监管,也更有利于总部的动态调控,同时还可以建立经销商出差敏感省份预警机制,及时发现经销商的异动,发现问题,制定对策预案,掌握市场主动权。

五、后勤机构改造重组

后勤服务工作是公司的脸面工程,是令客户满意与否的重要环节。对现有的后勤服务相关部门,按照服务营销和客户导向原则对客户考察、洽谈、提货进行部门流程重组再造是十分必要的。效仿政府的行政审批中心模式,集中经销商办理业务的所有功能性服务项目于一处,简化客户的办事程序,减少客户的麻烦,是在客户心中建立公司形象的重要组成部分。规范后勤工作流程管理,做到领导在不在公司,都表现如一,工作、业务照样运行。

展厅:四个品牌集中展示。

客服助理:经销商档案管理、销售统计、物流调配管理、营销人员活动管理。

开单收款专员:营销物资管理、发放,一站式办理经销商提货单据。

商务助理:电子商务管理、网站消息发布、网上产品展示。

导购员:卫生、来人接待、解说、引导、解答、引领办理全套业务程序。

六、建立客户档案

这项工作无论您下一步要怎么做,都是做事业的必做工作。这是知己知彼的"知彼"工作,是工作成败的一半决定力量。

对每一个经销商进行家庭个人信息登记,同时制作经销商评估问卷,由所有密切接触过的业务人员对其进行信用等级、资金等级、销售能力等级等项目进行详细评估,评估结束后,对所有经销商进行分类、归档,并对每个类别达到一定销售规模档次的经销商进行研究分析,分别制定相应的市场营销对策,更好地支持扩大市场,提高销量。

七、发展自己事业的新起点

目前,还有两年承包期,自己的资金投入做品牌,投资收益得不到期望的快速回报,不仅增加了费用开支,反而增加下一次承包难度。尽管集体企业体制、管理制度等,可以利用,但是不适合个人在其中发展。

目前适合安排可靠的人在陶瓷领域独资或者合资操作,再建立一块属于自己的陶瓷行业品牌。按照合同要求不能选择瓷砖、内墙砖,而且不宜公开,只能在

2010年合同结束时，以借款转股份的形式公开。如果想另起炉灶，这一点要谨记。目前，您在外边走市场，这种操作可以一举两得。目标可以选择仿古瓷、洁具、日用瓷，淄博本土具有优势，而且在淄博，易监控。

目前，您自己不负担营销人员的工资是您最可以发挥的优势资源。人海战术、笼络人心、建立自己的贴心骨干人脉、与经销商搞好关系，都可以在这里发扬发挥。

说三国　话人才

　　曹操、孙权、刘备在中国非常出名,就连还没上学的小孩都知道,但是很少有人研究他们为什么那么出名。他们虽然都是一代帝王,但是在浩如烟海的中国历史长河中,他们也仅仅是一朵朵小浪花。在中国历史上,据计算共出现了八十三个王朝,除了春秋战国时期因为历史记载模糊而全部不计算外,有名字记载的帝王共有五百五十九个,包括三百九十七个"帝"和一百六十二个"王",如果再加上春秋战国时期的,可能过一千人。这么多的帝王,能够被我们记住名字的有几人!但是曹操、孙权、刘备的名字确实家喻户晓老少皆知。这是为什么?

　　按理说,一代帝王的人物那是全天下最响亮的名字,都应该代代相传被人们所熟知,但是,实际上除了历史专业的,中国人能够说出来的历史上帝王的名字少得可怜,但是仅仅一个短短不足一百年的三国时期就让中国人记住了三个帝王以及数量超过记住的所有帝王数量的历史人物,可谓创造了中国人记忆历史人物的一个奇迹。

　　分析记住帝王名字和众多历史人物的原因,正如前面章节所言都因为他们有没有历史"闪光点"或者"闪黑点"。三国时期的曹操、孙权、刘备就是如此,这是三个非常有人格个性魅力的三国建国帝王,而且是同期的三个闪亮点,更重要的是还有一颗中国历史上最耀眼的智慧之星——诸葛亮存在,四星耀眼争辉,使那个时代特别醒目。

　　实际上这仅仅是其中之一,原因还有很多。实际上还有三点,一是国人的成功文化教育的历史传统。二是一些历史人物的包装,这里面最给力的就是罗贯中和陈寿。罗贯中的《三国演义》不仅让国人在精彩的小说中学习了历史,而且把历史中的成功经验通过小说精确地表达出来了。再一个就是陈寿,一个戴着有色眼镜的历史编纂人,他的《三国志》明显的褒刘抑曹被后人诟病事件引起后人的热点关注。三是民间的传播。刘备的义气,刘备、关羽、张飞的不是同胞胜似同胞的感情,符合中国民间文化的特点,被民间艺人广为传播,被民间树为榜样传播模仿,从而导致妇孺皆知。而这三点中,最重要的还是要属中国的成功文化传统。中国人对建功立业有着不同于其他民族的传统和历史渊源。人们想要成功,就需要获得更多的成功经验,这就需要历史上鲜明的榜样,榜样的力量是无穷的。三国时期的人物亮点太多,所以三国就这样被选了出来。罗贯中可能也是基于此种原因,才会选择以三国时期人物为题材,写出了脍炙人口的《三国演义》历史小说,使得即使没看史书的人,也都被《三国演义》染上三国的历史色彩。因此造成今天的三国竞争历史,国人几乎人人熟知。

今天的人们,不仅承继了国人的成功文化热,而且这种崇尚更深。古语有云:"读史使人明智。"中国三国时期的文化包罗万象,汇集了中国各个思想领域的文化精粹。那么在成功领域,古老的三国历史能够给今天的我们什么关于如何成功的启示呢。

仅就成功而言,我们都知道,传统的说法是曹操、孙权、刘备之所以能够在那豪杰并起的年代,打下了各自的江山,是因为各自占据了天时、地利、人和。事实果真如此吗?

实际不然。如果曹操、孙权、刘备都仅仅是一个带兵的将军,只是在战场厮杀,那就成了一杯白开水了!那么他们的胜负仅仅是一场战争的胜负,不可能建立起来三个国家,那就不可能有三国鼎立时代存在,那一定是一个统一的中国。他们能够靠自己建立一个国家吗?他们能够靠自己管理一个国家吗?他们能够靠自己推动国家在竞争中发展吗?这种传统的说法实际上是为了区分他们三人打下江山过程中最大的不同点,也就是说是利用细化手段进行的求异分析得出的结果,通俗地说就是差异化分析法得出的结果。

那么,他们成功的原因到底是什么?这就需要我们仔细看看他们的征战部队组成,抛弃传统定论的影响,认真分析才会找出答案。

曹操的人才团队

曹操的人才团队,用《三国演义》中有两个形容词"谋士如云,战将如雨"形容非常恰当。文官有智谋,姓荀的一家子,还有贾诩、郭嘉、程昱、戏志才、刘晔、蒋济等,武官要么无人能敌,要么文武双全,曹氏一家子,夏侯一家子(曹操表亲,统兵杀敌都很强),还有司马氏一家子,乐进、李典、于禁、张合、张辽都是文武双全,典韦、许褚武艺超群。这些都是泛泛之说,整理归纳如下:

1. 军政全才的人杰将领两人:前期为钟繇,后期为司马懿。

钟繇(151—230 年),字元常。颍川长社(今河南许昌)人。三国时期曹魏著名书法家、政治家。历任尚书郎、黄门侍郎等职,助汉献帝东归有功,封东武亭侯。后被曹操委以重任,为司隶校尉,镇守关中,功勋卓著。以功迁前军师。魏国建立,任大理,又升为相国。曹丕称帝,为廷尉,进封崇高乡侯。后迁太尉,转封平阳乡侯。与华歆、王朗并为三公。明帝继位,迁太傅,进封定陵侯。太和四年去世,谥曰成。

司马懿(179—251年),字仲达,汉族,河内郡温县孝敬里(今河南焦作市温县)人。三国时期魏国杰出的政治家、军事家,西晋王朝的奠基人。曾任职过曹魏的大都督、大将军、太尉、太傅。是辅佐了魏国四代的托孤辅政之重臣,后期成为掌控魏国朝政的权臣。善谋奇策,多次征伐有功,其中最显著的功绩是两次率大军成功对抗诸葛亮北伐和远征平定辽东。对屯田、水利等农耕经济发展有重要贡献。七十三岁去世,谥号"宣文";次子司马昭封晋王后,追封司马懿为宣王;司马炎称帝后,追尊司马懿为宣皇帝。

2. 安邦定国战略谋士八人:荀彧、荀攸、贾诩、郭嘉、程昱、戏志才、刘晔、蒋济:

荀彧(163—212年),字文若,颍川颍阴人(今河南许昌),曹操统一北方的首席谋臣和功臣,自小即有人称其为"王佐之才"。荀彧初为袁绍手下,因见其难成大事,遂携其侄荀攸投奔曹操,被曹操重用。荀彧在战略上为曹操制定并规划了统一北方的蓝图和军事路线,曾多次修正曹操的战略方针而得到曹操的赞赏,包括劝曹操迎汉献帝至许昌,"迎奉天子";战术方面曾面对吕布叛乱而保全兖州三城,奇谋扼袁绍于官渡,险出宛、叶而间行轻进以掩其不意奇袭荆州等诸多建树;政治方面为曹操举荐了钟繇、荀攸、陈群、杜袭、郭嘉等大量人才。荀彧在建计、密谋、匡弼、举人多有建树,被曹操称为"吾之子房"。

郭嘉(170—207年),字奉孝,颍川阳翟(今河南禹州)人。东汉末人物。曹操早期军事智囊团的核心人物之一,具有超卓不凡的战略眼光和入骨三分的察人目力。因为其大局观出色,在对于作战目标的选择和作战时期的把握上经常有精辟独到的成功建议。原为袁绍部下,后转投曹操,为曹操统一中国北方立下了功勋,官至军师祭酒,封洧阳亭侯。于曹操征伐乌丸时病逝,年仅三十八岁。谥曰贞侯。史书上称他"才策谋略,世之奇士"。而曹操称赞他见识过人,是自己的"奇佐"。

荀攸(157—214年),字公达,颍川颍阴(今河南许昌)人。荀彧之侄,杰出战术家,被称为曹操的"谋主",擅长灵活多变的克敌战术和军事策略。荀攸在何进掌权时期任黄门侍郎,在董卓进京时曾因密谋刺杀董卓而入狱,后弃官回家。曹操在兖州时,荀攸同其叔荀彧一同来投,为曹操重用,定都许昌后,被拜为军师。曹操征伐吕布时荀攸劝阻了曹操退兵,并献奇计水淹下邳城,活捉吕布。官渡之战荀攸献计声东击西,斩杀颜良和文丑。又策奇兵,派徐晃烧袁绍粮草,同时力主曹操接纳许攸,画策乌巢,立下大功。平定河北期间,荀攸力排众议,主张曹操消灭袁绍诸子,被曹操上奏朝廷封为陵树亭侯。荀攸行事周密低调,计谋百出,深受曹操称赞。214年荀攸在曹操伐吴路上去世。正始年间追谥为敬侯。

贾诩(147—223年),字文和,武威姑臧(今甘肃武威)人。原为董卓部将,董卓死后,献计李傕、郭汜反攻长安。李傕等人失败后,辗转成为张绣的谋士。张绣曾用他的计策两次打败曹操,后劝张绣投降于曹操,成为曹操手下重要谋士,在战官渡、平马超以及立嗣等问题上多有建议,为曹操所器重。

官渡之战时,力主与袁绍决战。赤壁之战前,认为应安抚百姓而不应劳师动众讨江东,曹操不听,结果受到严重的挫败。曹操与关中联军相持渭南时,贾诩献离间计瓦解马超、韩遂,使得曹操一举平定关中。曹丕称帝,封其为太尉、魏寿乡侯。曹丕问应先灭蜀还是吴,贾诩建议应先治理好国家再动武,曹丕不听,果然征吴无功而返。黄初四年去世,享年七十七岁,谥曰肃侯。贾诩精通兵法,著有《钞孙子兵法》一卷,并为《吴起兵法》校注。

程昱(141—220年),字仲德,兖州东郡东阿人,三国时魏国名臣。曾于东阿率领民众抗击黄巾。后从曹操于兖州,封寿张令,从此为其出谋献策、征战四方。曹操征徐州时,程昱与荀彧留守后方,阻吕布、陈宫大军,保住三城,因功受封为东平相,屯于范县。昱常为曹操出谋献策,汉献帝定都许昌后,以程昱为尚书,后又为东中郎将,领济阴太守,都督兖州事宜。讨平袁谭、袁尚后,拜为奋武将军,封安国亭侯。黄初元年,曹丕代汉称帝,拜程昱为卫尉,进封安乡侯。同年逝世,享年八十岁,曹丕亦为之流涕,追赠车骑将军,谥曰肃侯。

戏志才,字志才,颍川(治今河南禹州)人,被荀彧推荐成为曹操的谋士,曹操十分器重他。戏志才不幸早卒,没有留下详细的记载。他死后,曹操询问荀彧"自志才亡后,莫可与计事者。汝、颍固多奇士,谁可以继之"? 于是荀彧推荐了郭嘉。可见其才堪比郭嘉。

刘晔(176—234年),字子扬,淮南成德(今安徽寿州东南)人。曹氏三代重臣、战略家,献过许多妙计。官拜魏国太中大夫。刘晔是光武帝刘秀之子阜陵王刘延的后代,年少知名,人称有佐世之才,经郭嘉推荐为曹操效力。官拜魏国太中大夫。他对袁绍作战时提出用发石车,击退了敌人来自营楼的攻击。料事如神,屡献奇策,用之则吉,违之则凶,但终因他为汉室宗亲而被曹氏所忌,使得他在关键时刻所献取蜀灭吴之策,皆未被曹操和曹丕父子采纳。刘晔之才未尽其用,而曹魏统最终也未能统一中国。五十九岁去世,谥为东亭景侯。

蒋济(188—249年),字子通,楚国平阿(今安徽省怀远县常坟镇孔岗)人,魏国重臣,历仕曹操、曹丕、曹叡、曹芳,官至太尉,关羽北伐时与司马懿一起劝曹操不要迁都并联络孙权灭关羽,为魏国出过不少有价值的建议。蒋济在汉末出任九江郡史、扬州别驾。后被曹操聘为丹杨太守,不久升任丞相府主簿,成为曹操的心腹谋士。魏文帝继位之后出任右中郎将。魏明帝继位之后出任中护军,封侯关内。曹芳继位之后,出任领军将军,封昌陵亭侯,又任太尉。正始十年(公元249年),蒋济随司马懿诛杀曹爽之后,晋封都乡侯,同年卒,谥曰景侯。曹魏集团一位杰出谋士,寿命也相对比较长。

(2)重要谋士三十六人:毛玠、董昭、陈群、华歆、钟繇、满宠、王朗、崔琰、贾逵、杜畿、田畴、王修、杨修、辛毗、杨阜、田豫、王粲、蒯越、张既、杜袭、枣祗、任峻、陈矫、郗虑、桓阶、丁仪、丁廙、司马朗、韩暨、韦康、邴原、赵俨、娄圭、许攸、郭淮。

董昭(156—236年),字公仁,济阴定陶(今山东定陶)人。曹魏初年的谋士、大臣。原仕袁绍,多有功劳,因受谗言而离开,成为张杨的谋士,后随张杨迎接汉献帝,被拜为议郎。董昭建议曹操将汉献帝迁往许昌,从此成为曹操的谋士,深受曹操信赖。劝曹操不要放走刘备,两劝魏军不要轻入吴境,史书有传且算无遗策。后来,在董昭的建议下,曹操加九锡,成为魏公、魏王。曹丕、曹叡执政期间,董昭也多有谋划,官至司徒,封乐平侯。青龙四年(236年)卒,时年八十一,谥曰定。

毛玠(?—216年),字孝先,陈留平丘(今河南封丘)人,曹魏谋士。他是最早向曹操提出"奉天子以令不臣,脩耕植,畜军资"的战略规划的谋士,也因而得到曹操的欣赏。

毛玠很廉洁,在其年少为县吏时,就以清廉公正著称。后来,因为战乱他计划到荆州去避乱,但是在中途时由于知道了刘表政令不严明,因而改道去了鲁阳,后来又投靠了曹操。在曹操手下为官时期,毛玠与崔琰主持选举,最后所举用的都是清廉正直之士。由于毛玠很廉洁,因而也激起了天下廉洁之风,使得即使尊贵得宠的大臣,衣着和车辆都不敢太奢华。由于毛玠和崔琰的表率作用,一改曹魏时期朝中风气,令曹操大为赞赏,曹丕也亲自去拜访他。曹操评价毛玠:"用人如此,使天下人自治,吾复何为哉。""此古所谓国之司直,我之周昌也。"一个没有丰功伟业、少见经传的谋士,能得到曹操如此评价,可谓难得之至!

(3)其他谋士及掾属五十七人:严象、袁涣、张范、凉茂、国渊、何夔、徐奕、邢颙、鲍勋、刘放、刘资、梁习、温恢、郑浑、卫凯、刘廙、徐干、陈琳、阮瑀、应玚、刘桢、繁钦、路粹、徐宣、卫瑧、卢毓、戴乾、和恰、常林、杨俊、裴潜、崔林、高柔、孙礼、王观、高堂隆、牵招、徐邈、胡质、王昶、戴陵、郭湛、薛洪、董蒙、傅异、王选、张承、任藩、傅干、侯生、荀悦、成公英、贾洪、薛夏、令狐邵、刘祕、魏讽等。

3. 武将:

(1)虎卫军:许褚,典韦

典韦:曹操麾下第一勇士,军中为之语曰:"帐下壮士有典君,提一双戟八十斤

（略轻于青龙刀）。"战宛城时，张绣畏惧典韦英勇使胡车儿偷其戟马。典韦倚门而战，掩护曹操逃命，宝剑砍坏，就用两兵卒当兵刃抡动如飞，粘着就死，碰着则亡。典韦后被乱箭乱枪杀死，屹立不倒，死后良久，无人敢从其身边经过。

许褚：力大如牛，有万夫不当之勇。曹操曾称赞说："此吾樊哙也。"典韦死后许褚任曹操的近卫军统领。裸衣战马超，气势惊天动地，是曹操帐中唯一真正能与刘备的五虎上将一较高下的王牌。

（2）五子良将：张辽，乐进，于禁，张郃，徐晃

张辽：字文远，雁门马邑人。主要的战功还是对东吴的一系列战争所取得的胜利。最著名的当数威震逍遥津了，仅以七千兵力打败东吴十万大军，以致后来张辽病重，孙权仍不敢轻举妄动，还告诫诸将："张辽虽病，不可当也，慎之！"死后，曹操念及合肥战役的功劳也不禁感叹："合肥之役，辽、典以步卒八百，破贼十万，自古用兵，未之有也。使贼至今夺气，可谓国之爪牙矣。其分辽、典邑各百户，赐一子爵关内侯。"

乐进：字文谦，阳平卫国人。最有名的应该是斩淳于琼了。除了这个，乐进大多数时间都是作为副将出征，或者是和别的将领，尤其是李典，一起出征，很难说有大将之才，但跟随曹操征战多年，功劳也不小。谥曰愍侯。

于禁：字文则，泰山巨平人。黄巾之乱时跟随鲍信，后来鲍信投靠曹操，他也自然加入曹军。之后禽吕布于下邳，立下大功。与袁绍作战时更是领两千步骑坚守延津，让袁绍无可奈何。而后仅增兵五千，就从延津西南缘河至汲、获嘉二县，焚烧保聚三十余屯，斩首获生各数千，降绍将何茂、王摩等二十余人。但晚节不保，被关羽抓获后变节乞降，最终被一幅讥讽他变节的画像气死。死后封为厉侯。

张郃：字俊义，河间鄚人。在袁绍与曹操作战时曾提出正确的建议，但不被采纳，后因害怕被迫害而投靠曹操。后来在与马超军作战时立下大功，后期和蜀国作战更是魏国头号猛将。连诸葛亮都对他颇为忌惮。最终在追击蜀军时中飞矢而亡。死后谥曰壮侯。

徐晃：字公明，河东杨人。原在杨奉手下，杨奉被曹操打败后投归曹操。在与关羽的作战中立下大功，曹操称赞他："贼围堑鹿角十重，将军致战全胜，遂陷贼围，多斩首虏。吾用兵三十余年，及所闻古之善用兵者，未有长驱径入敌围者也。且樊、襄阳之在围，过于莒、即墨，将军之功，逾孙武、穰苴。"死后封为壮侯。

（3）八虎骑：曹仁，曹洪，曹真，曹纯，曹休，夏侯惇，夏侯渊，夏侯尚

曹仁：字子孝，曹操从弟。在投靠曹操之前就已招募了数千兵马，周旋淮、泗之间。在曹操的众多武将中，曹仁应该算是战功最显赫的了。破袁术时为前锋，攻打陶谦时击败前往费、华、即墨、开阳的救兵，与吕布、张秀、袁绍等作战中也是

曹营首席大将。后来更是死守樊城,导致关羽被擒身亡。陈矫在其单枪匹马从周瑜军中救出牛金后曾赞道:"将军真天人也!"死后封为忠侯。综合各方面比较起来,说曹仁是曹操手下的得力武将应该是没有什么争议的。

曹洪:字子廉,沛国谯县人,三国时曹魏名将。随曹操追袭董卓荥阳时,曹军为董卓部将徐荣所败,曹操失马,曹洪舍命献马并救护曹操,使曹操免于厄难。后多随军征伐,讨黄巾、张邈、吕布、袁绍,咸有功劳。曹丕即位时,封为卫将军,迁骠骑将军,进封野王侯,进邑千户。曹洪家富但性格吝啬,后获罪将死,幸得卞太后求情,得以保全。明帝即位时,拜为后将军,更封乐城侯,邑千户,位特进,又复拜骠骑将军。太和六年逝世,追谥曰恭侯。

曹彰,字子文,沛国谯县人,为曹操与卞氏所生次子。彰膂力过人,武艺精熟,能徒手与猛兽搏斗。代北乌桓无(能)臣氏等造反,曹彰拜北中郎将引军往讨,大捷而归。后来曹彰奉命往汉中助曹操攻刘备留守长安。曹丕即位后,曹彰表示顺从。黄初四年,曹彰入京都朝觐,却忽然暴毙于府邸中。谥曰威王。

曹真:字子丹,是曹操的族子,曹操赞赏他的勇敢,让他统领虎豹骑,征讨灵丘,获胜,被封为灵寿亭侯。镇守汉中的夏侯渊阵亡,任命曹真为征蜀护军,督徐晃等在阳平击破刘备的部将高翔。后来,曹操亲自到汉中,撤出诸军,让曹真到武都迎接曹洪等还屯陈仓。真以亲旧肺腑,贵重于时,左右勋业,咸有效劳。

曹纯:曹仁之弟,曹操堂弟。十四岁丧父,与曹仁同住,继承父亲产业,僮仆、客人上百人。十八岁时,任为黄门侍郎。二十岁时,跟随曹操到襄邑募兵,开始随军征战。后又任议郎参司空军事,统率曹营精兵虎豹骑。加上前后军功封为高陵亭侯、食邑三百户。208年,跟随曹操南征荆州,追击刘备到长阪,掳获刘备二女、辎重,收复刘军散兵。乘胜进逼江陵,后再还谯。210年逝世。曹丕称帝后,追谥他为威侯。

曹休:字文烈,沛国谯(今安徽亳州)人。三国曹魏武将,曹操族子。于曹操起兵讨伐董卓时前往投奔,曹操称赞其为"千里驹",如同亲子般看待,并使他领虎豹骑宿卫。汉中之战中,识破张飞计谋,大败吴兰。曹魏建立后,镇守曹魏东线,多次击破吴军,诱降吴将。曹休在魏吴石亭之战中大败,不久因背上毒疮发作而去世。

夏侯惇:字元让,沛国谯人,夏侯婴之后。从曹操初起兵的时候便开始跟随他南征北伐,深得曹操信任,曾称赞他道:"魏绛以和戎之功,犹受金石之乐,况将军乎!"曹丕即位后更封他为大将军。性清俭,不治产业,有点钱也都分施掉了。死后被封为忠侯,子充嗣。

夏侯渊:字妙才,惇族弟。和夏侯惇一样,也是从曹操起兵的时候开始跟上他的。曾先后平定昌豨、徐和、司马俱、雷绪、商曜、枹罕、宋建等人的叛乱,在与韩遂马超的作战中也立下了赫赫战功,可惜最终由于过于恃勇而被老黄忠斩于定军山。死后谥曰愍侯,儿子中最有名的大概要数夏侯霸了,在此不予赘述。

夏侯尚:字伯仁,三国时代曹魏的武将。他是曹操的重要部下夏侯渊的族子。夏侯玄和夏侯徽的父亲,夏侯儒的哥哥,夏侯奉的叔父。弓马娴熟,为人细心。为曹操效力,成为军司马。曹操成了魏王的时,夏侯尚也成了黄门侍郎。随夏侯渊征讨汉中时与张郃收拾残部,安然而退。是智勇兼备的名将。

(4)其他猛将:

庞德:字令明,南安狟道人。本为马腾部将,马氏战败后随马超投奔汉中张鲁,张鲁被曹操击败后降曹,也是一员猛将。能够正面与关羽对抗,在樊城交战时,射中关羽额头。水淹后被俘,立而不跪,宁死不降,终被关羽所斩。谥曰壮侯。

李典:字曼成,山阳巨野人。好学问,贵儒雅,不与诸将争功。合肥之战时不计较与张辽、乐进的私人恩怨,齐心协力取得了胜利。多与乐进等一同作战。死后也封为愍侯。

吕虔:是曹操手下战将,最初被刘晔推荐,在兖州被曹操聘为军中从事,后又任校尉、中军护卫等职,在讨吕布时射死部将薛兰,在征刘备时与李典等人同为先锋,在赤壁时掌管水军后军,屡随曹操征战,多有战功。

吕常:博望人,为武猛都尉厉节中郎将裨将军,封关内侯。后随曹操南下,封阴德亭侯,领郡。因治郡有方拜平狄将军,改封卢亭侯。法律严明,士元异心,守城以据关羽。从公元 208 年 9 月刘琮投降,襄阳归曹操所有以来,直到其于公元221 年 2 月病逝,任襄阳太守十三年,镇守一方,官至横海将军,西鄂都乡侯。一生为官清正俭朴,深得民心。

高览:本是袁绍部将,武艺出众,官渡之战,高览曾和许褚大战而不分胜负。曹操偷袭乌巢,袁绍从郭图之计,命高览、张郃率兵劫曹营,遭埋伏兵败,惧罪而降于曹操,被封为偏将军、东莱侯。后屡立战功。随曹操出征汝南,率军伏击刘备,三合斩刘辟,正欲擒刘备,被赵云一枪刺于马下。

文聘、臧霸、曹昂等还有很多。

这些还都是主要的战将人才,能力与孙刘集团的基层战将相当的还有很多,谋士团队也存在同样情况,所以曹操人才团队的规模实际更大。曹操的人才除了自家的外,基本都是收编过来的,有人说"降将一大堆",但是也不得不佩服曹操的能力,能够打服他们,再进一步心服自己,完全融入自己的团队,其求才、用才的政治手段可以称得上运用得炉火纯青。即使是明显戴着有色眼镜贬低曹操的陈寿,也不能在曹操个人之才、用人之能上掩盖其光芒。陈寿《三国志》中对曹操是这样评价的:"汉末,天下大乱,雄豪并起,而袁绍虎视四州,强盛莫敌。太祖运筹演谋,鞭挞宇内,揽申、商之法术,该韩、白之奇策,官方授材,各因其器,矫情任算,不念旧恶,终能总御皇机,克成洪业者,唯其明略最优也。抑可谓非常之人,超世之杰矣。"

如此豪华、雄壮、大规模的人才团队,文武齐备,人才结构合理,组合优势强大,尤其是战略性设计型的人才规模始终整齐,新老交替不断代,人才势力保持平稳发展,兼之曹操的雄才大略领导,所以曹魏统一北方,三分天下有其一,按照人才团队的势力来说自然是理所应当的必然结果。至于统一全国,那还要看孙权、刘备的势力。

刘备的人才团队

刘备的人才团队也非常豪华,有军政干将两人,骨干谋士十一人,五虎上将五人,大将七人。团队尽管人数少,但是几乎囊括了天下顶尖的英雄、谋士。

1. 刘备军政干将也有两人,那就是人称"卧龙""凤雏"的诸葛亮和庞统。他们两人的简历如下:

诸葛亮(181—234 年),字孔明,号卧龙,三国时杰出政治家、军事家、战略家、散文家、外交家,是历史公认的大智若仙的谋略家。刘备托孤重臣,主政蜀汉,南征北伐,六出祁连山。于建兴十二年(234 年)在五丈原(今宝鸡岐山境内)逝世。刘备一生失败的事件都没有他参入,刘备成功的事件都有他的参入。诸葛亮一生"鞠躬尽瘁、死而后已",是中国传统文化中忠臣与智者的代表人物。在世时被封为武乡侯,死后追谥忠武侯,东晋政权因其军事才能特追封他为武兴王。在长期的战争中,曾发明木牛流马、孔明灯等,并改造连弩,叫作诸葛连弩,可一弩十矢俱发,是中国冷兵器的巨大进步。去世后被追谥为忠武侯,所以后世常以武侯、诸葛武侯尊称诸葛亮。

庞统(179—214 年),字士元,号凤雏,汉时荆州襄阳(治今湖北襄阳)人,三国时刘备手下的重要谋士,与诸葛亮同齐名的谋士。徐庶曾对刘备说,卧龙凤雏,得一而可安天下! 与刘备一同入川,在刘备与刘璋决裂之际,献上上中下三条计策,刘备用其中计取代了刘璋。很可惜,命太短。

2. 谋士

(1)骨干谋士有蒋琬、费祎、董允、邓芝、杨仪 5 人,虽然不是战略开拓型谋士,但是都是忠诚、守成的高手,他们的人生简历如下:

蒋琬(? —246 年),字公琰。零陵湘乡(今湖南省湘乡市)人。三国时期蜀汉宰相。与诸葛亮、董允、费祎合称"蜀汉四相"。初随刘备入蜀,被任命为广都长,后因为不理政事激怒刘备,在诸葛亮的劝说下,蒋琬免于一死,后重新被启用,诸葛亮将其悉心培养,并密表刘禅可以作为诸葛亮的接班人。建兴十二年(234年),诸葛亮死后,蒋琬执政。拜尚书令,又加行都护,假节,领益州刺史,再迁大将军,录尚书事,封安阳亭侯,并被受命开府,后加大司马,总揽蜀汉军朝。采取闭关息民政策,使国力大增。曾制定由水路进攻曹魏的计划,但未被采纳。延熙九年(246年)病卒,谥曰恭。

费祎(?—253年),字文伟,荆州江夏郡县(今湖北孝感市孝昌县)人,三国时蜀汉名臣,蜀汉四相之一。深得诸葛亮所器重,曾出使东吴,孙权、诸葛恪、羊茞等人以词锋论难,而费祎据理以答,辞义兼至,始终不为所屈。孙权甚异其才,自礼遇之,费祎也因之常使吴。北伐时为中护军,又转为司马。当时将军魏延与长史杨仪不和,坐常争论,费祎常为二人谏喻,两相匡护,以尽其用。诸葛亮死后,初为后军师,再为尚书令,再迁大将军,执行休养生息的政策,为蜀汉的发展尽心竭力。性格谦素甚廉,家无余财。后为魏降将郭循行刺身死。

董允(?—246),字休昭,泸县嘉明镇人,三国时期蜀汉官员,掌军中郎将董和之子。东汉末年,其父董和事刘璋为益州太守,刘备立太子时,允被选为洗马,后为黄门侍郎,延熙六年(243年)加辅国将军,延熙七年(244年)以侍中守尚书令,任大将军费祎的副手。延熙九年(246年)卒。

邓芝(?—251年),字伯苗,义阳新野(今河南新野)人,是邓禹后代,三国时蜀汉重臣。刘备在世时先任为郫令,升迁为广汉太守。因任官清廉、严谨,有治绩,被征入朝为尚书。刘备逝世后,奉命出使吴国,成功修复两国关系,并深为孙权所欣赏。建兴六年(228年),诸葛亮屯兵汉中,准备北伐,以邓芝为中监军、扬武将军,命其与赵云佯攻郿城,吸引曹真主力。建兴十二年(234年),迁前军师、前将军,领兖州刺史,封阳武亭侯,不久督领江州。孙权在此期间多次联络邓芝,赠赐丰厚。延熙六年(243年),迁车骑将军,后授假节。平定涪陵叛乱。邓芝性格正直、简单,不会修饰情绪。为将二十多年,赏罚明断,体恤士卒。身上的衣食从官府资取,从未经营过私有财产,妻子甚至有饥寒的日子,死时家中也没有多余财物。延熙十四年(251年),病逝。

杨仪(?—235)字威公,襄阳(今湖北襄阳)人,三国时期蜀汉大臣。初为荆州刺史傅群主簿,后私自投奔关羽,任为功曹。羽遣其至成都,大受刘备赞赏,擢为尚书。因与尚书令刘巴不和,降为弘农太守。建兴三年(225年)任丞相参军。五年,随亮出军汉中。八年,迁长史,加绥德将军。亮卒,他部署安全退军。亮生前定蒋琬继己任,仪仅拜中军师。十三年,因多出怨言,被削职流放至汉嘉郡。至郡复上书诽谤,被收狱,自杀于狱中。

(2)重要谋士有孙乾、简雍、伊籍、法正、马良、马谡六人,他们的简历如下:

孙乾(?—约215年),字公祐。北海郡(治今山东昌乐西)人。东汉末年刘备的幕僚。最初被大儒郑玄推荐于州里。刘备领徐州,以孙乾为从事。自徐州跟随刘备,多次作为刘备的使臣。刘备定益州后,拜孙乾为秉忠将军,其待遇仅次于糜竺。不久便病逝。

简雍(生卒年不详),字宪和。涿郡(今河北省涿州市)人。本姓耿,而幽州人将耿说成简,便改为姓简。汉末三国时刘备帐下谋士。年少时便与刘备相识,后跟随刘备奔走。常作为谈客,往来使命,刘备围成都时,简雍劝说刘璋投降。不久官拜昭德将军,地位次于糜竺。简雍擅于辩论、议事。性情简单直接、不拘小节。与刘备同坐时,亦盘腿而坐,不理威仪。除诸葛亮外,他都独占一榻,卧姿对话,从不屈就于人。

伊籍,字机伯,兖州山阳人,三国时期蜀汉官吏。年少时便依附于同乡刘表。刘备落难到荆州时,伊籍时常拜访,托请刘备照顾。公元208年8月,刘表病死,伊籍便转投刘备,一起渡江南下。211年,刘备入蜀帮助刘璋,伊籍也有跟随。随后刘备和刘璋双方决裂,在公元214年平定益州后,任伊籍为左将军从事中郎,其待遇次于简雍、孙乾等。后升任为昭文将军,并与诸葛亮、法正、刘巴、李严共同编制《蜀科》,《蜀科》体制由此五人所定。此外,伊籍擅长辩论,有急才。

法正(176—220年),字孝直,扶风郡(今陕西省眉县小法仪镇)人。原为刘璋部下,刘备围成都时劝说刘璋投降,而后又与刘备进取汉中,献计将曹操大将夏侯渊斩首。法正善奇谋,深受刘备信任和敬重。建安二十四年(219年),刘备进位汉中王后,封法正为尚书令、护军将军。次年,法正去世,终年四十五岁。法正之死令刘备十分感伤,连哭数日。被追谥为翼侯,是刘备时代唯一一位有谥号的大臣。法正善于奇谋,被陈寿称赞为可比魏国的程昱和郭嘉。

马良(187—222年),字季常。襄樊宜城人,蜀汉名臣。兄弟五人,俱有才名。马良眉中有白毛,家乡人说:"马氏五常,白眉最良。"历官从事、左将军掾、侍中。马良奉命出使东吴,他请诸葛亮给孙权写引荐信,诸葛亮要他自己起草,亮签名。最后两句是希望孙权"降心存纳,以慰将命"。孙权见信后,敬待了他。章武元年(221年),刘备派他到武陵(今湖南省西南一带)联结"蛮夷"助蜀伐吴,功成,深受刘备器重。后在夷陵之战中,刘备兵败,马良亦遇害。

马谡(190—228),襄阳宜城(今湖北宜城南)人,三国时期蜀汉大臣,侍中马良之弟。初以荆州从事跟随刘备取蜀入川,曾任绵竹、成都令、越嶲太守。蜀汉丞相诸葛亮用为参军。马谡"才气过人",好论军计。诸葛亮向来对他倍加器重,每引见谈论,自昼达夜;但马谡却于诸葛亮北伐时因违背诸葛亮的作战指令而导致街亭失守,撤军后被诸葛亮斩首。

3. 武将

(1)五虎上将关羽、张飞、赵云、马超、黄忠五人,都是当时天下排行最前的猛

将,他们的简历如下:

关羽(？—220 年),字云长,河东解良(今山西运城)人,三国时蜀汉名将,早期跟随刘备辗转各地,于白马坡斩杀袁绍大将颜良,与张飞一同被称为万人敌。

建安二十四年,关羽围襄樊,曹操派于禁前来增援,关羽擒获于禁,斩杀庞德,威震华夏,曹操曾想迁都以避其锐。后曹操派徐晃前来增援,东吴吕蒙又偷袭荆州,关羽腹背受敌,兵败被杀。

张飞(？—221 年),字益德,幽州涿郡(今河北省涿州)人氏,三国时期蜀汉名将。刘备长坂坡败退,张飞仅率二十骑断后,据水断桥,曹军没人敢逼近;与诸葛亮、赵云扫荡西川时,于江州义释严颜;汉中之战时又于宕渠击败张郃,对蜀汉贡献极大,官至车骑将军、领司隶校尉,封西乡侯,后被范强、张达刺杀。

赵云(？—229 年),字子龙,常山真定(今河北省正定)人,蜀汉五虎上将之一,乱军之中救出幼主,后主刘禅的救命恩人。赵云跟随刘备将近三十年,先后参加过博望坡之战、长坂坡之战、江南平定战,独自指挥过入川之战、汉水之战、箕谷之战,都取得了非常好的战果。在关羽张飞被害之后,赵云曾劝谏刘备不要伐吴。除了四处征战,赵云还先后以偏将军任桂阳太守,以留营司马留守公安,以翊军将军督江州。赵云死后,刘禅又下令追谥赵云,姜维以"柔贤慈惠曰顺,执事有班曰平,克定祸乱曰平"追谥赵云为顺平侯。

(2)还有重要战将:魏延,严颜、李严、刘封、马岱、廖化、王平七人,都是可以镇守一方的领军人物,他们的战争简历如下:

魏延(？—234 年),字文长,义阳(今河南省信阳市浉河区三里店)人。三国时期蜀汉名将,深受刘备器重。刘备入川时因数有战功被任命为牙门将军,刘备攻下汉中后又将其破格提拔为镇远将军,领汉中太守,镇守汉中,成为独挡一方的大将。魏延镇守汉中近十年,之后又屡次随诸葛亮北伐,功绩显著。期间魏延多次请诸葛亮给他统领一万兵,另走一路攻关中,最后与诸葛亮会师于潼关,如同韩信的例子,但诸葛亮一直不许,因而认为自己无法完全发挥才能,心怀不满。与长史杨仪不和,诸葛亮死后,两人矛盾激化,相互争权,魏延败逃,为马岱所追斩,并被杨仪夷灭三族。

严颜,东汉末年武将,初为刘璋部下,担任巴郡太守。建安十九年,刘备进攻江州,严颜战败被俘,张飞对严颜说:"大军至,何以不降而敢拒战?"严颜回答说:"卿等无状,侵夺我州,我州但有断头将军,无降将军也!"张飞生气,命左右将严颜牵去砍头,严颜表情不变地说:"砍头便砍头,何为怒邪!"张飞敬佩严颜的勇气,遂释放严颜并以严颜为宾客,之后的事迹不在正史中出现。

李严(？—234 年),后改名李平,字正方,南阳(今河南南阳)人。三国时期蜀汉重臣，与诸葛亮同为刘备临终前的托孤之臣。公元231年，蜀军北伐时，李严押运粮草因为下雨道路泥泞延误时日，为推卸责任反而怪罪诸葛亮的北伐，使诸葛亮不得不退兵，因此获罪，最终被废为平民，迁徙到梓潼郡（治今四川梓潼）。公元234年，诸葛亮病逝，李严得知这个消息后，认为以后再也不会有人能够起用自己了，因此心怀激愤而病死。

刘封（？—220年），东汉末年长沙（治今湖南湘阴）人，蜀汉昭烈帝刘备义子。有武艺，性格刚猛，气力过人。随赵云、张飞等扫荡西川，颇有战功，而后又统领孟达攻取上庸，深为刘备信任。但是后来关羽北伐曹魏，多次要求刘封起兵相助，刘封不从。而后又侵凌孟达，迫其降魏。孟达与魏徐晃共袭刘封，并劝刘封投降，刘封不降，又遭部下叛变，败归成都。刘备在诸葛亮的建议下赐死刘封，刘封自裁，刘备深表痛惜。

马岱，扶风茂陵（今陕西兴平）人，生卒不详。三国时期蜀汉武将，蜀汉名将马超的从弟。官至平北将军，陈仓侯。早年他曾经从曹操手中死里逃生，后跟随马超大战曹操。后在诸葛亮病逝后受杨仪派遣斩杀了蜀将魏延。曾率领军队出师北伐，被魏将牛金击败而退还。

廖化（？—264年），本名淳，字元俭，襄阳中卢（今湖北襄樊）人。三国时蜀汉将领。曾为关羽主簿，关羽败亡后归入孙吴，用诈死之计回归蜀汉，刘备授任为宜都郡太守。刘备去世后，为丞相参军，后为广武都督，迁阴平郡太守，多次参与蜀汉北伐。官至右车骑将军，假节，领并州刺史，封中乡侯。蜀汉灭亡后，徙往洛阳，在中途病逝。廖化以果敢刚直著称，是蜀汉后期的重要将领。

王平（？—248年），字子均，巴西宕渠（今四川省渠县东北）人，籍贯益州。三国时蜀汉后期大将，原属曹操，曹操与刘备争汉中，得以投降刘备。诸葛亮第一次北伐时与马谡一同守街亭，之后深受诸葛亮的器重，率领蜀汉的王牌军队无当飞军，多次随诸葛亮北伐。诸葛亮死后镇守汉中，曹爽率领十万大军攻汉中时，被王平所击退。

（3）另外还有张苞、关兴、关平、关索、张嶷、张翼、霍峻、吴兰、吴懿、吴班、雷铜、傅彤、张南、向宠、周仓、高翔、马忠、傅佥、蒋舒、霍弋等。

刘备的人才团队，起步时人才结构失衡，武打天下第一，谋略归零。在诸葛亮加入前，就是一把天下最锋锐的战刀在乱舞，但是在诸葛亮加入后，人才结构就发生了质的改变，变成为掌握了最高明刀法的战刀。有号称"卧龙""凤雏"得一就可以得天下的诸葛亮和庞统顶尖战略人才，刘备不成功也没道理了。只是发力太晚，天下大势已定，仅剩荆州、益州两个选项，就是凭借这个团队，一举囊括，成为天下三大势力之一。

刘备吸引人才的本事另有一套。

首先他会利用品牌宣传。他是个皇叔,汉室正统的标签可谓根正苗红,在那个年代可谓天下到处都去得,无往不利。这个标签吸引了天下各地的有志于扶助汉室的、被曹操野心阻挡在外的人才,刘备可谓得到人才事业的天时、地利。

第二,他有文人的谦虚气质,能够放下身段。"三顾茅庐"是个经典的求才故事,刘备对待人才的态度确实是历史罕见。虽然那是求人,但是在那个讲血统、尊卑有序的时代,以皇叔的身份采取哪种态度求人,那就不得不说可见刘备的赤诚本性了。有此本性的人,待人也就可想而知了。所以那是刘备求才的经典,但是同时也代表了他礼才的态度,那也是他礼才的经典写照。我想,这可能就是刘备征服人心的王牌。分析到这里,那就不难理解为什么刘备获得了那么多人杰的终生忠诚了。

第三,他有武将的豪放本色,是个能打仗的豪杰。他与关羽、张飞的同胞兄弟般的感情,是中国民间称颂的楷模。关羽的傲慢性格、张飞的鲁莽性格,他处在他们之中,如果没有英雄的本色,不可能得到他们终生的忠诚。

通过分析发现,实际上,刘备与所有的创业之人一样,都有爱才特点和打拼精神,没有太大不一样,但是,也不得不佩服刘备征服人心的超强能力,这是刘备具有的他们无法超越的优势,也是刘备始终败而不亡,最后成功建国的重要原因。

刘备的团队集中了当时中国最顶尖的战略战术人才,最厉害的战场战将,用现在娱乐圈的话叫运行群星璀璨、大腕云集,用企业的话描述叫高、精、尖人才荟萃,在当时还在混战的天下势力对比中,三分天下有其一建立蜀国可谓最低层次成果,可见刘备懵懂中拥有的团队有多么高超。

很可惜,这个团队的关键策划创建者徐庶不在其中!刘备只是一个有赤诚之心的严格执行者。

很可惜,这个人才团队,繁盛一时,经过夷陵之战几乎消亡殆尽。

孙权的人才团队

再看孙权的人才团队,军政干才张昭、陆逊两人;骨干谋士三人,武将三英杰,主力战将七人。人数虽少,但是骨架齐全。

1. 军政干才张昭、陆逊简历如下:

张昭(156—236 年),字子布,徐州彭城(今江苏徐州)人,江东二张之一,长于内政,三国时期孙吴重臣。东汉末年,张昭为避战乱而南渡至扬州。孙策创业时,任命其为长史、抚军中郎将,将文武之事都委任于张昭。孙策临死前,将其弟孙权托付给张昭,张昭率群僚辅立孙权。孙策临终对孙权说:外事不决问周瑜,内事不决问张昭。赤壁之战时,张昭持主降论。孙权代理车骑将军时,以张昭为军师。后拜张昭为绥远将军,封由拳侯。孙权两次置丞相时,众人都推举张昭,孙权以张昭敢于直谏、性格刚直为由而不用张昭,先后用孙邵、顾雍。公元229年,孙权称帝后,张昭以年老多病为由,上还官位及所统领部属,更拜辅吴将军、班亚三司,改封娄侯。晚年时一度不参与政事,在家著《春秋左氏传解》及《论语注》,今皆佚失。公元236年去世,享年八十一岁,谥号文。

陆逊(183—245年),本名陆议,字伯言,吴郡吴县(今江苏苏州)人,孙权的军师。三国时期著名的军事家、政治家,历任吴国大都督、上大将军、丞相。用兵谋略不在前任军师周瑜、鲁肃、吕蒙之下。献计夺取荆州,击败关羽。章武二年(222年),陆逊在夷陵击败刘备所率蜀汉军,一战成名。夷陵之战也成为战争史上著名的积极防御的成功战例。之后陆逊在东吴出将入相。晚年因卷入立嗣之争、力保太子孙和而累受孙权责罚,忧愤而死。

2. 谋士

骨干谋士有张纮、顾雍、诸葛瑾三人,他们的谋士历程如下:

张纮(151—211年),字子纲,江苏徐州广陵人,东吴著名谋士,和张昭一起合称东吴"二张"。孙策江都问计后,忠实地执行了张纮的南渡发展战略,最终统一江东。孙策平定江东后,实践诺言亲自登门邀请张纮,张纮遂出仕为官。后来,张纮被派遣至许都奉献奏章,被留在许都任命侍御史。直到孙策去世,孙权继位后,张纮又返回了东吴,任长史之职。后来,张纮建议孙权迁都秣陵,孙权正在准备时张纮病逝,其年六十岁。孙权为之流涕。

顾雍(168—243年),字元叹,吴郡吴县(今江苏苏州)人。三国时吴国重臣、政治家。少时受学于蔡邕,弱冠即任合肥长,后转任娄、曲阿、上虞县长,所在之处皆有治绩。孙权领会稽太守,不到郡,以顾雍为丞,行太守事,讨平寇贼,安定郡县。数年后,入孙权幕府为左司马。后迁大理、奉常,又领尚书令,封阳遂乡侯。公元225年,迁太常,同年代孙邵为丞相、平尚书事,进封醴陵侯。为相十九年,多有匡弼辅正之词。公元243年去世,谥肃侯。

诸葛瑾(174—241年),字子瑜,琅琊阳都(今山东沂南)人。三国时期吴国大臣,诸葛亮之兄。经鲁肃推荐,为东吴效力。孙策死后,劝孙权顺曹操而绝袁绍。胸怀宽广,温厚诚信,得到孙权的深深信赖,努力缓和蜀汉与东吴的关系。公元220年,吕蒙病逝,诸葛瑾代吕蒙领南郡太守,驻守公安。孙权称帝后,诸葛瑾官至大将军,领豫州牧。

按理说,谋士不应该如此之少。孙吴政权地处江东战争少,得益于汉末混战造成的知识分子的避乱大潮,有"得来全不费功夫"地拥有人才优势,不应该如此冷场。就像吕范对孙策说:"今舍本土而托将军者,非为妻子,欲济事务。"东吴有优越的自然资源和安定和平的环境,当然是值得托身的好地方。

另外,既然已经成为一国,地理特殊战争少,治理、外交、战略谋划更重要,谋士应该需要很多,也应该有很多,但是孙吴的人才结构无论是史书还是《三国演义》就是这样,武将比谋士多很多,主要是因为赤壁一战,之前东吴谋士都是投降立场,又被诸葛亮舌战群儒所折辱丢名声,后边又因为政见与孙权的不一致,被孙权忽视,更造成的谋士不显。所以这是一种假象,不能确信,不过也反映出一个问题,那就是东吴的谋士智慧普遍低。

3. 武将

(1)有周瑜、鲁肃、吕蒙三英杰,对孙吴政权的建立、保卫、扩疆增土居功至伟,他们的功绩简历如下:

周瑜(175—210 年),字公瑾,汉末名将,庐江舒县(今安徽省庐江县西南)人。周瑜少与孙策交好,二十一岁起随孙策奔赴战场平定江东,后孙策遇刺身亡,奉孙策遗命辅佐年幼的孙权。孙权继任,周瑜将兵赴丧,以中护军的身份与长史张昭共掌众事。公元 208 年,周瑜率五万军队与刘备军队联合,在赤壁大败曹军八十三万大军,由此奠定了三分天下的基础。公元 209 年领南郡太守。公元 210 年病逝,年仅三十六岁。宋徽宗时追尊周瑜为平房伯,位列宋武庙七十二将之一。

鲁肃(172—217 年),字子敬,汉族,临淮郡东城县(今安徽定远)人,中国东汉末年杰出战略家、外交家。出生于一士族家庭;幼年丧父,由祖母抚养长大。他体貌魁伟,性格豪爽,喜读书、好骑射。东汉末年,他眼见朝廷昏庸,官吏腐败,社会动荡,常召集乡里青少年练兵习武。他还仗义疏财,深得乡人敬慕。当时,周瑜为居巢长,因缺粮向鲁肃求助,鲁肃将一仓三千斛粮食慷慨赠给周瑜。从此,二人结为好友,共谋大事。

建安二年(197 年),鲁肃率领部属投奔孙权,为其提出鼎足江东的战略规划,因此得到孙权的赏识。建安十三年(208 年),曹操率大军南下。孙权部下多主降,而鲁肃与周瑜力排众议,坚决主战。结果,孙、刘联军大败曹军于赤壁,从此,奠定了三国鼎立格局。

赤壁大战后,鲁肃被任命为赞军校尉。周瑜逝世后,孙权采纳周瑜生前建议,令鲁肃代周瑜职务领兵四千人,因鲁肃治军有方,军队很快发展到万余人。孙权根据当时政治军事形势需要,又任命鲁肃为汉昌太守,授偏将军;鲁肃随从孙权破皖城后,被授为横江将军,守陆口。此后鲁肃为索取荆州而邀荆州守将关羽相见,然而却无功而返。建安二十二年(217 年),鲁肃去世,终年四十六岁,孙权亲自为鲁肃发丧,诸葛亮亦为其发哀。

吕蒙(178—219年),字子明,汝南富陂人,东汉末年名将,以胆气著称。破黄祖、围曹仁、破朱光累功拜庐江太守。后进占荆南三郡,计擒郝普,在逍遥津之战中奋勇抵抗张辽军追袭,并于濡须数御魏军,以功除左护军、虎威将军。鲁肃去世后,代守陆口,最早看出陆逊的才干,与陆逊合作,设计袭取荆州,击败蜀汉名将关羽,使东吴国土面积大增,拜南郡太守,封孱陵侯,受勋殊隆。后因病不治而薨,享年四十二岁。吕蒙发愤勤学的事迹,成了中国古代将领勤补拙、笃志力学的代表,与其有关的成语有"士别三日,刮目相待"、"吴下阿蒙"等。

(2)主力战将有太史慈、甘宁、周泰、黄盖、韩当、程普、凌统七人,他们的主要战场功勋情况如下:

太史慈,字子义,原为刘繇部下。武艺高强,尤擅弓箭,曾与孙策单挑不分胜负。后被孙策俘获,感孙策的仁德而降,为东吴的建国立下大功。

甘宁,字兴霸,是吴军首屈一指的勇将。曾仅率百骑夜袭曹营而无一伤亡,使孙权欢呼"曹操有张辽,吾有甘兴霸",很得孙权信任。

周泰,字幼平,因勇猛得到孙权信赖。在宣城他为了护主,身负十二伤;后来在合肥战役中又救了孙权。孙权因此在宴席上将他身上的伤一一指与众人,盛赞其勇。

黄盖,字公覆。自孙坚举兵即为其部下,江东三代老臣。在赤壁之战中,自献苦肉计诈降曹操,终使吴军火烧赤壁,大破曹军。他也因此扬名天下。

韩当,字公义,东吴孙氏三代老将。参加了扬州进攻战、赤壁之战、进攻关羽和夷陵之战等众多战役,指挥东吴水军的一翼。

丁奉,字承渊,东吴名将。与张布一起杀孙綝,并升任大将军。在东吴后期的作战中,发挥了关键的作用。

程普,字德谋,惯使铁脊蛇矛。效力于东吴孙氏三代的老将。在赤壁之战中任副都督,协助正都督周瑜击败曹操大军。

凌统,字公绩,吴将凌操之子。与甘宁有杀父之仇,常想报复。后来与乐进单挑时,险些被斩,多亏甘宁相救,二人才终于和解,并结为生死之交。

(3)其他战将还有:

潘璋,字文珪。与朱然协力,生擒了关羽,并因此功获赏关羽的青龙偃月刀。后来被关兴追杀途中,恍惚中看到了关羽的亡灵,惊愕之际被关兴斩杀。

徐盛,孙权部下,他的胆大在东吴首屈一指。曹丕征吴战役中,用疑兵之计吓退曹军,为以后的胜利奠定了基础。不屈服于任何强敌,勇猛顽强,身经百战。

蒋钦,字公奕,与周泰一起归顺孙策。攻打南郡时任先锋,被曹仁击败,几乎被周瑜问罪斩首。征讨关羽时,指挥水军,包围关羽。

陈武,字子烈,黄面赤眼,容貌怪异。孙策与刘繇交战时投奔孙策。在赤壁之战中,出任第四队大将出战。在濡须与庞德交手,因战袍被勾住而被杀。

全琮,字子璜。讨伐山越族立过大功。与陆逊一起出征,打击被诈降的周鲂诱来的魏军。击败了薛乔,获得胜利。

董袭,字元代。曾向孙策推举虞翻和名医华佗。在濡须大战中,虽顽强奋战,但由于战船被大风吹翻,落水溺死。孙权找到他的尸体后,厚葬了他。

很明显,孙权的人才团队武官比文官人数多了太多,名气大得多。

但是依靠地利优势和既有的战略设计,加上孙权的用人之能,应对曹操的进攻、开疆扩土也足够了。

不得不说,江东孙氏一家很不容易。

东吴,作为在当时是三方中国力最弱的一方,江东孙氏可以说是白手百姓起家。在那个讲血统、尊卑有序的年代,江东孙氏是最不正统、最不符合封建社会价值判断的一方。在当时来说,刘备集团是汉室道义上的正统,曹操集团是汉室名义上的正统,而孙氏政权历史上没有任何皇室血统,是最平民化的。这对于当时仁人志士来讲,择主是一件非常重要的事情,事关千古名节。投身魏国的"大统"可以成功,投身蜀国的"正统"可以成身,而投身东吴既不能成功也不能成身。然而即便如此,仍然有那么多英才贤士不惜以其身后数千年名节为代价,死命效忠这个"名不正言不顺"的偏安政权。这就不得不对东吴的吸引人才的资源进行一些分析了,当然,这个资源唯有孙权。用现代人的话分析,孙权对人才吸引力可以总结出以下三点:

孙权的第一个特点是率真。当然,这也是孙坚、孙策都具有的特点。自古以来,战将都是没有我们现在的人那么理性,看到孙氏父子相貌出众,性情真挚,士民们尤其是那些英雄肯定"一见倾心","一面而自托",愿意为之效命。可能正是因为这一点,才吸引了那么多"豪放不羁少年英雄"跟随孙权,言听令从。

孙权的第二个特点是真情处世。他是三国时期几位君主中,唯一一位对几乎每位重要臣子的去世都抱以热泪的人,恐怕中国五千年历史上也没有几位。孙权的眼泪可不是刘备那样装出来的,而是真正为手足之情而流的眼泪。在封建时代,一代帝王的这种行为对活着的臣子是一种多么大的激动、激励,能在天下形成多么巨大的气场效应。这是孙权无法估量的个人品牌。

孙权的第三个特点是不记仇、不拘礼。这在封建皇帝中也是极为少有的,在社会上也是不多见的。他会在称帝登坛的时候,一句话把张昭老头挖苦得"伏地流汗"。这种随机随性而为的个性,兼之他随便的一句玩笑话是"如张公之计,今已乞食矣",轻描淡写地化解了君臣恩怨。这种事也就是在东吴能发生,依张昭的性格,如果他是在曹操的手下,他会死都不知道为什么死的。

孙权和他的人才团队之间的和谐配合及个人魅力,是孙吴人才团队凝聚的根本原因。

综合分析三家团队的力量:

曹操的人才团队,无论文武人才,尽管拔尖人才不如刘备,但是单项没有人才缺陷,而且组合优势明显。高级人才多、中级人才多、基层落实人才更多。高中低人才搭配合理,团队结构成粗棍型,力量强大,韧性足,基础坚固,没有明显缺陷。

刘备团队,无论文武,拔尖人才多,高级人才多,中级人才少,基层落实人才也多,呈纺锤形,基础稳定,锋锐有余,可是强度不足,中间易折。夷陵一战的发生、发展、结局都是此人才结构问题造成的结果。一时的锋芒前边震天下,后边大意势消。失荆州、夷陵一战后,所有的优势几乎归零,仅仅剩下诸葛亮独立支撑,在益州偏安一隅。

孙权的团队,高级管理人才少,中级管理人才多,基层落实人才也少,稳定性强,表现基础不稳,兼且锋锐不足,扩张乏力,始终死守江东。

整体表现刘备是不稳定状态的最强人才团队,曹操是稳定的次强人才团队,孙权最弱小的人才团队。只是这是关羽兵败被杀之前的人才阵容,如果再看夷陵之战之后的人才阵容,简直不忍目睹:武将几乎全军皆没,谋士团队也损失惨重,整个人才团队被彻底打入谷底,成为最弱。

再仔细分析,曹操的军政干将人才形成接力,刘备的庞统早逝,诸葛亮之后无人接班,孙权的也形成接力;曹操的战略级别的人才规模特别庞大,但是反观刘备与孙权的人才团队,战略级别人才几乎没有,规模之小,能力之参差不齐,与曹操的团队相比,自然是不可同日而语。

蜀汉和孙吴覆灭分析

曹操、孙权、刘备成功的原因是因为人才团队的比拼,那么最后,为什么刘备、孙权集团没有统一中国,而被曹魏和继承曹魏的司马氏集团统一了?

这也是人才团队的原因。

刘备、孙权、曹操虽然都善于识人用人,但是,曹操和孙权却没有一个像诸葛亮、关羽、张飞、赵云、黄忠等那样的"铁杆人才",而且都是当时的超级人才,所以他们组成的人才团队,产生了超级的威胁力。这个威胁太大了,曹操作为一代枭雄,又有那么强大的人才团队,竟然被威胁得想要迁都;孙权也看得胆战心惊,寝食难安。共同的威胁使得天下三大势力之间的关系发生了这对刘汉势力的截然相反的变化,原先的敌对者——曹操与孙权联合了;原先的联盟——孙刘联盟彻底破裂。这是这种变化,导致了原本联盟的孙吴竟然反戈一击,在关羽、刘备最成功的时刻反戈一击,一下子打裂了刘备的这一超级人才阵容,然后又进一步彻底打碎这一阵容。夷陵一战后,超级阵容几乎全军覆没。这一结局正应了那句老话"成也萧何,败也萧何"。这次孙刘联盟反目事件,是蜀汉覆亡的直接重大原因。

第二个原因是人才补充不力。可能就是因为刘备的人才团队超级人才太多,所以排斥了次级人才聚集,导致夷陵一战后续补人才缺乏,以至于"蜀中无大将,廖化作先锋"成为诸葛亮之后时代对蜀汉军队的讽刺语;也可能是蜀汉身居边陲,山高阻隔,人们生活安逸,缺少危机感,缺少形成人才的压力,导致人才产生缓慢或者少出,造成行政、军事都虚弱无力。

第三个原因是夷陵之战,蜀汉战将一空,导致战将断代,诸葛亮去世后,硕果仅存的重要谋士蒋琬、董允、邓芝、费祎也在公元246年到253年的短短七年内集中去世,造成重要军政战略人才双真空,所以在唯一的战略型人才姜维的支撑下又苟延残喘了十年,于公元263年覆灭。

以上是人才缺乏危机,还有第四个原因,那就是仅存人才的内斗虚耗损失。蜀国政治混乱,臣子间斗争很突出。如刘封与孟达、申仪,马超归顺后极为谨小慎微,听彭羕不过发了几句牢骚,吓得马上告发。再如诸葛亮一个人的政敌,有记载的就有李严、李邈、彭羕、廖立等,再如魏延与杨仪等等,这些都不仅严重影响了伐魏成败,而且最终再次导致人才的流失。以上种种严重内耗,足以说明蜀汉的政治险恶、内政腐败到了什么程度。

刘备的战略人才虽然有诸葛亮和庞统两人,但是庞统英年早逝,到了诸葛亮一去,军政干才、战略人才全部真空,军队战将人才同样空虚,都没有后续人才补充,反而奸佞之徒在其位横行,朝廷上下腐化享乐严重。后期的蜀汉仅仅有一个能人姜维,但是还要远离朝廷避祸;"蜀中无大将,廖化作先锋"便是当时蜀汉军队情况的写照。所以,尽管蜀汉灭亡的原因很多,但是这种军政人才的全面短缺,确是它第一个被灭的主要原因。

而东吴的人才团队相对来讲要好得多。东吴的毛病都是出在统治者身上,而不是出在臣子身上和人才团队上。从史料中能发现,江东孙吴政权的人才团队具有另外两国所不具有的一些亮点:

1. 臣子间能够举贤荐能。如周瑜、鲁肃、吕蒙和陆逊的"四帅"互荐。对此历史,《容斋随笔》评价道:"自古将帅,未尝不矜能自贤,疾胜己者。此诸贤则不然……四人相继居西边三四十年,为威名将,曹操、刘备、关羽皆为所坐。所更相汲引,而孙权委心听之,吴之所以为吴,非偶然也。"

2. 臣子间关系和谐。东吴的政治斗争只有宫廷争斗,而无官场争斗。比如甘宁、凌统之间，虽有杀父之仇，但是却能保持团结，而且战场合作无间。

这两点很特别，也很重要。看了东吴的人才团队可以知道，东吴一向就谋士、武将都不强，而且一直保持了这种不强的态势，但是总是在有灭国之危的关键时刻，通过孙权的英明人才委任决策得以保存，所以东吴的人才团队主要在孙权和核心人才身上，前有周瑜、鲁肃，后有吕蒙、陆逊，而孙权是东吴人才团队的灵魂。关于这一点，看看孙权的生平经历就知道了：

公元 200 年，十九岁时，兄长孙策遭刺杀身亡，孙权接班掌管江东，成为汉末乱世一方诸侯，以不及弱冠之年混迹诸侯之间拼杀。他注意团结各方面的力量，很快赢得了部下的支持，使江东名士张昭、周瑜、鲁肃、程普、太史慈等对他"委心而服事焉"稳定了东吴局势。

公元 208 年，孙权与刘备联合，在赤壁打败强大的曹操军队，取得了卫国胜利。

公元 219 年，孙权派吕蒙偷袭镇守荆州的关羽成功，使吴国的领土面积大大扩张。

公元 221 年，蜀汉刘备兴兵问罪讨伐东吴。孙权任命陆逊为大都督迎击刘备，策划了彝陵之战大破蜀军，控制了长江中下游地区。

公元 222 年，孙权被魏文帝曹丕封为吴王，建立吴国。

公元 229 年，孙权称帝。

公元 252 年病逝，享年七十岁。

后人评价孙权的很多，都充满了褒奖，其中我认为西晋文学家陆机，他的评价最详尽到位："吴桓王基之以武，太祖成之以德，聪明睿达，懿度深远矣。其求贤如不及，恤民如稚子，接士尽盛德之容，亲仁馨丹府之爱。拔吕蒙于戎行，识潘浚于系房。推诚信士，不恤人之我欺；量能授器，不患权之我逼。执鞭鞠躬，以重陆公之威；悉委武卫，以济周瑜之师。卑宫菲食，以丰功臣之赏；披怀虚己，以纳谟士之算。故鲁肃一面而自托，士燮蒙险而效命。高张公之德而省游田之娱，贤诸葛之言而割情欲之欢，感陆公之规而除刑法之烦，奇刘基之议而作三爵之誓，屏气局蹐以伺子明之疾，分滋损甘以育凌统之孤，登坛慷慨归鲁肃之功，削投恶言信子瑜之节。是以忠臣竞尽其谋，志士咸得肆力，洪规远略，固不厌夫区区者也。故百官苟合，庶务未遑。"可谓描述入骨、褒奖至极。

由此可见，孙权的人格魅力之大，选才、用才之英明，管理国家水平之高超。所以由他创造的政治遗产，延续了近三十年，于公元 280 年，被西晋所灭。

而曹操去世于公元 220 年，由于留下了雄厚的人才班底，所以延续了四十六年，于公元 266 年才灭亡，而且是被司马氏家族从内部取代。正应了那句老话"最坚固的堡垒往往是从内部被攻破的"！

从曹操、孙权、刘备三人成功与失败中，我们可以清楚地看到人才路线才是他们成功的主线。一千多年以来，天时、地利、人和学说一直主宰了曹操、孙权、刘备的成功学说，这种传统的说法已经形成了习惯思维，就像"众口铄金"一样同样主宰了我们现代很多人的思维。今天，我们要揭开这个掩盖了近两千年的事实——天时、地利、人和固然是重要，但是人才更重要！

天时、地利、人和，那不是曹操、孙权、刘备的专属品，不仅各大割据势力可以得到，而且有许多势力更容易得到，就连许多地方官也都可以得到它们，并且它们不是一个看得见的物品，还需要去发现，甚至去刻意创造，更需要想尽办法争夺。想要做到这一切，只有靠人才，靠许多人才，文的和武的、男的和女的、战略型的和战术型的等等，不一而足，而且还要能充分发挥人才的聪明才智去竞争。人才的多寡，只是组织能否成功的基础准备实力，而让人才实力充分发挥才是有效的实力，就如东吴的人才，经过孙权调配，才是真正拥有的实力，而且是奇迹般的实力。

由此可见，每个组织想要在竞争中获胜，有没有人才很重要，但是能不能让人才充分发挥自己的能力更重要。对人才的使用水平的好与坏、高超与低级，是最后竞争结果的好与坏、成功与失败的决定力量。

在封建社会不同的政治集团的对抗中，形势错综复杂，没有所谓单一集团能强盛，只有兼容、联合众多力量才能统一，杰出的政治家都深谙此道。

从表面上看，曹魏的"任人唯贤"人才机制是最科学的。"任人唯贤"这当然很好，但招来的贤士不是利禄所趋，就是威势所迫，容易存歹心，尤其是有曹操这种包藏歹心的首领，招揽来的人才，负面特点会更甚。领导人心不正，那么就很难有正直的人才投奔。联系到今天，曹魏相当于资金雄厚的企业集团，采用公开招聘的办法募集人才；而蜀汉相当于一个穷困潦倒的国有企业，只有靠道义的力量来吸引人，所以除了暂时汇聚二三位"正人君子"外，总的来说是人力调零。而东吴采用已经落伍的门阀制度，张、朱、顾、陆四个大姓几乎支撑起一个政权，与孙氏政权一荣俱荣，一损俱损。这些，都不同侧面增强了东吴政权的凝聚力。

三国人才观启示

有了人才就有了战略、战术策划，有了人才就有了高素质的执行队伍，所以有了人才就有了事业成功的可能，有了人才就有了发展壮大的希望。这就是三国的人才经营结果留给我们的启示。

一项成功的事业，是一群各有所长的人才团队才完成的。一项事业，即使策划、规划再好，但是如果没有合适的人才去执行，该规划仍然会停留在规划上，是

水中月梦中花。所以说,做每一项事业都需要多重人才,正如荀子所说的那样,人才分为以下几种:

口能言之,身能行之,国宝也。

口不能言,身能行之,国器也。

口能言之,身不能行,国用也。

口言善,身行恶,国妖也。

治国者敬其宝,爱其器,任其用,除其妖。

荀子对人才的划分、人才的作用,可谓言简意赅,一针见血!

国家如此,企业也是如此!正如柳传志所言:"人才是利润最高的商品,能够经营好人才的企业最终是大赢家。"此话的正确性,除了柳传志的成功来证明外,翻看古今中外的所有成功人物,都是如此。汉末的三国竞争我们都熟悉,同样汉初的刘邦、项羽、韩信之争,学过历史的人也都知道。

看看汉高祖刘邦的一生就可以明白。刘邦文不如萧何,武不如韩信,安邦定国不如张良,处理难题不如陈平,但是就是善于经营人才,只是经营这几个人才这一招,战胜了横行天下的项羽,扫平所有分裂势力,最后是他取得了天下。

经营企业就如同经营一个国家,企业也是一个王国。企业也需要有外交(公关)、文臣(管理者)、武将(营销管理者)、百姓(生产服务工人)、士兵(营销者),而公司总经理就是摄政大臣或者丞相,董事长就是国王。一个企业要长远发展,要更大、更好发展,不仅国宝、国器、国用三种类型人才都需要具备,而且需要有战略规划人才来统筹安排,战术人才执行。只有按照战略指示同向发力,才会少做无用功,少走弯路,公司才能快速健康发展。

天时、地利、人和不是小石子,随便就可以捡到的,那是需要谋取的!

想要成功,从人才抓起。有人才,才会有天时、地利、人和!有人才,才会有成功!有人才,才会有发展!我要说,能够经营好人才的企业家,会是赢家中的最大赢家。

三一集团的人才经营

三一集团有限公司始创于1989年,是以"工程机械"为主业的装备制造企业,目前已全面进入工程机械制造领域。主导产品为混凝土机械、筑路机械、挖掘机械、桩工机械、起重机械、非开挖施工设备、港口机械、风电设备等全系列产品。其中混凝土机械、挖掘机械、桩工机械、履带起重机械为国内第一品牌,混凝土泵车全面取代进口产品,国内市场占有率达57%,为国内首位,且连续多年产销量居全球第一;挖掘机械一举打破外资品牌长期垄断的格局,实现国内市场占有率第一位。

目前,集团拥有员工约四万名。

三一是中国最大、全球第五的工程机械制造商。近年来,三一连续获评为中国企业 500 强、工程机械行业综合效益和竞争力最强企业、福布斯"中国顶尖企业"、中国最具成长力自主品牌、中国最具竞争力品牌、中国工程机械行业标志性品牌、亚洲品牌 50 强。

梁稳根常说,是什么造就了今天的三一,是人。从三一的核心层来看,除了十七年来就一直跟着梁稳根的三位当年一起贩羊的兄弟唐修国、毛中吾、袁金华,还有 1991 年开始跟着梁稳根打拼江山,如今身为三一重工总经理的向文波以及1994—1996 年间先后跟梁稳根创业的周福贵、易小刚、王佐春。当然,还有一个对三一至关重要的人物——翟登科。

如何经营人才,梁稳根是这样做的:把自己的股份让给真正的人才,减少自己的"财富"。这个做法不是他发明的,中国很多的人、每个企业主都知道。但是,梁稳根的行为,在中国的民营企业并不多见,但梁稳根做到了。由最开始的四个人,发展到了今天的九位董事,正是这些人物的加盟,带来了企业的迅速发展。

目前几个人的股份如下:自从 1999 年,梁稳根将其持有的 2% 的股权赠予研发老总易小刚,并在 2000 年吸收了湖南高科等增资后,这九位创业者在上市前的三一重工的股份分别为:梁稳根 56.98%、唐修国 8.96%、向文波 7.72%、毛中吾7.72%、袁金华 7.72%、周福贵 3.86%、翟登科 0.97%、易小刚 1.93%、王佐春 0.97%。

据内部人士透露,部长一级中,不少就是来自空降,其中很多人就直接来自华为、远大等企业的中高层管理人才。上市前的很长一段时间,三一不断亮出发展空间和高薪的旗帜大量引进空降兵。有那么多人才,为了降低决策风险,三一还聘请了十五人的专家团作为咨询机构,对公司的重大决策提出建议。

对于引进人才,三一是决不吝啬的,据财务总监赵想章透露,2002 年三一高管的年收入在 20 ~ 60 万之间。据梁稳根透露,2002 年,他自己的年薪是 60 万,总经理向文波的年薪是 50 万,常务副总经理易小刚的年薪是 40 万,财务总监赵想章的年薪是 30 万。

尽管工资是那么高,还有激励,包括对突出贡献的员工奖车奖房、出国、晋升、提供深造机会等。

目前,三一集团年销售额 800 亿元以上。2011 年 7 月,三一重工以 215.84 亿美元的市值,入围 FT 全球 500 强,成为唯一上榜的中国机械企业。

三一集团人才经营理念,很简单,每个人都知道的理念,也很容易执行的理念,关键是做不做。

中 篇

02

| 看纷争 评战略 |

美国汽车制造商的竞争战略启示

进入 21 世纪,中国发生了天翻地覆的变化,房地产行业繁荣是其一,另一个就属家庭轿车了。

我们都知道,美国被称为"车轮上的国家",家庭轿车的市场特点,是中国未来的一个参考,汽车市场上的竞争,也是中国汽车行业乃至所有行业竞争的一面镜子。

美国汽车业为例,这是一个结构紧凑、相对稳定的产业,尤其是在 20 世纪 80 年代中期以前,美国的汽车行业是竞争最激烈和鲜明的时期。当时,美国的国内汽车生产企业只有四家,那就是通用汽车、福特、克莱斯勒和美国汽车。但是,如果从市场占有率来说,其实只有一家大公司,那就是通用汽车公司,它的汽车占有了 59% 的市场。其他三家加起来也不是通用汽车的对手。福特公司占了美国市场的 26% ,克莱斯勒 13% ,美国汽车公司只有可怜的 2% 。三家加起来不过才占有美国市场的 41% 。

在美国通用汽车、福特公司、克莱斯勒公司和美国汽车公司之间,有许多显而易见的差异。每一家公司在市场占有率规模上都比它后面的公司多了一倍,并且第一位的通用公司比后边三家的总和还多,市场地位相差太远,只要经营不发生重大失误,没有超越的可能性,只有被灭的必然结果。所以,这场竞争的目的并不在于输赢,而在于生存、市场占有率提升和盈利。

正如前边所言,美国是"车轮上的国家",此时的美国汽车销售市场,宏观来说有四大特点:一是成熟的汽车市场,几乎家家有车,就是个代步工具;二是主要的消费者成年人报废老车换新车、年轻人购车;三是消费者最关心的主要是质量、功能、价格;四是竞争公司只有四家:通用汽车公司、福特公司、克莱斯勒公司以及美国汽车公司。

这四家公司市场势力就仿佛一支职业球队、一支大学球队、一支中学球队以及一支小学球队之间的差异,在这样一种市场竞争组合里,谁是最后赢家是不会有任何疑问的。但是,美国市场很特殊,鼓励竞争,禁止垄断的立法很严厉,每家超级规模公司的经营都是战战兢兢运营,生怕被制裁,那后果不可估量的巨大,美国电话与电报公司就是因为违反此法被分拆为6个公司!所以,美国的市场竞争有严格的法律规范。那么,通用汽车公司、福特公司、克莱斯勒公司以及美国汽车公司各自应该怎样运作才能使得自己的收获最大化?

通用公司市场占有率高达59%,是毫无疑问的市场领导者,而且可以算是行业中的超级势力。他可以在市场上继续攻城略地,但是就是不能使美国汽车公司彻底垮台,否则美国政府就会启动反垄断法,就会将其分裂,那就是严重的得不偿失。所以,通用公司仅能防御反击,而且反击中还要小心不能消灭了敌人,否则也就同归于尽。这种经营是真正需要高超的经营艺术,而那仅仅是为了保卫公司的市场占有率优势。所以,对于他而言,攻击是伤人自伤的行为,他已经是行业巨霸了,为了避祸只能防守,为了防守反击不至于太犀利,他只能采取产品跟进策略。如此刻意压低市场调门的结果,只能将精力专注在生产上,以追求最低的成本、最大的利润为目的,自然走上了成本优先战略之路。

对福特公司而言,作为市场排行的第二位公司,增加其市场占有率,接近或者超越通用公司,就意味着胜利。向谁下手?这是制定战略的关键!他的实力也能轻易灭了美国汽车公司,但是也不能攻击它,否则启动了反垄断法政府不饶它,通用也不会饶它,那是个最恐怖的、最臭的决策,攻击克莱斯勒,会激起他拼命反击,"杀敌一千自损八百"的结果,不是最好的决策,只剩下通用公司可以攻击,所以攻坚虽然不是最好却是他的最恰当的决策。假如福特能夺走通用15%的市场占有率,那么他就几乎与通用平起平坐了。所以寻找通用公司的弱点,采用差异化竞争战略,发起进攻战是他的最佳出路。从产品、价格、更好的服务中选择单一、组合或者全方位进行高质低价差异化经营,冲击通用公司市场。当然,他也可以选择成本优先战略,只是价格战也是"杀敌一千自损八百"的结果,所以不是最好的战略选择。

对于克莱斯勒公司而言,作为市场占有率排序第三位的公司,他的目标就简单多了,能够既生存下去,同时提提市场占有率,又赚更多的钱,就可以满足了。所以,他的战略制定受到的限制就小了许多了,所以他既可以选择差异化战略经营,也可以选择目标集聚战略、成本优势战略经营。所以他走过高档车战略,成功后又走过大众化汽车经营战略,他还向美国整个汽车制造业发动了一些经典的产品差异化进攻,包括首辆敞篷车、首辆小型客货车、首辆可乘坐六人的前轮驱动车。尽管限制小了,但是也要避免通过竞争消灭了美国汽车公司,这是当时美国汽车市场红线,所以他为了提高市场竞争力,在1987年兼并了美国汽车公司。

　　至于美国汽车公司,作为市场占有率仅仅只有 2% 的最小的汽车公司,如果它能够在以上三家大公司的夹缝中生存下来,又能赚点钱就已经是不幸中的万幸了。他的竞争战略可以随心所欲,他可以向任何一家公司进攻,但是就是不要做出超过自己能力的行动。终究他太小了,即使进攻顺利,但是他没有能力控制住所占有的领地,最后会得不偿失。所以他只能在差异化经营战略和目标集聚战略之中选择,最后他选择了冷门的吉普车市场,这个小得不足以引起其他三家公司兴趣的小市场,主攻军方需求,所以一直不好不坏地经营着。

　　综上所述,四家公司经营战略特点如下:

公司	战略目标	行动特点	关注热点	第二关注	战略决策
通用公司	稳定	防守、跟进	盈利	占有率	成本优先战略
福特公司	进取	进攻、创新	占有率	盈利	差异化战略或成本优先战略
克莱斯勒	进取	进攻、创新	盈利	占有率	差异化战略或目标集聚战略
美国汽车	进取	进攻、创新	生存、盈利	占有率	差异化战略或目标集聚战略

　　通过以上对比可以看出,处于市场绝对优势地位的公司,是不思进取型公司,这也就是为什么国家鼓励竞争、打击垄断的原因

　　目前美国的汽车市场,本国的还是 1987 年克莱斯勒兼并美国汽车后的三家公司,只是市场上多了太多的日本车,但是到 2013 年为止,三家公司排序始终未变。通用汽车尽管去年 12 月销量下滑了 6.3%,但去年总销量比 2012 年增长 7% 至 279 万辆,占美国国产车总量的 39.4%。福特去年总销量比 2012 年增长 10.8% 至 249 万辆,占美国国产车总量的 35.2%。克莱斯勒去年总销量比 2012 年增长 9% 至 180 万辆,占美国国产车总量的 25.4%。20 多年过去了,尽管排序没有变,但是福特汽车和克莱斯勒都大约提高了 10% 的市场份额,虽然平均每年不足 0.5 个百分点的市场增长,但是能够从超级公司身上得到这么多已经值得满足了,这表示的是三家公司市场力量对比方面质的变化。

　　美国汽车行业的竞争过程,可以给我们三点启示:

　　启示一:在时空方面,战略的内涵是什么?

　　从时空的角度而言,战略代表的是长期的坚持执行。这个长期不是三年五

载,不是十年八年,而是十几年、几十年甚至几代人的坚持执行。过程中战术可以经常变,但是战略原则不能变。

启示二:竞争战略的内涵是什么? 品牌战略又是什么?

在一个既定的行业环境中,每个公司都有各自不同的资源、不同的力量和不同的目标。企业战略就是根据自己的特点规划企业生存、发展的路径和最终目标,是一个战略体系。在这个战略体系中,有竞争战略、发展战略、技术开发战略、市场营销战略、信息化战略、人才战略等。不要把美国汽车市场上各家美国汽车公司的竞争战略等同于企业战略,竞争战略只是企业战略的一部分。所以,每家公司有各自不同的竞争战略、经营策略、市场战略、技术开发战略等也就不足为奇了。

鉴于在一个既定的行业环境中,每个公司都有各自不同的资源、不同的力量和不同的目标。品牌就是行业或者产品在同质化市场竞争中的消费者选择排序,品牌战略实际是竞争战略的一部分,仅仅是为企业谋取在消费者选择购买商品时的第一位选择顺序方面所做的经营规划,并且主要偏向传播战略策划,所以不是企业的发展战略。这一点每个企业主都要牢记。

之所以在品牌战略中还强调同质化市场竞争,就是因为品牌只有在同质化商品或者服务竞争中才会起作用,比如两个花生油品牌能形成竞争,会被消费者排序选择,但是如果花生油品牌和酱油品牌放在一起,他们就不会被消费者放在一起竞争排序。

竞 争 战 略

说到竞争战略,不得不说一说国际学术界流行的两种战略理论:一种是迈克尔竞争战略理论,另一种是蓝海战略理论。

迈克尔竞争战略理论

美国著名战略学家迈克尔·波特(Michael Porter)被称为竞争战略之父,是当今世界上最有影响的管理学家之一。波特1980年发表了《竞争战略》,随后1985年又发表了《竞争优势》,以及后来发表的《国家竞争优势》,形成了竞争战略三部曲,开创了竞争战略理论体系。

迈克尔·波特认为,构成企业环境的最关键部分就是企业投入竞争的一个或几个行业,行业结构极大地影响着竞争规则的确立以及可供企业选择的竞争战略。行业结构分析是确立竞争战略的基石,理解行业结构永远是战略制定的起点。波特创造性建立了五种竞争力量分析模型,他认为一个行业的竞争状态和盈利能力取决于五种基本竞争力量之间的相互作用,即进入威胁、替代威胁、买方讨价还价能力、供方讨价还价能力和现有竞争对手的竞争，而其中每种竞争力量又受到诸多经济技术因素的影响。

在竞争战略思想指导下，波特提出了企业战略的核心是获取竞争优势、打败竞争对手。获取竞争优势，打败竞争对手有三种基本战略：成本领先战略、差异化战略和集中化战略。企业必须从这三种基本战略中选择一种，作为其主导战略。要么把成本控制到比竞争者更低的程度；要么在企业产品和服务中形成与众不同的特色，让顾客感觉到企业提供了比其他竞争者更多的价值；要么企业致力于服务于某一特定的产品种类、某一特定的细分市场。

迈克尔·波特所提出的行业竞争结构分析理论、三种基本竞争战略理论在过去近30年里受到企业战略管理学界的普遍认同，并且成为进行外部环境分析和进行战略竞争最为重要和广泛使用的模型。

但是，在竞争战略思想及理论的指导下，企图以建立竞争优势，打败竞争对手为核心目的，这种战略行为也面临越来越多的挑战。在成本领先战略、差异化战略和集中化战略的三种基本竞争战略指引下，许多企业采取了价格战、功能战、广告战、促销战、服务战、品类战等，以此来建立自己的竞争优势，打败竞争对手。然而，良好的愿望并未转换成美好的现实，过度的打击对手并未使自己变得更好。伴随而来的是所在领域的企业家族们面临普通低利润或者亏损的局面，大家都陷入了价格战、功能战、广告战、促销战、服务战、品类战的困境，陷入低利润、无利润、甚至亏损的怪圈，企业走向停滞、衰退、甚至破产。大家越是想打败竞争对手，大家越是变得更差，最后出现双败、多败的格局。

蓝海战略理论

针对竞争战略思想及理论会导致残酷的商战缺陷，W. 钱·金和勒妮·莫博涅教授2005年发表了《蓝海战略》一书，提出了蓝海战略思想。中国著名战略专家金久皓教授是最早将《蓝海战略》引进中国大陆的中国学者和蓝海战略研究权威。

蓝海战略理论认为，传统竞争极端激烈的市场是"红海"，在红海中，企业试图击败竞争对手，以攫取更大的市场份额，更大的利润空间，随着市场空间越来越拥挤，利润和增长的前途也就越来越暗淡，残酷的竞争也让红海变得越发鲜血淋漓。与红海相对，"蓝海"是一个未知的市场空间，是亟待开发的市场空间，它代表着创造新需求，代表着高利润增长的机会，蓝海是从红海产业边界外创建或者从红海内部拓展产业边界开拓出来，因此竞争无从谈起，是一片无人竞争的市场。企业应该把视线从超越竞争对手转向买方需求市场，通过价值创新手段得到崭新的市场领域，获得更快的增长和更高的利润。

为了开拓蓝海,蓝海战略提出了通过四部动作框架来重新设置战略布局图的方法。战略布局图是产品若干主要元素特性组成的价值曲线,为了开拓新的蓝海,企业可以通过四部动作框架,在现有某类产品的特性上剔除、减少、增加、创造若干元素,形成新的战略布局图,以开拓新的某类客户和市场,创造新的发展空间。

蓝海战略理论为解决竞争战略导致的弊端提供了一种思路,鼓励企业避免残酷的竞争,把关注点从竞争转向创造提供了一种战略思路。但是,蓝海战略面临较大的理论缺陷,这种企图通过价值创新重新划分产业边界而开拓的蓝海,并未有效提供阻止竞争对手进入的壁垒,所谓的"蓝海",只能在竞争对手未进入的一刻出现,但很快竞争对手进入,"蓝海"迅速地变成了"红海"。蓝海战略只能短期改善企业遇到的竞争状况,并没有解决竞争战略理论的缺陷,它实质上是披着马甲的差异化战略。

通过以上两个理论的对比介绍,蓝海战略理论实际上是从迈克尔竞争战略理论里切割出来的一个理论,指导意义不大,还是迈克尔竞争战略理论比较全面。

看了美国汽车制造商之间的市场竞争分析,我们可以发现,同行业内的各个企业,无论有多少个企业,但是竞争战略只有三种,那就是差异化竞争战略、成本竞争战略、目标集聚战略。从三种战略中选定出最适合自己的竞争战略是关系企业未来的大事。下面简明扼要地介绍一下竞争战略。

一、差异化竞争战略

之所以把差异化竞争战略放在第一位,是因为这是最实用、用得最多的战略。无论是在市场发展期还是成熟期,无论是大企业还是小企业,无论是市场老大,还是其后企业,都可以用。

差异化竞争战略,实质就是避实击虚战略,也可以称之为侧翼攻击战略。寻找对手的空白点或者薄弱点重兵突击,然后扩大战果,争取品牌第一。

1. 差异化途径

企业要突出自己产品与竞争对手产品之间的差异性,主要有四种基本的途径:

(1)产品差异化战略

产品差异化的主要途径有:外部特征设计、工作性能设计、质量、耐用性、易修理性。

(2)人事差异化战略

凡是训练有素的员工,都能体现出下面的六个特征:礼貌、可信、可靠、反应敏捷、善于交流、团队荣誉。商业、服务行业表现最适合,其次是正规企业的对外窗口部门,如营销、送货、安装、顾客培训、咨询服务等部门人员。

（3）形象差异化战略

包装差异化最常见,例如"三精,蓝瓶的"。

2. 差异化战略的适用条件与组织要求

（1）差异化能够被顾客认为是有价值的;

（2）顾客的需求是存在差异的,而且其差异足以形成一个新市场,并且足够大,能满足自己的产能要求,甚至需要更大的产能供应;

（3）采用类似差异化途径的竞争对手没有或者极其弱小,即真正能够保证企业是"差异化"的。

3. 企业必须具备的内部条件

（1）有专业研发团队,具有很强的创造能力;

（2）研发、产品研制以及市场营销等职能部门之间要具有很强的协调性;

（3）研发、研制部门具有严格的保密制度;

（4）很强的市场营销能力,各种销售渠道强有力的合作;

（5）企业要具备巨大的传播能力,否则是给别人作嫁衣。

4. 差异化战略的意义

（1）能够建立顾客对企业的忠诚,使得替代品无法在性能上与之竞争;

（2）先声夺人,快速形成第一品牌,所以能够快速形成强有力的产业进入障碍;

（3）只有我能提供的现实,削弱购买商讨价还价的能力。

一方面,企业通过差异化战略,使得购买商缺少能与之可比较的产品或者服务选择,降低了购买商对价格的敏感度。另一方面,通过产品差异化使购买商具有较高的转换成本,使其比其他策略更加依赖于企业。

5. 差异化战略缺陷

1. 可能丧失部分客户。如果采用成本领先战略的竞争对手压低产品价格,使其与实行差异化战略的厂家的产品价格差距拉得很大,在这种情况下,用户为了大量节省费用,放弃取得差异的厂家所拥有的产品特征、服务或形象,转而选择物美价廉的产品;

2. 有时效性缺陷。初期有其差异化作用,当大量的模仿出现或者当产品发展到成熟期时,拥有技术实力的厂家通过逼真的模仿品挤占市场,差异化就过了有效期;

3. 有过度差异化可能。如果差异化产品没有市场或者市场很小,就是没有价值,得不到用户认可其价值的差异化,那么这个差异化就是过度差异化。

二、目标集聚战略

目标集聚战略,也称集中化战略、目标集中战略、目标聚集战略、目标聚集性战略等,是指集中全力主攻某一特殊的客户群或者是某一产品线的细分区段或者是某一地区市场。与成本领先战略不同的是,他具有为某一特殊目标客户服务的特点,组织的方针、政策、职能的制定,都首先要考虑到这样一个特点,在这一点上与差异化战略有些雷同,但是又与差异化战略有明显的区别,那就是它只是一个小市场,小到大公司、大企业不值得费心参入。虽然含义比较复杂,操作比较复杂,但是简单理解其实质就是目标专一化,只是这个专一化又不是简单意义上的专一化,选择和实施都需要很高技巧。

这一战略依靠的前提思想是:公司业务的专一化能够以高的效率、更好的效果为某一狭窄的战略对象或者市场需求服务,从而在这个市场内超过在较广阔市场范围内的竞争对手们。该战略可以让公司通过满足特殊对象的需要而实现了差别化优势,或者在为这一对象服务时实现了低成本优势,或者二者兼得,使得公司赢利的潜力超过产业的普遍水平。

之所以将它排在第二顺序是因为这是一个应用最广泛的战略,是所有的商业公司、小公司生存、盈利的战略法宝。

1. 目标集聚战略途径

专一化战略有两种形式,即企业在目标细分市场中寻求市场成本优势,在细分市场中寻求差异化小市场,在小市场中进行差异化经营战略,所以严格地说目标集聚战略也是一种差异化竞争战略。这里面的市场成本优势是关键,市场小,不可能大规模需求,不可能被大公司大规模生产,经常与成本领先战略恰好相反,比如劳斯莱斯、私人会所等等。

(1)精益求精,极致生产;

(2)细化再细化,贴心服务。

2. 目标集聚战略的适用条件

(1)具有完全不同的需求特点的用户群;

(2)对于相同的目标客户群,其他竞争对手都不将他们作为重点经营客户;

(3)大企业的条件不允许其针对性经营的小市场;

(4)同行中只有自己现有条件具备经营能力。

企业选择适当的产品线区段或专门市场是专一化战略成功的基础。如果选择广泛市场的产品或服务而进行专门化经营,反而可能导致企业失败。例如,口腔与牙齿每天都直接影响人们的生活,如果发生问题人们感觉深刻,但口腔疾病和牙齿的毛病又不一样,口腔疾病牵涉面相对而言比较广,而牙齿疾病却牵涉很少,而且对生命没有威胁,所以,患者可以接受牙病不用去医院的理念,接受眼科诊所的专业诊断或者治疗,而如果口腔有病,太多的人不会专找口腔病医院,而是找综合医院看病,因为口腔的病不一定需要治疗口腔,很多很多都是其他疾病引发的口腔病。所以,我们能看到的许多牙科诊所、牙科医院,而很少看到口腔病诊所或者医院,这可能是早期市场竞争淘汰的结果,现今目标集聚战略选择的结果。

3. 目标集聚战略的收益

(1)集中使用整个企业的力量和资源服务于某一特定的目标小市场,便于塑造自己的公司特色,在行业内、在小市场上取得品牌优势。

(2)将目标集聚在一个小市场,企业可以更精细地调查研究与该市场有关的产品技术、市场特点、顾客特点以及竞争对手等各方面的准确情况,做到精确"知彼",更准确行动。

(3)战略目标集中明确,经营行为效果易于评价,有利于改善提高经营水平。

4. 目标集聚战略的风险

(1)技术创新或替代品的出现会导致企业受到很大冲击;

(2)自己选定的市场还是大,竞争者采用了优于企业的更集中的战略;

(3)产品销售量可能变小,产品要求更新使用权的集中化的优势得以削弱。

5. 目标集聚战略优势

(1)以特殊的服务范围形成特色优势。

专一化战略往往利用地点、时间、对象等多种特殊性来形成企业的专门服务范围,以更高的专业化程度构成强于竞争对手的优势。例如,位于交通要道或人口密集地区的超级商场具有销售优势;口腔医院因其专门的口腔医疗保健服务而比普通医院更吸引口腔病特别是牙病患者。

企业选择适当的产品线区段或专门市场是专一化战略成功的基础。如肯德基、麦克唐纳汉堡包快餐连锁店就是为了满足逛街者、工作节奏快、休息时间短的职员或家庭以及旅游者的饮食需要,而迅速发展这一专门饮食市场,一个是油炸,另一个是烘烤,互不竞争,风味各异,食用对象甚至能够互补,相得益彰,所以他们成功了,堪称目标集聚战略成功的杰作。

(2)以极高或者极低成本生产的特殊产品形成优势。

这一优势的实质是差别化优势,能同时拥有产品差别化和低成本优势则一定可以获得超出产业平均水平的高额利润。例如,顶级奢侈品是以极高成本形成优势,而可口可乐是一个难得的低成本目标集聚优势产品,仅仅是利用其特殊配方而构成的低成本饮料,在饮料市场长期保持其竞争优势。

6. 目标集聚战略缺陷

（1）限制获取整体市场份额

目标集聚战略的目标市场必定具有一定的特殊性，小是一个普遍性的特点，如果大了那就是差异化战略的选择，所以不可避免地与整体市场份额的差距非常大。所以限制获取整体市场份额是该战略的缺陷，但是也是该战略的特点。由此可见，实行目标集聚战略的企业老板，选择之初就明白自己选择了一个小市场，不为别的原因，只因为自己只能操作这个小市场，只能在这个小市场里生存、赚钱，所以必须清醒认识到，未来必然会坠入"小份额与大市场份额的巨大差距矛盾"之中，到那时，自己该怎么做？遇到什么情况可以改变战略，改弦更张？如果自己给未来设计了这一点，那么，他的企业就有了长远发展战略的初步规划了，我就可以恭喜你，你只要在目前的战略选择中成功了，那么你的未来必然会升级发展，必然会成功。所以能否坚守战略不轻易转移，就是这些小公司经营成败的关键。

每个人的生活中不乏这样的现实事件，一个人办了一个小企业，生产一种小产品，生意蒸蒸日上、如火如荼，但是他不满足，又增加了新的比小产品利润高的高级的产品生产，结果几个月或者一年后，企业开始顾此失彼，原先的小产品市场丢失，高级产品卖不出去，大量积压在自己仓库或者销售商手里，销售商卖不出去，要求退货，然而他的所有资金都已经被库存占据，没有钱付退货款，信誉丧失，一下一蹶不振。再想回头重整小产品市场，然而已经被别人占领，结果破产倒闭。这就是轻易改变战略的苦果。

以上是一个公示形式描述，如果形象地说，以服装为例，一个做中低档服装的小企业，经营情况不温不火，年年赚钱在同行中不高不低，肯定挺憋气的。看到了别的服装企业做的高档服装利润特别高，就忍不住诱惑也采购了一小批高档面料做成高档服装去卖。他定的价格也没有别人高，结果就都卖出了，小赚了一笔。他很兴奋，又增加采购量，多做了一些，发了出去。为减低成本，又大量采购高档面料生产，结果引起市场对手注意。对手在他的销售区域直接采取大幅度降价优惠促销，连续几个月几套组合拳下来，他的销售尽管费尽心机，终究抵不住老牌企业（人家还有外地市场利润补贴）的财力，败下阵来，结果市场费用高涨，原料、成品积压仓库，财力山穷水尽，发不出工资，最后折价抵债，无奈关门倒闭。各行各业这样的例子不计其数。

（2）企业对环境变化适应能力差

实行目标集聚战略的企业因为市场单一，而且市场小，生存和发展被限制，一旦这个小市场出现有极强替代能力的产品或者市场竞争者，都会给企业造成巨大影响。例如，投入成本较高的夜总会、五星级酒店等娱乐服务场所，都是专为高收入阶层或特殊顾客群服务而设计,消费定价极高,属于超额利润行业,但是一旦出现经济萧条或严格控制公款消费时,这些超额利润企业营业额会直线下降,陷入惨淡经营,如果社会环境不好转或者不改变经营战略,那就只能死路一条。

(3)目标的特殊性消失,战略就会失效

实行目标集聚战略的企业选择此战略的依据就是特殊的目标,一旦特殊的目标不再特殊,市场区分壁垒被打破,那么这个市场就会消失,针对这一市场的一切手段都将无处落实,自然目标集聚战略也就落空。以糖尿病保健品市场为例。如果有一天科技的进步真能完全治愈糖尿病,那么围绕着糖尿病患者的所有保健品都将没有了专业市场,任何企业在这个市场上的一切保健品都将没有了存在的意义,所有的市场手段都将落空。保健品也不再是保健品,反倒可能成为有缺陷的普通食品,甚至比普通食品还不如。这是选择此战略的最大威胁。

三、成本竞争战略

成本竞争战略,也叫规模优势战略,实质就是阵地战防守策略。成本领先战略也称为低成本战略,是指企业通过有效途径降低成本,使企业的全部成本低于竞争对手的成本,甚至是在同行业中最低的成本,从而获取竞争优势的一种战略。

1. 成本竞争战略途径

根据企业获取成本优势的方法不同,成本领先战略主要有以下几种类型:

(1)外部简化型成本领先战略,就是使产品简单化,即将产品或服务中添加的花样全部取消。

(2)内部简化型成本领先战略,通过改进内部设计简化产品,降低成本;

(3)材料节约型成本领先战略,通过改变材料或者科学设计节约材料用量降低成本;

(4)人工成本降低型成本领先战略;

(5)生产工艺创新及自动化型成本领先战略。

2. 成本领先战略的市场适用条件

(1)现有竞争企业之间的竞争非常激烈;

(2)产品标准化或者同质化现象严重;

(3)产品差异化难以开展;

(4)市场巨大,并且不可能发生颠覆性变化,而且产品处于市场成熟期;

(5)替代品市场成规模,消费者的转换成本很低,消费者具有较大的降价谈判能力。

3. 成本领先战略的组织适用条件

企业实施成本领先战略,除具备上述外部条件之外,企业本身还必须具备如下技能和资源：

　　(1)有可靠的、持续的资本投资和获得资本的途径；

　　(2)容易制造，生产加工工艺简单；

　　(3)低成本的分销系统。

　　4. 成本领先战略的收益与风险

　　采用成本领先战略的收益在于：

　　(1)抵挡住现有竞争对手的对抗；

　　(2)抵御购买商讨价还价的能力；

　　(3)更灵活地处理供应商的提价行为；

　　(4)形成进入障碍；

　　(5)树立与替代品的竞争优势。

　　5. 采用成本领先战略的风险主要包括

　　(1)降价容易引起价格大战，造成全行业创伤；

　　(2)外部环境因素对战略成果影响巨大；

　　(3)生产工艺的变化威胁巨大，比如人工流水线和自动流水线生产区别；

　　(4)资本实力起着决定性作用，小企业慎用。

　　这是一种非常可怕的战略，如果与对手打价格战，该战略可以使竞争双方在各自资金能够承受的时间内，在市场上做到一击必杀对方，所以很可怕，往往是市场老大的撒手锏。小公司可以应用此战略赚钱，但是千万不要应用此战略在市场上竞争，尤其是不要参入市场价格大战，否则必死无疑！

　　企业光有竞争战略还不行，这只是企业参入市场竞争所要定下的基调，竞争还需要通过一定的途径实现，那就是市场战略，也叫市场竞争战略，我们经常听到的一个名词——品牌战略就是其中一种。我们以目前比较先进的整合营销为例，了解一下市场战略的设计和内容，了解市场战略与竞争战略的区别与关系。

整合营销市场战略

一、整合营销策划主题

　　营销不是针对普通消费的大多数人，而是针对定制消费的较少部分的人，是用"量体裁衣"的做法使得满足消费者需求的目标最大化。但是"量体裁衣"很容易被认为是"给每一位个体消费者一份独特的产品"，从而忽略了产品品牌的其他诉求，影响品牌被其他人群认知和分享。可以说，"量体裁衣"是不完整的，也不是最理想的营销手段。我们应该设定的目标是：对消费者的需求反应最优化，把精力浪费降至最低。在这个意义上才能得到理想的营销哲学：营销需要综合考虑更多的目标消费者的点滴需求。

另外一个有价值的主题是——整合营销应该和消费者本身有关,也就是需要全面地观察消费者。一名消费者不仅仅是在某个时间购买我们产品的一个人,消费者的概念更为复杂。比如购买牛仔裤的同一位消费者很可能购买其他的衣物来搭配牛仔裤,这是经常发生的事情。因此,多角度地观察消费者将创造更多的机会,使得消费者不是"一次性购买"或重复购买同一商品。我们还可以考虑到系统的"跨行销售"和"上游销售",这个要素对于消费者行为的各个角度来说都是有效的。整合营销需要综合考虑各个时间消费者行为的其他角度。

第三个主题是——整合营销必须考虑到如何与消费者沟通。消费者和品牌之间有更多的"联络点"或"接触点",这不是单靠媒介宣传所能达到的,需要消费者在使用产品时对产品有更深的了解,打开包装见到产品时、拨打销售电话都是一种沟通,消费者之间相互交谈也产生了销售机会。

二、整合营销原则

(一)以整合为中心原则

着重以消费者为中心并把企业所有资源整合,综合配置利用,实现企业的高度一体化营销。整合既包括企业营销过程、营销方式以及营销管理等方面的整合,也包括对企业内外的商流、物流及信息流的整合。

1. 内部整合

内部整合,4P理论是整合的最好内部整合工具。

4P(产品、价格、渠道、促销)营销策略,自20世纪50年代末JeromeMcCarthy提出以来,对市场营销理论和实践产生了深刻的影响,被营销经理们奉为营销理论中的经典。而且,如何在4P理论指导下实现营销组合,实际上也是公司市场营销的基本运营方法。

4P指代的是Product(产品)、Price(价格)、Place(地点,即分销,或渠道)和Promotion(促销)四个英文单词。这一理论认为,如果一个营销组合中包括合适的产品,合适的价格,合适的分销策略,和合适的促销策略,那么这将是一个成功的营销组合,企业的营销目标也可以借以实现。

产品(Product)+消费者(Consumer)=实施以消费者为导向的产品策略。产品是营销组合中最重要的因素。市场营销观念是一种以消费者需要和欲求为导向的哲学,但是在实际的市场运作中又有哪些企业真正地能够做到用营销的观念和理论来武装自己的头脑呢?4C原则中也强调:"不要再卖你所能制造的产品,而要卖某人确定想购买的产品。"由此,4P中的"产品"加上4C中的"消费者"就得出了上文中的一个全新公式。

价格（Price）+ 成本（Cost）= 实施以满足消费者需要所付出的成本为导向的价格策略。制定价格的关键是消费者对产品成本的认知，而不是销售成本。在今天的市场营销中，企业应该根据产品的认知成本来制定价格，以便更加贴近消费者，制定出对消费者更有吸引的价格。其程序是：企业针对某一特定的目标消费者开发出一个产品概念，并以这一产品概念在目标消费者中进行测试，以便得知他们购买此产品所愿付出的成本。然后，估计以该成本价格下所能销售的产品数量，根据这一数量再决定企业的生产能力、投资额和单位成本。消费者认知成本定价，可以使产品的价格更适合目标消费者的接受水平，并能够使企业更合理、更客观地制定出具有竞争优势的产品价格。

渠道（Place）+ 便利性（Convenience）= 实施以提高消费者购物便利性为导向的渠道策略。在今天的市场营销中，无论是企业的分销渠道还是服务渠道，都应该给消费者提供"便利"这一特性。也只有这样，才能够使消费者感觉到，只有本企业的产品与服务才更可见、更可获、更方便和更富有吸引力。建立企业的"直效营销"模式，可以通过以下 3 个方面进行：建立顾客数据库、传播、配送。

促销（Promotion）+ 沟通（Communication）= 实施以沟通力为导向的促销策略。任何公司在营销中，都不可避免地承担起沟通者和促销者的双重角色。哪个企业能够制定出极富沟通力的促销方案，实施具有沟通力的促销活动，那么他必然会在纷繁杂乱的促销中脱颖而出，也将赢得比竞争对手数量更多的忠诚顾客。

2. 外部整合

外部整合主要包括：

（1）广告：广告是为了某种特定的需要，通过一定形式的媒体，公开而广泛地向公众传递信息的宣传手段。广告有广义和狭义之分，广义广告包括非经济广告和经济广告。非经济广告指不以盈利为目的的广告，又称效应广告，如政府行政部门、社会事业单位乃至个人的各种公告、启事、声明等，主要目的是推广；狭义广告仅指经济广告，又称商业广告，是指以盈利为目的的广告，通常是商品生产者、经营者和消费者之间沟通信息的重要手段，或企业占领市场、推销产品、提供劳务的重要形式，主要目的是扩大经济效益。

（2）促销：促销就是营销者向消费者传递有关本企业及产品的各种信息，说服或吸引消费者购买其产品，以达到扩大销售量的目的。促销实质上是一种沟通活动，即营销者（信息提供者或发送者）发出作为刺激消费的各种信息，把信息传递到一个或更多的目标对象（即信息接受者，如听众、观众、读者、消费者或用户等），以影响其态度和行为。常用的促销手段有广告、人员推销、网络营销、营业推广和公共关系。企业可根据实际情况及市场、产品等因素选择一种或多种促销手段的组合。

（3）直销：按世界直销联盟的定义，直销指以面对面且非定点之方式，销售商品和服务，直销者绕过传统批发商或零售通路，直接从顾客接收订单。

（4）宣传：宣传是一种专门为了服务特定议题（议事日程）的讯息表现手法。在西方，宣传原本的含意是散播哲学的论点或见解，但现在最常被放在政治脉络环境中使用，特别是指政府或政治团体支持的运作。同样的手法用于企业或产品上时，通常则被称为公关或广告。运用各种符号传播一定的观念以影响人们的思想和行动的社会行为。

（5）公关：公共关系是一个组织为了达到一种特定目标，在组织内外部员工之间、组织之间建立起一种良好关系的科学。它是一种有意识的管理活动。组织中建立一种良好的公共关系，需要良好的公共关系活动的策划来实施和实现的。

（6）赞助：赞助是社会组织以提供资金、产品、设备、设施和免费服务等形式无偿赞助社会事业或社会活动的一种公关专题活动。赞助活动是一种对社会做出贡献的行为，是一种信誉投资和感情投资，是企业改善社会环境和社会关系最有效的方式之一。任何一个社会组织的赞助都会有自己的具体目的，概括起来，主要有四种：

①通过赞助活动做广告，增强广告的说服力和影响。一方面可以通过赞助活动作为广告宣传的载体，使公众获益，以赢得公众的普遍好感；另一方面可以通过赞助所获得的"冠名权"提高广告的效果。

②树立组织关心社会公益事业的良好形象。现代企业不仅要盈利，还要承担一定的社会责任与义务。赞助社会活动是企业向社会表示其承担责任与义务的方式之一。赞助活动的开展，有助于企业赢得政府与社区的支持，从而为企业组织的生存与发展营造相对宽松的社会环境。

③培养与社会公众的良好感情。举办与公众密切相关的赞助活动，能够有效地培养社会组织同公众的情感，增进彼此之间的友谊，加强双方的联系，使公众在内心深处认同社会组织。

④制造新闻效果，扩大社会组织认知度，提高组织在公众中的美誉度。

（7）展会：展会是为了展示产品和技术、拓展渠道、促进销售、传播品牌而进行的一种宣传活动。在实际应用中，展览会名称相当繁杂。在中文里，展览会名称有博览会、展览会、展览、展销会、博览展销会、看样订货会、展览交流会、交易会、贸易洽谈会、展示会等。

（8）口头传播：口头传播，也称为有声语言传播、口语传播，是传播学专业术语。口头传播是指传播者（说话人）通过口腔发声并运用特定的语词和语法结构及各种辅助手段向受传者(听话人)进行的一种信息交流。

(9)电子营销:电子营销是指借助互联网的手段,利用电脑通信技术、数字交互式媒体,以及现代通信技术来实现营销目标的一种营销方式。电子营销的特点是完全以客户为中心,互动性强、目标针对性强、客户准确性强、独具时空优势,传播范围广,还可以做到全方位展示,具有传统营销方式无可比拟的优势。

(10)CI:CI(Corporate Identify System)即企业形象识别系统,是企业大规模化经营而引发的企业对内对外管理行为的体现。CI系统是由理念识别(Mind Identity 简称 MI)、行为识别(Behavior Identity 简称 BI)和视觉识别(Visual Identity 简称 VI)、产品识别(Product Identity)四方面所构成。

(11)体验营销:体验营销通过看(See)、听(Hear)、用(Use)、参与(Participate)的手段,充分刺激和调动消费者的感官(Sense)、情感(Feel)、思考(Think)、行动(Act)、关联(Relate)等感性因素和理性因素,重新定义、设计的一种思考方式的营销方法。体验营销是指企业通过采用让目标顾客观摩、聆听、尝试、试用等方式,使其亲身体验企业提供的产品或服务,让顾客实际感知产品或服务的品质或性能,从而促使顾客认知、喜好并购买的一种营销方式。这种方式以满足消费者的体验需求为目标,以服务产品为平台,以有形产品为载体,生产、经营高质量产品,拉近企业和消费者之间的距离。

(12)包装:指在流通过程中,为保护产品、方便储运、促进销售,依据不同情况而采用的容器、材料、辅助物及所进行的操作的总称。

(二)讲求系统化管理原则

重新整体配置企业所有资源,对企业所有资源进行资源整合。整合就是要优化资源配置,就是要有进有退、有取有舍,就是要获得整体的最优。资源整合是指企业对不同来源、不同层次、不同结构、不同内容的资源进行识别与选择、汲取与配置、激活和有机融合,使其具有较强的柔性、条理性、系统性和价值性,并创造出新的资源的一个复杂的动态过程。在资源整合的基础上,提出企业资源整合过程模型,分析企业资源整合能力,旨在为企业提供如何提升资源整合能力,进而增强企业竞争优势提供建设性建议。资源整合,是企业战略调整的手段,也是企业经营管理的日常工作。

(三)强调协调与统一原则

企业营销活动的协调性,不仅仅是企业内部各环节、各部门的协调一致,而且也强调企业与外部环境协调一致,共同努力以实现整合营销,此为组织整合。整合对象包括企业中各层次、各部门和各岗位,以及总公司、子公司、产品供应商、经销商以及其他相关合作伙伴,协调合力,为共同目标一致行动,形成竞争合力优势。

（四）注重规模化与现代化原则

整合营销十分注重企业的规模化与现代化经营。规模化不仅能使企业获得规模经济效益，为企业有效地实施整合营销提供优质的成本基础，规模化在传播应用效果上也是如此。

所谓现代化主要是指管理方面，管理要顺应时代形式、社会变化、企业特点、人才特点，始终不落后于时代，顺势发展。

（五）营销策略高于一切原则

克服消费者不看广告心理的重要手段，是改变传统广告说教模式，以消费者的需要与价值为基础，发展多种与消费者沟通的手段，而在这一过程中，充分关心消费者的需要，介绍消费者想知道、能知道并且容易记住的内容，是企业宣传策略的核心，对于一个中国企业来说，进行宣传只是向市场经济迈出了一小步，而进行有效宣传，认识有效宣传，才是问题的根本。

宣传策略的核心，是宣传沟通与广告宣传的六个定位：对象定位（对谁说）、目标定位（达到什么效果）、价值定位（说什么）、形式定位（怎么说）、媒介定位（通过什么渠道去说）、预算定位（说多少）这些问题不解决，即使加大宣传力度，也不会有任何结果的。

1. 在整合营销传播中，消费者处于核心地位。

2. 对消费者深刻全面地了解，是以建立资料库为基础的。

3. 整合营销传播的核心工作是培养真正的"消费者价值"观，与那些最有价值的消费者保持长期的紧密联系。

4. 以本质上一致的信息为支撑点进行传播。企业不管利用什么媒体，其产品或服务的信息一定得清楚一致。

5. 以各种传播媒介的整合运用作手段进行传播。凡是能够将品牌、产品类别和任何与市场相关的信息传递给消费者或潜在消费者的过程与载体，均被视为可以利用的传播媒介。

（六）以占领顾客心智为原则

整合传播的根本目标是控制消费者心理转变过程，形成有纵深的立体促销战役，控制目标消费者的消费行为，实现占领顾客心智，达到营销目的。整合营销，是从一般宣传，转变为对消费者消费心理进行管理，把企业一般产品宣传转变为对消费者态度与印象进行管理。在整合营销思想下，根据消费者对产品的态度，企业发起立体有纵深的促销战役，达到改变消费者心理的目的。

整合营销是一场心理控制战与心理管理战，目标是使消费者对公司产品产生信任的心理感觉,购买公司产品,而消费者对产品的认识,是一个完整的心理变化与学习过程,单纯依靠一次或两次宣传,或者单纯靠一种广告媒介,是无法实现的。

因此,赢得消费者心理必须使用系统信息与系统传播,企业必须围绕目标消费者群体以及他们对产品的既定感觉,持续推出一组能够影响其感觉,引导其感觉的信息,提高对产品消费价值的认识。

(七)网络整合营销4I原则

在传统媒体时代,信息传播是"教堂式",信息自上而下,单向线性流动,消费者们只能被动接受,而在网络媒体时代,信息传播是"集市式",信息多向、互动式流动。声音多元、嘈杂、互不相同。营销人需要学会运用"创意真火"煨炖出诱人"香饵",而品牌信息作为"鱼钩"巧妙包裹在其中。如何才能完成这种信息传播方式的转变?网络整合营销的4I原则给出了最好的指引。网络整合营销4I原则——Interesting 趣味原则、Interests 利益原则、Interaction 互动原则、Individuality 个性原则。

1. Interesting 趣味原则

中国互联网的本质是娱乐属性的,广告、营销混迹在互联网这个"娱乐圈"中,也必须是娱乐化、趣味性的。当我们失去对消费者说教机会之时,显然,制造一些趣味、娱乐的"糖衣"香饵,将营销信息的鱼钩巧妙包裹在趣味的情节当中,是吸引消费者上钩的有效方式。

2. Interests 利益原则

网络是一个信息与服务泛滥的江湖,营销活动不能为目标受众提供需求帮助,必然寸步难行。天下熙熙,皆为利来,天下攘攘,皆为利往。营销活动策划者只有将自己变身一个消费者,设身处地、扪心自问一句:"我要参加这个营销活动,为什么呢?"

但这里想跟大家强调的是,网络营销中提供给消费者的"利益"外延更加广泛,物质实利只是其中的一部分,还可能包括更多内容,比如:信息、资讯;功能或服务;心理满足,或者荣誉;实际物质或金钱利益等。

3. Interaction 互动原则

网络媒体区别于传统媒体的另一个重要的特征是其互动性,如果不能充分地挖掘运用这个 usp,新瓶装旧酒,直接沿用传统广告的手法,无异于买椟还珠。再者,网络媒体在传播层面上失去了传统媒体的"强制性",如此的"扬短避长",单向布告式的营销,肯定不是网络营销的前途所在,只有充分挖掘网络的交互性,充分地利用网络的特性与消费者交流,才能扬长避短,让网络营销的功能发挥至极致。

数字媒体技术的进步以及其极低的成本与极大的便捷性,可让互动在营销平台上大展拳脚。不再让消费者单纯接受信息,消费者们完全可以参与到网络营销的互动与创造中来。消费者亲自参与互动与创造的营销过程,会在大脑皮层回沟中刻下更深的品牌印记。把消费者作为一个主体,发起其与品牌之间的平等互动交流,可以为营销带来独特的竞争优势。

4. Individuality 个性原则

个性化的营销,让消费者心理产生"焦点关注"的满足感,个性化营销更能投消费者所好,更容易引发互动与购买行动。在传统营销环境中,做到"个性化营销"成本非常之高,因此很难推而广之,仅仅是极少数品牌品尝极少次的豪门盛宴。但在网络媒体中,数字流的特征让这一切变得简单、便宜,细分出一小类人,甚至一个人,做到一对一行销都成为可能。

三、整合营销的关键

"优质、高产、低耗"是生产主管的口头语,企业经营重点在于提高生产效率。福特的流水线生产和松下幸之助的"自来水经营哲学"就是典型表现。整合营销的提出,不同时代产生不同的经营观念,这也是存在决定意识的又一体现。整合营销的理念核心在于真正重视消费者行为反应,进行双向沟通,通过双向沟通,建立长久的一对一的关系营销,在市场上树立企业品牌竞争优势,从而提高顾客的品牌忠诚度,提高企业的市场份额。由此可知,整合营销的关键在于商品交换的双向沟通过程——媒体传播。整合营销理念和操作的关键内容具体分析如下:

(一)不是要卖你所制造的产品,而是卖那些顾客想购买的产品,真正重视消费者(Consumer)。在传统营销世界,由于科技水平的局限,企业决定产品项目时,自身的生产能力是首要考虑因素。进入 90 年代后的美国制造业,制造技术已不成问题。因此,转而强调,企业应在了解顾客需要,尤其是不同消费者的个性需求方面下大功夫,生产销售顾客想要的产品。

(二)暂不考虑定价策略,而去了解消费者要满足其需要与欲求所须付出的成本(Cost)。

过去企业定价的常规方法是成本加成法,即使考虑顾客需求差异,也是进行粗线条的操作。90 年代的美国大众,对于价格仍然计较,显示自己是个成熟的、有经济头脑的消费者,但是考虑的因素更加复杂。例如,对消费者而言,汉堡包的成本不是快餐店的制造、销售成本,而是自己心目中认为该店的汉堡包应值多少,还要加上到该店花费的时间等等。商品的价值,成为一个复杂的方程式。因此,营销工作要深入细致了解不同消费者的成本构成,不能仅根据表面现象去降低或提高价格。

（三）暂不考虑通路策略，应当思考如何给消费者方便以购得商品。

传统的营销通路比较单纯，尤其在经济不发达地区，制造商主要通过有形店铺进行分销，顾客则不得不到这些店铺进行采购。90年代的美国，以电脑网络为主体的新型信息通路广泛普及，信用卡、800消费者免费电话充斥各个角落，消费者大可不必出门采购。因此，营销工作要了解不同类型消费者的购买方式偏好，调整原有销售通路，为顾客提供实实在在的便利。

（四）暂不考虑怎样促销，而应当考虑怎样沟通。

传统营销中促销是重头戏，广告成为商家喜欢的重型武器。这是一种典型的推销行为，属于从商家向顾客的单信息传递。由于媒体有限、资讯有限，消费者处于一种弱者地位。90年代后，媒体发生巨大变化，种类繁多，消费者的主体地位大大提高。整合营销强调与消费者进行平等的双向沟通，清楚消费者需要什么，把自己的真实资讯如实传达给消费者，并且根据消费者信息反馈调整自身，如此循环，实现双赢。

传统营销实践其实也提倡双向沟通、消费者导向等，然而由于条件限制在实际中落实得远远不够，而沦为一种口号。过去虽然进行一些市场调查，但是得到的调查结果常常漏洞百出甚至互相矛盾，而且代表性很差，连制造商自己都对此抱有疑虑，执行起来当然大打折扣。更何况传统的市场调查主要采用问卷调查、面谈调查、电话调查等方式，费时费力，周期比较长，难以及时支持企业营销决策。另外，关于消费的行为资讯，还可以从超级市场、便利商店、量贩店的收款机扫描器收集得来；零售商则可以通过特别的购买卡及产品上的条形码收集个别家庭资料，与制造商共同分享。当然，其他同类厂商的资料，有关调查公司的资料仍可参考。收集来的消费者行为资料要储入数据库，指导企业下一步的营销行为。

从以上内容我们可以看出整合营销的脉络，即通过数据库营销，在厂商和具体的消费者个人（家庭）之间建立一种联系；而且厂商可以通过更加积极的自我调适，激发消费者或者潜在消费者回应的兴趣。如此循环，形成一种良性的长期的关系营销。这是以消费者为导向的具体体现。消费者可以将自己的意愿反映给厂商，也可以从厂商那里获得消费参考资料；厂商则将消费者需求渗透于营销的每一环节。这样，无形当中大大提高企业品牌的竞争优势，提高顾客的品牌忠诚度。

整合营销理论认为，在营销可控因素中，产品、定价、通路等营销变数是可以被竞争者仿效甚至超越的，唯独商品与品牌的价值难以替代。而商品与品牌的价值与消费者的认可程度有关，即在消费者心目中如何看待企业商品及品牌。做得再好,也要让顾客认可,否则不可能赢得消费者购买行为的偏爱。

四、整合营销规划"九步法则"

第一步:市场调查,包括宏观环境、行业市场、消费者调查。在进行整合营销规划时,必须首先要进行环境调查,了解当前的环境形势以及消费者需求状况。

第二步:SWOT 分析。分析企业的优势、劣势以及外部环境的机会和威胁。

第三步:市场定位和经营战略分析。

第四步:制订针对性的营销策略。

第五步:品牌规划与低成本整合营销传播策略分析与制定。

第六步:制订竞争性的区域市场推广策略。

第七步:招商规划和策略、经销商的管理。

第八步:营销团队建设及管理(人员、业务、信息等管理)。

第九步:营销预算与年度营销实施计划(包括营销控制体系)。

五、整合营销执行

尽管整合营销倍受推崇,但是即使有了好的策划,没有扎实的理念导入培训,没有过硬的管理,缺少高素质营销人才,到头来仍然会竹篮打水——一场空。一个公司要做好整合营销,必须做到以下七点:

1. 革新企业的营销观念

要树立科学化、现代化、系统化的营销观念;要树立大市场营销的观念。大市场营销的观念就是全局和全程市场观。没有对全局市场的认识、把握,就不会有大的市场开拓,企业就很难做大;没有对市场的兴起、发展、成熟、萎缩衰落、发展趋势认知,企业就不可能走得远。

2. 加强企业自身的现代化建设

要建立现代经营机制,包括企业的利益机制、决策机制、动力机制、约束机制等,建设符合企业需求和发展的企业文化,为企业的稳定长远发展保驾护航。经营管理人员要具有现代经营管理素质。现在的市场竞争,是人才势力的竞争,谁拥有最优秀的人才,谁才会笑到最后。企业要注意自己的规模,科学建立或改善与之匹配的管理架构体系,加强组织凝聚力建设,以及企业其他各个部门科室的合理化建议。

3. 整合企业的营销系统

对企业内外部所有营销组织单元实行一体化的系统整合。首先需要整合企业的各个营销单元管理,做到同声音、同步调、同目标方向;然后整合企业的营销过程、营销方式及营销行为,实现一体化合力做市场。整合企业的商流、物流与信息流,实现一体化。

4. 借鉴国外的先进经验

我国企业要积极学习国外企业的先进的经营管理经验,特别是跨国公司的经营管理,跨国公司的整合营销,如:CIMS 系统、MRP - Ⅱ 系统等、先进的跨国管理、先进技术手段管理等,为我国企业开展整合营销服务提供了更好的参考和模式。

5. 确定品牌战略

确定公司的一切营销行为都以品牌塑造为核心,重点关注与客户接触的全过程,引领客户全面的认知体验,建立企业品牌的知名度、信誉度、美誉度。

6. 必须在塑造强力品牌方面更加具有计划性、战略性,建立实现企业战略。

7. 必须以能向大量客户进行营销的方式提供适合客户需要的订制型产品体验。

整合营销是一个全方位的系统工程,它不仅仅是营销部门的工作,也是一个综合工程。它的成功与否不仅取决于企业势力条件、策划机构水平,更取决于策划的执行管理、理念培育、人力资源配套等内在条件。

六、整合营销的推广方法

1. 信息发布推广

将有关的网站推广信息发布在其他潜在用户可能访问的网站上,利用用户在这些网站获取信息的机会实现网站推广的目的,适用于这些信息发布的网站包括在线黄页、分类广告、论坛、博客网站、供求信息平台、行业网站等。信息发布是免费网站推广的常用方法之一。

2. 电子邮件推广

以电子邮件为主要的网站推广手段,常用的方法包括电子刊物、会员通讯、专业服务商的电子邮件广告等。基于用户许可的 Email 营销与滥发邮件不同,许可营销比传统的推广方式或未经许可的 Email 营销具有明显的优势,比如可以减少广告对用户的滋扰、增加潜在客户定位的准确度、增强与客户的关系、提高品牌忠诚度等。

3. 资源合作推广

通过网站交换链接、交换广告、内容合作、用户资源合作等方式,在具有类似目标网站之间实现互相推广的目的,其中最常用的资源合作方式为网站链接策略,利用合作伙伴之间网站访问量资源合作互为推广。

每个企业网站均可以拥有自己的资源,这种资源可以表现为一定的访问量、注册用户信息、有价值的内容和功能、网络广告空间等,利用网站的资源与合作伙伴开展合作,实现资源共享,共同扩大收益的目的。在这些资源合作形式中,交换链接是最简单的一种合作方式,调查表明也是新网站推广的有效方式之一。交换链接或称互惠链接,是具有一定互补优势的网站之间的简单合作形式,即分别在自己的网站上放置对方网站的LOGO或网站名称并设置对方网站的超级链接,使得用户可以从合作网站中发现自己的网站,达到互相推广的目的。交换链接的作用主要表现在几个方面:获得访问量、增加用户浏览时的印象、在搜索引擎排名中增加优势、通过合作网站的推荐增加访问者的可信度等。交换链接还有比是否可以取得直接效果更深一层的意义,一般来说,每个网站都倾向于链接价值高的其他网站,因此获得其他网站的链接也就意味着获得了与合作伙伴和一个领域内同类网站的认可。

4. SEO论坛搜索引擎推广

搜索引擎推广是指利用搜索引擎、分类目录等具有在线检索信息功能的网络工具进行网站推广的方法。由于搜索引擎的基本形式可以分为网络蜘蛛形搜索引擎(简称搜索引擎)和基于人工分类目录的搜索引擎(简称分类目录),因此搜索引擎推广的形式也相应地有基于搜索引擎的方法和基于分类目录的方法,前者包括搜索引擎优化、关键词广告、固定排名、基于内容定位的广告等多种形式,而后者则主要是在分类目录合适的类别中进行网站登录。随着搜索引擎形式的进一步发展变化,也出现了其他一些形式的搜索引擎,不过大都是以这两种形式为基础。

搜索引擎推广的方法又可以分为多种不同的形式,常见的有:登录免费分类目录、登录付费分类目录、搜索引擎优化、关键词广告、关键词竞价排名、网页内容定位广告等。从目前的发展趋势来看,搜索引擎在网络营销中的地位依然重要,并且受到越来越多企业的认可,搜索引擎营销的方式也在不断发展演变,因此应根据环境的变化选择搜索引擎营销的合适方式。

5. 快捷网址推广

即合理利用网络实名、通用网址以及其他类似的关键词网站快捷访问方式来实现网站推广的方法。快捷网址使用自然语言和网站URL建立其对应关系,这对于习惯于使用中文的用户来说,提供了极大的方便,用户只需输入比英文网址要更加容易记忆的快捷网址就可以访问网站,用自己的母语或者其他简单的词汇为网站"更换"一个更好记忆、更容易体现品牌形象的网址,例如选择企业名称或者商标、主要产品名称等作为中文网址,这样可以大大弥补英文网址不便于宣传的缺陷,因为在网址推广方面有一定的价值。随着企业注册快捷网址数量的增加,这些快捷网址用户数据可相当于一个搜索引擎,这样,当用户利用某个关键词检索时,即使与某网站注册的中文网址并不一致,同样存在被用户发现的机会。

通过以上对竞争战略和市场战略的内涵进行对比,我们可以明显地发现,二

者有着截然不同的区别:

1. 竞争战略属于企业内部经营范畴,而市场战略是企业经营外部的范畴。

2. 竞争战略是企业自己可以控制、改变的,而市场战略是需要去适应的,所有的自己的可控的行动都是在不断地去适应市场环境的控制和改变。

3. 竞争战略是一项长期不变的战略,而市场战略是一项短期战略,是一项经常需要微调或者大调整的战略。

4. 形成竞争战略的机制比较简单,主要看企业间的品牌实力和行业排序,而市场战略的形成机制就要复杂得多,包括政策、市场、行业、技术、企业实力、产品、价格、媒体等等。

5. 竞争战略内容简单,市场战略内容复杂,方方面面内容比较多。

6. 市场战略需要依照竞争战略设计。

王老吉商标事件战略分析

声明:本文只陈述被认可的客观新闻事实,并就事论事,不站队任何一方的立场观点,只做经营战略学术研究、分析、推测。

2012 年,两条消息轰动了中国企业界。

一条是:5 月 9 日,中国国际经济贸易仲裁委员会庄严做出裁决:从 2010 年 5 月 2 日起,加多宝不得再使用王老吉商标!

第二条是:7 月 13 日,北京市第一中级人民法院做出判决,驳回加多宝母公司鸿道集团关于撤销王老吉仲裁结果的申请!

到此为止,中国第一商标争夺案已经最终尘埃落定——加多宝真正失去了王老吉商标的使用权。

这是一件影响巨大的经典商战战役,而且尤其难得一见的是这是一场商标权争夺商战,而不是常见的市场争夺战,所以分析其发生发展的过程,意义尤其重大。前车之覆,后者之鉴,对当代中国企业的品牌和国际品牌之路有着巨大的经验价值。

事件回顾:

"红绿之争"

2011 年,在四川成都举办的春季糖酒会上,广粮实业公司的展台上出现了两款"王老吉"品牌的产品,但它们不是"王老吉"凉茶,它们是"王老吉"固元粥和莲子绿豆爽养生粥。不仅名字是"王老吉",而且均为红色外包装,黄色"王老吉"字形商标,不仔细看就是"王老吉"凉茶。通过该产品包装知道,该产品是由广药集团授权出品,由广粮实业经销。

2011 年 4 月 11 日,红罐"王老吉"商标经营权所属的加多宝集团举行记者会,宣称已在收集证据,以"'王老吉'知名商品特有的包装、装潢权被侵犯"为由,对广药集团的不正当竞争行为,向成都市工商局商标科和执法处进行举报。

此事件源起于广药集团日前宣布,将"王老吉"商标授权给广东广粮实业有限公司使用,主要用于非凉茶类产品。

红绿之争背后的故事——阳光下的缘由

始于 2008 年的商标追溯案,王老吉之所以有红绿之分,系因 1997 年广药集团与香港鸿道集团签订了商标许可使用合同,后者授权子公司加多宝集团在国内销售红罐王老吉,2000 年时再签合同,双方续约至 2010 年 5 月 2 日。

可是,在 2001 年 8 月和 2002 年 8 月,广药集团原副董事长李益民分别收受香港鸿道集团董事长陈鸿道 100 万港元,并在 2002 年 11 月时,双方签署了补充协议,将商标续展期限延长至 2013 年。2003 年 6 月,李益民再次收受陈鸿道 100 万港元,并在同月签署了第二份补充协议,约定将王老吉商标租期延长至 2020 年。

如今,李益民早已因受贿罪被判刑,陈鸿道也早已保释外逃,至今未能将其抓捕归案。但王老吉商标却由此被贱租给鸿道集团,从 2000 年至 2011 年,广药集团的商标使用费仅增加 56 万元。

从 2008 年开始,就与鸿道集团交涉,未果之下,2010 年 8 月 30 日,广药集团就向鸿道集团发出律师函,申诉李益民签署的两个补充协议无效。

2010 年 11 月,广药启动王老吉商标评估程序,彼时王老吉品牌价值也被评估为 1080.15 亿元,跻身目前中国第一品牌。

2011 年 4 月,广药向贸仲提出仲裁请求,并提供相应资料;5 月王老吉商标案立案,确定当年 9 月底开庭;后因鸿道集团一直未应诉,开庭时间推迟至 2011 年 12 月 29 日,但当日仲裁并未出结果。

事件分析:

分析之前,我们首先需要认识一下商战中的三家公司以及产品和品牌:

"王老吉"凉茶始创于清道光八年,是由清朝的王泽邦于道光八年(1828 年)研制成功,道光十七年(1837 年),王泽邦在广州开设凉茶店,命名为"王老吉"。至今已有近 200 年历史。该品牌前后历经清朝末年、民国、新中国成立的动荡岁月,几经周折至今依然维持经营,可谓货真价实的"中华老字号"品牌。到了中华人民共和国成立后,王老吉凉茶品牌分成了国内和国外两支:国内一支被收归国有,后更名为"羊城药业",隶属于现在的广药集团;另一支品牌由王氏后人带到了香港,成为王老吉香港及海外业务,即"香港王老吉国际",并于 1993 年,王氏后人王健仪出任该公司执行董事。

由于当时香港不归中国管辖,所以同一品牌、两支力量几乎互不干涉、齐头并进,都在生产销售同样品牌的产品。正是由于此历史原因,造成香港回归后现在的一个国家的商品市场上一牌两家的局面。按理说,香港回归后,港陆一家,王老吉品牌归属冲突必不可免,但是实际却并没有爆发,而是在回归 14 年后的 2011 年才爆发,这就不得不说一说一个活跃于粤港两地的关键人物——东莞籍贸易批发商陈鸿道,同时也简略地讲一讲王老吉商标争夺战中有重要关联的三家公司:香港鸿道集团有限公司、加多宝集团、广药集团。

说起陈鸿道,就不得不说香港鸿道集团,其实他们是一体的,他正是香港鸿道集团有限公司创始人。陈鸿道出生于广东东莞市长安镇,早年在宏远批发市场从事批发生意,后到香港寻求发展,1995 年以加多宝公司的名义,从广药集团取得红色易拉罐装王老吉凉茶在内地的独家经营权,2003 年通过与专业营销策划机构合作,将王老吉定位为"预防上火"的功能饮料,至 2008 年,红色易拉罐装王老吉凉茶的销售额突破 100 亿元人民币,成为销售额超越了可口可乐和百事可乐的中国罐装饮料市场第一品牌。2011 年创造 200 亿红罐神话,2012 年荣获"食品行业领军人物"的殊荣。陈鸿道时为广东加多宝集团有限公司董事长,香港鸿道(集团)有限公司董事长。

上边讲了陈鸿道和香港鸿道集团有限公司,其实王老吉商标事件的另一个主角加多宝集团,也与陈鸿道密切相关,也是陈鸿道一手创立的。

加多宝公司是"加多宝(中国)饮料有限公司"的简称,是一家隶属鸿道集团的港资企业,是一家大型专业饮料生产及销售企业。于 1995 年由陈鸿道创立,主要以经营代理红色罐装"王老吉"在大陆销售为目的而成立,目前王老吉大陆商标已经被广药集团收回。1998 年,在中国广东省东莞市长安镇设立首个生产基地,之后,为满足全国及海外市场扩展的需要,又分别于浙江、福建、北京、湖北、青海等地设立生产基地,成为集团公司,即广东加多宝集团有限公司。该公司是王老吉商标案的主角。

广药集团全称广州医药集团有限公司,其前身为广州医药有限公司,成立于1951 年,是华南地区最大的医药流通企业,是广州市政府授权经营管理国有资产的国有独资公司,主要从事中成药及植物药、化学原料药及制剂、生物医药制剂等领域的研究和开发(R&D)以及制造与经营业务(P&M),而且在医药商贸物流、大健康产业等方面有了持续快速的发展,是广州市重点扶持发展的集科、工、贸于一体的大型企业集团。广药集团拥有"广州药业"(香港 H 股、上海 A 股上市)和"白云山"(深圳 A 股上市)两家上市公司及成员企业近 30 家。广药集团的产品有较强的市场竞争力:消渴丸、华佗再造丸、夏桑菊颗粒、头孢拉定原料、复方丹参片、板蓝根颗粒、阿莫西林胶囊、王老吉系列、清开灵系列都是超亿元的产品,其中,板蓝根颗粒占全国同类产品市场的 60%,阿莫西林占 8.79%,消渴丸占 7%。这绝对称得上是一家超级硬实的国有企业。

围绕王老吉一牌两地经营权的局面以及其代表的商品市场前景,陈鸿道发现了其中的巨大商机,然后开始了他的中国式饮料的布局。陈鸿道围绕王老吉的行动如下：

1995年，陈鸿道与王老吉海外第五代传人王氏后人王健仪进行了接触，并从此获得红罐装王老吉凉茶的配方，并因此创立了香港加多宝有限公司，推出首批红色罐装"王老吉"。然而，王氏后人仅拥有香港及海外的商标所有权，红色罐装"王老吉"无法在大陆市场销售。面对唾手可得的巨大的大陆消费群体以及真正天量的大陆市场，陈鸿道便将发展的目光转向当时拥有王老吉大陆商标所有权的广州羊城药业，希望从他们手中获得"王老吉"商标的所有权或者经营权。

1997年2月13日，广州羊城药业王老吉食品饮料分公司（王老吉药业股份有限公司前身）与陈鸿道的香港鸿道集团有限公司签订了商标许可使用合同，合同规定鸿道集团自1997年取得"王老吉"商标生产销售红色纸包装及红色铁罐装凉茶饮料的独家使用权，约定香港鸿道集团对"王老吉"商标的租赁期限至2010年。

为了王老吉凉茶的在大陆的市场扩张，鸿道集团投资成立了香港加多宝（广东）股份公司，由香港王老吉集团提供配方，经广州王老吉药业特许在中国内地独家生产，专门负责"红罐"王老吉凉茶的生产和销售。

2001年续签合同，合同有效期至2011年12月31日止，有效期为15年。2002年至2003年期间，时任广药集团总经理的李益民又与加多宝签订了"王老吉"商标租赁期限延长合同，在两份补充协议中同意加多宝对"王老吉"商标租借期限延长至2013年和2020年。

至此为止，王老吉商标合作各方，尽管各方各有算计，但是都没有任何不满，可谓各取所需、皆大欢喜，都达到了自己的战略设计，可称得上合作圆满成功。以冷眼观看分析，鸿道着眼未来扩大市场赚更多的钱，"天高任鸟飞，海阔凭鱼跃"，或者说是一场豪赌，赌自己肯定能够达到2亿销售额，甚至更多；而广药集团获得的是旱涝保丰收的成果，而且是按照多年都没有达到的2亿销售额为起步计算，并且租用费逐年提高，更重要的是一个长期合同，可以使得加多宝安心塑造不属于他们自己的品牌，自己可以获得更大利益。

接着，2004年，鸿道集团亦通过香港同兴药业曲线与广药集团合作成立王老吉药业股份有限公司，并同为第一大股东，王老吉药业具有每10年自动延续使用王老吉商标的权利。因此，鸿道集团对王老吉商标的使用权又加了一道保险。

自鸿道集团和广药集团达成王老吉商标的使用协议以来，加多宝的红罐王老吉的一切经营都在鸿道规划的轨道上行进，即使2002年至2003年期间，广药集团总经理李益民与加多宝在签订了"王老吉"商标租赁期限延长合同的过程中出现了权钱交易丑闻，双方也没有爆发推倒协议的过激言行，王老吉品牌始终在加多宝手中稳健经营中。

尽管一切都很满意,但是王老吉的超常市场发展速度,出乎了所有人的意料,加多宝对王老吉商标的租用也打破了以往的平静。请看:

王老吉饮料近 10 年销量

2002 年　1.8 亿元

2003 年　6 亿元

2004 年　14.3 亿元

2005 年　25 亿元(含盒装)

2006 年　40 亿元(含盒装)

2007 年　约 90 亿元(含盒装)

2008 年　约 120 亿元(含盒装)

2009 年　约 170 亿元(含盒装)

2010 年　150 亿元

2011 年　160 亿元

2012 年　200 亿元

加多宝创造的巨大的红罐王老吉销售收益与广药集团所得的相对微小商标出租收益的巨大反差,再加上如下所示加多宝公司的资产规模的高速成长现实:

1995 年,加多宝公司成立,在广东东莞长安镇投资建厂,一期投资金额 2000 万美元。

1999 年,在广东东莞长安镇投资扩建二期,投资金额 3000 万美元。

2003 年,在北京经济技术开发区投资建厂,投资金额 3000 万美元。

2004 年,在浙江绍兴袍江工业区投资建厂,投资金额 2500 万美元。

2005 年,在福建石狮市祥芝镇投资建厂,投资金额 3000 万美元。

2006 年,在广东南沙开发区投资建厂,投资金额 1 亿美元。

2007 年,在浙江杭州下沙经济开发区投资建厂,投资金额约 2500 万美元。在湖北武汉经济技术开发区投资建厂,投资金额 9980 万美元。

2008 年,在广东清远投资建厂,投资金额 1.5 亿美元。2011 年,追加投资 5000 万元。

2011 年,在广东樟木头投资建厂。

2012 年,在湖北仙桃投资建厂,投资金额 20 亿元。

并且,受加多宝所经营的王老吉品牌提升和广告宣传的带动,广药的绿盒王老吉的市场销量也发生了天翻地覆的变化,且看绿盒王老吉销量变化:

2003 年　近 5 千万元

2004 年　8 千万元

2005 年　2 亿元

2006 年　4 亿元

2007 年　8 亿元

2008 年　10 亿元

2009 年　13 亿元

2010 年　14 亿元

2011 年　16.8 亿元

2012 年　近 20 亿元

通过以上数字可以看出,原先的王老吉商标可以说是广药集团的"鸡肋",然而 2003 年后的王老吉商标已经成了"聚宝盆"。有据可证:2010 年 11 月 10 日,广药集团联合国家中医药管理局、国家食品药品监督管理局、中国中药协会、中国社会科学院知识产权中心等共同在人民大会堂举办"中国知识产权(驰名商标)高峰论坛暨广药集团王老吉"大健康"产业发展规划新闻发布会",北京名牌资产评估有限公司郑重宣布:广药集团旗下"王老吉"品牌价值评估为 1080 亿元,成为中国目前第一品牌。而广药集团总经理李楚源则表示,将充分利用广药集团"王老吉"强大的品牌资源,向"大健康产业"进军。这才是这就是王老吉商标纠纷的根本起源!

假设以上结果都没有发生,加多宝的红罐王老吉销售额一直还在不足 2 亿元处徘徊,那么即使在这两份补充协议签订之后不久,一手促成此事的李益民即被调查出收受加多宝 300 万港币贿赂,广药集团也就不会认定,王老吉商标被李益民"严重贱租"了。公开资料显示,从 2000 年到 2010 年,红罐王老吉已从 2 亿的销售额增加到了 160 亿元,而同期加多宝给广药的年商标使用费仅从 450 万元增加到 506 万元,即便到 2020 年也只有 537 万元。

尤其是加多宝的几次公益捐款行动,与广药集团出租王老吉商标经营权所得而言,无疑可以说是火上浇油。

2008 年 5 月 18 日,向汶川地震灾区捐款 1 亿人民币。

2009 年 4 月 13 日,"春风化雨　润物无声"加多宝集团与中国扶贫基金会合作设立"加多宝扶贫基金"。

2009 年 9 月 8 日,让贫困地区的孩子共享体育的欢乐——"加多宝扶贫基金"100 万援建 25 个阳光操场。

2010 年 4 月 20 日向青海玉树地震灾区捐款 1.1 亿人民币。

2011 年 4 月 13 日在清华大学百年校庆之际,向清华大学捐款 1350 万元,"设立加多宝教育基金",支持清华大学建设和发展。

巨大的成果,巨大的荣誉,广药集团相对微薄的所得,终于,红罐王老吉的销售奇迹打破了鸿道集团和广药集团各自的战略设计!

事件结果:

2010 年 5 月,广药集团与鸿道签订的主合同到期前后,广药集团以电话、公函、律师函等方式多次与鸿道集团联系,甚至派出二名高管到其位于香港的公司总部沟通协商,要求重新商议许可使用问题,但对方皆不予回应并不断加大其对"王老吉"的侵权力度;

2011 年 4 月 26 日,广药集团按照双方共同约定的纠纷解决方式,向中国国际经济贸易仲裁委员会提出仲裁,启动了被称为"中国商标第一案"的"王老吉"商标案维权战;

2011 年 12 月 29 日,仲裁案正式开庭;

2012 年 2 月 7 日,陈建华市长在有关"王老吉"维权的请示报告中特别批示:"依法依规,据理力争",并亲自出面与北京国际贸促会领导沟通;

2012 年 3 月 14 日,仲裁庭组织双方调解,鸿道单方面放弃;

2012 年 6 月 11 日,针对仲裁判决后继工作的复杂性,广州市陈建华市长指示:集全市之力,不计血本,维护"王老吉"商标的合法权益。

2012 年 5 月 9 日,中国国际经济贸易仲裁委员会庄严做出裁决:从 2010 年 5 月 2 日起,加多宝不得再使用王老吉商标!鸿道违规销售红罐两年,追究与否权操广药。

2012 年 6 月 18 日,广州市国资委领导公开表态支持广药集团依法收回王老吉商标;

"王老吉"商标权归属已经尘埃落定,加多宝 2010 年 5 月 2 日后的销售利益之争已经不需要再过多关注,但是加多宝凉茶的商标已经做成熟饭,与新王老吉凉茶的市场竞争已经成为现实,但是双方的商标纠纷还没完,还有"红罐"凉茶包装设计使用权和归属权。

2012 年 7 月 6 日,加多宝广药分别在北京、广东法院提出诉讼,指出对方侵犯属于自己的红罐包装。

2012 年 12 月 19 日,30 位法律专家签署了关于本次纠纷的《法律意见书》,支持红罐属于加多宝。

2012 年 12 月 22 日,加多宝与广药的特有包装装潢纠纷案并案至广东省高院审理。

古人言,一波未平,一波又起,新的波澜相信还会层出不穷,但是唯一确定的是在广药集团和国家国有资产管理部门的参入下,"王老吉"商标的国际化进程已经中断,因为王老吉的国内和国际商标还没有统一。

巨大的利益,巨大的落差,巨大的诱惑,最终酿成自相残杀的结果,所谓的红绿之争的一切说辞,不过是表面现象而已,利益的多寡和人心的平衡欲望。按照经济一般发展规律而言,鸿道与李益民所签订的王老吉商标权使用合约,就合约内容而言,那是一个无可厚非的合约,只是一个广药不相信奇迹的合约,而且是一个广药赚便宜的合约,因为在2002年以前,加多宝连续多年的红罐王老吉销售额都在1亿多元,而不是2亿元。

商标权归属已经尘埃落定,本文对最终结果不做置评和猜测,但是研究王老吉品牌的经营塑造过程及最终结果的战略发展过程,却有着极为重大的研究意义。

战略分析:

私下运作和内幕交易我们不可能知道,各方有何阴谋设计更不可能让外人知道,但是纵观整个王老吉商标争夺事件过程,我们可以从鸿道集团、广药集团和国资管理部门三方分析得出战略得失,供所有有志人士借鉴。

在分析之前,首先我们要开宗明义:战略设计不是讲一城一地的得失,而是讲全局的成败。所以此分析的目标就是战略成败,而我给王老吉的战略目标定位在——品牌国际化,王老吉国际跨国公司。

鸿道集团方面:

一是鸿道缺乏战略胸怀。

战略胸怀可以给自己建立起一圈警戒铃,在任何时候都可以自动报警,发现自己的过错或者别人对自己不利的趋势,给自己纠正错误的机会,这是其在王老吉品牌经营权争夺中失败的根本。

公开资料显示,从2000年到2010年,红罐王老吉已从2亿的销售额增加到了160亿元,而同期加多宝给广药的年商标使用费仅从450万元增加到506万元,即便到2020年也只有537万元。2007年,王老吉销售90亿;2008年150亿;2009年170亿。这时候的任何一年,加多宝和广药谈判,怎么可能谈成呢?如果谈成,那也一定有问题了。加多宝集团一手将王老吉抚育壮大,觉得功劳苦劳都是自己的,在这一点上,当然也不愿意轻易给广药集团这个"生父"太多退让。可以说,是加多宝自己的不大气,错失了自己吃肉、广药喝汤的机会。于是,这场争夺历时两年而不休,可以说,这成了二者"婚变"的直接导火线。

二是鸿道的王老吉品牌战略是投机吞并的阴谋战略,缺乏阳谋的大气、可见光性,这是其在王老吉品牌经营权争夺中失败的直接原因。

鸿道与广药的合作,和所有个人与混合所有制经济、国有经济的蹩脚合作一样,加多宝和广药的合作也是江湖式进入,法律式退出(冯仑语),过度相信"有钱能使鬼推磨"的理论,导致中间和最后阶段都失去了完善王老吉商标租用合同的机遇。

事实上,合作初期加多宝在租用费上按照2.25%计算吃亏,说明加多宝清楚合作大局很重要,但是到了广药吃亏时,一种平衡的理念甚至是沾沾自喜的心态占据上风,导致心安理得地对待广药的投诉,坐看风云起,加多宝、鸿道已经失去了大局观念,仅盯经济收入一域得失,忽视全局,战略上他们已经落入下乘。

三是缺少战略具体规划、执行者。

战略是一个公司的最终发展目标的方向性总纲方案,包含实现战略目标路径、危机预警信息、机遇信号,并且都有相应的对应战术,以保证战略能够继续被忠实执行,不脱离战略目标。所以战略只有形成书面文字,有执行策略,可以一代代地明确传下去,无论掌控者变化多少次,始终不会断代,被忠实地执行下去,这才能成为战略。如果只存在脑中,自己知道,那就不可避免沦为今天这样,明天那样的一个个目标。战略是一个人或者公司的最终羽化成的状态,是一种极致目标。

无论鸿道的王老吉品牌经营战略是阴谋战略还是阳谋战略,但是纵观全程,鸿道和加多宝都是把王老吉当成了自己的东西在经营,根本没有借用别人东西的觉悟,按照此种现象看,要么是鸿道太老实了、太天真了,要么是根本就没有战略规划,只在老板脑中存在战略想法——这是中国老板的通病。

四是鸿道缺乏危机管理机制。

"王老吉"商标属于广药集团的事实,可以说一直是加多宝发展路上的心腹大患。10几年来,加多宝在品牌战略上一直存在不确定性,没有根基,受制于人,这种危机长期存在,并一直不变地持续到最后危机爆发,但是无论是总公司鸿道集团还是加多宝公司,都没有任何战略应对预案,更别提战略伏笔,有的只是仓促迎战,毛手毛脚的应对措施,对于鸿道集团和加多宝公司这样的巨人型公司,不得不说是一个极大的讽刺。一个销售200亿左右的企业,在过去的五年中战略上存在极大的风险,没有早做偷梁换柱、移花接木的品牌塑造之行动,这不仅在国内罕见,在世界上也是罕见的。

早在2010年11月10日,"大健康"产业发展规划新闻发布会上,广药集团总经理李楚源就表示过,将充分利用广药集团"王老吉"强大的品牌资源,向"大健康产业"进军。凡是有点战略常识的人就会看出,加多宝在"王老吉"商标上建立起来的事业危矣!如果加多宝从那时开始在包装上移花接木,将后来之事做出来,那么广药集团现在得到的可能就仅仅是"王老吉"商标了,最多还可以喝口汤!

五、战略幼稚。

中华人民共和国合同法第五十二条中，第二款"恶意串通，损害国家、集体或者第三者利益"和第三款"以合法的形式掩盖非法目的"的合同无效。

鸿道集团与广药集团总经理李益民所签的追加时间合同贿赂手段曝光，2010年广药集团向"大健康产业"进军的事实，广药集团对后来所签合同的无效声明等等，种种迹象表明，后期合同已经失去了对广药集团的约束力，但是鸿道集团和加多宝仍然一如既往、没有任何改变地经营"王老吉"商标。能够出现这种现象的原因，除了有恃无恐外，那就是管理者太天真。发生在一个只有十多年的经营历史，没有雄厚背景的商人身上，尤其面对的还是一个巨型国有企业时，前者的有恃无恐推测肯定不可能发生，那就只有后者了！那就是对"王老吉"商标不能继续使用的结局没有任何预防的准备，在如此规模的企业，如此巨大的事业，那么多经营精英面前，却会发生如此的战略管理行为，"怎一个幼稚了得"！

究竟是鸿道集团有所依恃呢，还是根本不屑广药集团，内幕情况不得而知！但是，有源自内心的面对广药集团的骄傲肯定是存在的，要不，为何面对那么重大的威胁而无动于衷呢！

六、重视实体市场和资本，忽视无形资本运作。

商标是企业的无形资产，对于加多宝而言，王老吉商标的使用权更是资产的重中之重。但是，如此重要的生命根本，为什么没有进行来源渠道维护呢！创造了那么巨大的利润，为什么与商标使用费的巨大失衡没有修正呢？

吝啬吗？请看加多宝公益记录：

2013 年 4 月 26 日向雅安灾区捐款 1 亿元。

2011 年 4 月 13 日在清华大学百年校庆之际，向清华大学捐款 1350 万元，设立"设立加多宝教育基金"，支持清华大学建设和发展。

2010 年 4 月 20 日向青海玉树地震灾区捐款 1.1 亿人民币。

2008 年 5 月 18 日向汶川地震灾区捐款 1 亿人民币。

绝对不是吝啬！只能是像正常企业一样经营，忘记了自己的特殊性——商标不是自己的，实际是忽视无形资本运作。当贿赂事实被揭露，鸿道有七年机会修补；当 2010 年到期，广药给予了一年多时间机会修补；现在，广药没有追诉两年多的无权经营期，还没有做绝，还有修补机会，相信这可能是王老吉品牌没有发生问题前最后的机会了。

不愿给吃白食者！忘了这是一种需要感恩反哺的交易！忘了吃白食者是有着与你一起水涨船高的地位！

广药集团一方：

实际上，按照广药集团的成就而言，我实在不相信广药集团能够存在那么严重的战略问题，但是"王老吉"商标事件的最糟糕的结果却是实实在在发生了。这个判决结果是一个所有有最基本的经营常识的管理者都不愿意发生的结果——"鸡飞蛋打"！市场乱了，王老吉市场散了，广药接了一个"空壳"，"王老吉"凉茶要从加多宝手中抢夺市场，渠道没有充分准备，市场供应捉襟见肘，人力资源不足，这些问题广药不可能没有提前认识。按照这种分析推测，"王老吉"凉茶商标的最终结果不是广药和鸿道任何一方愿意看到的，所以最终的结果我宁愿相信那完全是出乎双方意料的一个意外造成的。作为"王老吉"商标案圈外的人，其中内幕我们不清楚，但是通过整个案件的发生、发展、结局都已经摆在世界面前，我们也只能根据结果，推测广药集团到底存在什么问题：

一是缺乏战略观。

"王老吉"商标仅仅是国内著名品牌，而且没有不良风声，纯洁得如同钻石般的"王老吉"，正是走向国际的最好条件。不仅如此，而且"王老吉"商标的香港和海外拥有权就在鸿道集团手中，以往与鸿道集团的十多年合作，二者合一恰好条件成立。但是如今二者再一次分裂了，"王老吉"的国际品牌成长机遇丧失。

将二者拆开得到了"集全市之力，不计血本，维护王老吉商标的合法权益"支持，如果广药集团在未来"王老吉"商标国际化战略实施时，"王老吉"商标的海外拥有权归属权之争肯定再次爆发，"王老吉"将会再次名震天下。只是不知道会不会再次重演"集全市之力，不计血本，维护王老吉商标的合法权益"，将"王老吉"商标的海外权利也弄归广药集团呢？

二是战略执行不力。

按照初期双方合作协议，广药集团采取的是"借鸡孵卵"策略，最后演变成"摘果子"的投机取巧经营战略，战略的转变太随意，并且没有充分的准备，说明战略评估不足，战略设计不力，总体战略执行力欠缺。

"摘果子"本身在竞争激烈的商战战场里也无可厚非，但是想要行"摘果子"之事，一要计划好怎样才能采收到完美的果子，不使其受到损伤；还要仔细斟酌这个果子能不能吞得下，并且即使能吞得下还要认真考虑一下怎么吞。何况"王老吉"凉茶品牌不仅是一个大果子，而且是一个超级完美的果子！这样的果子能够引起太多人的垂涎了，但是即使是广药集团这样规模的大国有公司也不是那么容易吞得下的！主要原因如下：

一是市场是活的，是不带锁链的，不会拴在任何事物身上，同样也不会等待谁；二是这么天量的市场份额不是随便一个企业可以接好的，它需要一个特别的强大的企业才可能完成的。加多宝的"王老吉"凉茶市场太大了,想要夺得加多宝的"王老吉"凉茶市场,成就自己的凉茶企业,需要有一个强大的企业接手"王老吉"凉茶品牌,才可以做得到,否则就是"王老吉"品牌玉碎,广药集团"鸡飞蛋打"的结果。这个强大的接手企业需要具备以下条件:

普遍被认知、承认、赞赏的饮料产品生产质量,最好是拥有与加多宝同样的产品。

成熟的销售渠道网络,可以快速供应到需求的市场。

熟练的经营人才团队。

经过千锤百炼的组织管理架构。

然而,这样的强大的企业是需要不断完善式的成长才能建立起来的,就好比"罗马不是一天建成的"一样!很可惜,广药集团的"王老吉"经营企业还不具备以上条件,而且即使都具备,但是还缺少规模,而且是两个不可能一蹴而就的人才规模和生产规模!实际上,广药集团没有可以接手加多宝所经营起来的"王老吉"凉茶市场的所有条件。

典型的抢了之后再说,自己的资源,自己做不好,也不能让别人得了便宜!

三是战略设计急功近利。

好大喜功、急功近利的官僚作风管理陋习仍然存在。

品牌扩大化经营是一个好的发展战略,但是要在适当的时机,仅仅适用于成熟期的品牌。广药集团在"王老吉"品牌快速成长期,在"王老吉"商标尚未依法收回时运作这种发展战略,对当时的加多宝经营而言,有捣乱嫌疑甚至存在致命威胁;即使对现在刚接手经营国内市场的广药集团而言,品牌扩大化经营也不是"王老吉"商标的适宜选择。"王老吉"商标刚换运营主人,品牌空心化严重,品牌核心阵地震动未稳,匆匆实施品牌扩大化,有战略冒进嫌疑。一旦出现突发事件,原来的"王老吉"品牌支撑不了广药的新"王老吉"事业,其结果只能是鸡飞蛋打,最后"王老吉"品牌扩大化事业分崩离析,同时毁了"王老吉"品牌。

政府及国资委:

在"王老吉"商标案中,对政府及国资委的战略选择进行评估应该不同于公司企业。政府和国资委是国家资本的经营管理者,也就是说是国家的利益维护者,应该处处以对国民经济的影响先进为重,亦有利于未来发展为重,以国家利益的大局为重。只有站得高,才能看得远,才能知道战略选择的得与失。在此高度再看"王老吉"商标事件,可以发现有三个不可否认的铁的事实:

1. 加多宝创造了中国销量第一饮料"王老吉"。

2. 中国人的中国销量第一饮料刚诞生,立即夭折。

3. 如日中天的"王老吉"品牌刚要走向世界舞台,最后一步摔倒!

通过"王老吉"商标案的发生、发展、结局,对政府和国资委的言行得失、战略选择进行评估,如果脱离以上三个宏观层面事实,那个评估是不适合的和不恰当的!

广药是中国的企业,鸿道也是中国的企业,两者均不应被行政权力所损害,尤其是"维护王老吉商标的合法权益"的说辞,根本看不到有何维护之处,反而是拆了"王老吉"的发展壮大的台,斩断了"王老吉"商标的国际化之路。

"王老吉"商标案对于国家而言,应该以发展大局为重,而不应该感情用事处理,都是中国的企业,在中国企业的国际化之路上,不应该分嫡系、杂牌,只要商标是国家的实质不变,国有资产产权就没有丢失,只要处理好利益分配比例,那么在国人手中,谁能让她产生更大、更长远的效益就交给谁经营,而不能成为某个组织的储存私产! 这是每个主人都应该明白的道理! 小平同志很早就说过"不管白猫黑猫,咬着老鼠就是好猫",是最精辟的注解! 然而,此案的处理过程和最终结果却没有遵循此理! 但是"王老吉"商标案中,看不到何处表现出了如此的大局观。

另外,"王老吉"商标案中,到处充斥着企业间地位的不平等性。广药集团的案件代理人在接受新快报记者采访时所说的:"广药集团是国有企业,王老吉为国有资产,事件已经涉嫌国有资产流失。"还有更甚的是政府官员的:"集全市之力,不计血本,维护'王老吉'商标的合法权益。"所以我认为这才是"王老吉"商标案的最终结果的原因,广药只是没有能够守住企业独立经营的立场。

法律面前,各方平等。国有资产总得有人经营吧! 谁来经营? 能经营好的不就是最佳的可以托付的人吗! 所以,我说是法律欠缺,国有资产经营管理制度缺乏进取意识,缺乏进攻精神! 我想这可能就是我们国家那么多国有企业,掌握那么巨量的国家资源,但是却很少有国际品牌的原因所在!

总结和展望

"王老吉"商标案就是一个长期发展战略与短期战略的碰撞,也是长远利益与短期利益、个人利益的碰撞,但是可以断言:一个"完整的""王老吉"商标国际品牌萎缩了,甚至可能已经近乎夭折了! 这是一个不应该的结果,但是"木秀于林,风必摧之",这也是历史必然,怨只怨加多宝使用了别人的商标,给自己的脖子上套了一根掌握在别人手中的绞索。有句俗语:打不到鹿,也不让鹿吃草!"王老吉"商标的最终结果,就是这句话的最现实的注解。无论有多少正当的、合理的、合法的理由,但是这句俗语所言内容肯定是客观存在的!

围绕着"王老吉"商标的鸿道、广药、国家的利益攸关三方,尽管最后都有所得,但是总的计算都是输家,都是得到了眼前的芝麻,丢失了唾手可得的国际品牌西瓜。战术方面可以说都是赢家,鸿道集团赢得了过去的利益,广药集团赢得了镀金的"王老吉"商标控制权和未来的虚幻盈利。战略方面,三方都是输家——"王老吉"商标国际化事业的倒退,或者"王老吉"商标"泯然众品牌矣",甚至夭折。

总之,"王老吉"商标案已经出现了以下几个结果和趋势:

一是"王老吉"商标再次分裂,鸿道近二十年的努力付之东流。"完整的"的"王老吉"商标国际化目前前路已断,未来能否分而再合看鸿道、广药等方的情分和沟通。如果未来能够更好地或者说是彻底地复合,塞翁失马、焉知非福。

二是相对于以往的浩浩荡荡、一泻千里奔向国际品牌的发展趋势而言,国内的"王老吉"商标目前已经变得不可能再续以往的辉煌了,不仅是国内市场销售还是国内市场影响,而且还有"王老吉"商标的国际化之路,因为"王老吉"商标的本质与广药无关,而且"王老吉"商标的香港及海外所有权在鸿道集团手中!广药的"王老吉"商标只能在国内与加多宝、和其正混战。

三是鸿道集团手中的"王老吉"商标,国内发展之路已断,似乎前路已到尽头。看起来好像真是如此,"王老吉"海外商标已经是"鸡肋",唯一用处就是走出去,但是她又已经没有了"王老吉"商标发展的基础,与国内断路不同,似乎是没法走路!其实,鸿道集团走出去条件依然不缺,品牌依旧,优势依旧,因为现在全世界都知道一个事实——现在的"王老吉"品牌是加多宝的标志,以后国内的与她无关!这是鸿道和加多宝的资本!不是广药的资本!这场举世瞩目的商标归属大战,看似广药取得了最后的胜利,加多宝和鸿道败了,其实不然!广药集团仅仅取得了"王老吉"商标的牌子,仅仅是知名度,然而加多宝和鸿道通过轰轰烈烈的诉讼大战,已经将"王老吉"商标的实质带走了!所以说"王老吉"商标看似离开了加多宝,实际其灵魂还在加多宝!加多宝的扩张、发展实际什么都不缺,如果有缺少的,那么唯一可能缺的就是信心!

"王老吉"商标的香港及海外所有权不仅不是"鸡肋",如果运营得当,会发展成为不可估量的战略支点,有极大可能是未来的决战王牌!此属未来战略策划,此处不能妄议。

四是加多宝开发的原"王老吉"市场分割,鹿死谁手,胜败难料。前边说了轰轰烈烈的诉讼大战,已经将"王老吉"商标的实质带走了。在王老吉商标的使用权上,尽管代表鸿道的加多宝输了,但是凉茶市场单就"王老吉"和"加多宝"两个品牌未来前途而言,套用一句广告语"一切皆有可能"!而且加多宝尽管发力有些晚,但是牛根生有句名言:"小胜靠术,大胜靠德。"非常精辟!也有人说:"小胜靠术,大胜靠道,长胜靠德。"其实都一样,长胜就是大胜,所以都是大胜靠德。在消费凉茶饮料的选择问题上,消费者会给加多宝同情分的!

加多宝战略自救之路分析:

如果说自诉讼开始,加多宝还有些许侥幸,那么,后来的形势变化,加多宝是真正清醒了——生死存亡!加多宝如果做不到惊天大逆转,那就等着市场拱手让人,自己崩溃倒闭。由此,加多宝开始了一系列成功的战略战术运作。虽然里面也有战略回旋拖延,但是加多宝最多的还是直面冲突,一句话:狭路相逢,勇者胜。

阳谋1 产品包装从移花接木到偷天换日

尽管2011年4月26日,广药集团就向中国国际经济贸易仲裁委员会提出仲裁,但是不知什么原因,直到2011年年底,加多宝才开始王老吉红罐包装凉茶的"加多宝化"转变。尽管有些晚,改变有些慢,但是加多宝还是有条不紊,孔扎实实地实现了转变。

第一步转变是包装掺进加多宝元素,移花接木弱化王老吉成分:不仅在王老吉红罐凉茶包装的一面加大"加多宝"的字样,而且除了瓶身加上了"加多宝"大字之外,还在位于"王老吉"及"加多宝"左右两侧的两排黑色字的内容里、旧包装罐身靠近罐盖处等地方均加上"加多宝"字样,仔细对比数一下,新包装红罐王老吉凉茶在其罐身印有"加多宝"的地方已经多达11处,而旧包装罐身仅有3处。新品更大的改变是原本印有一圈不断重复"凉茶始祖王老吉"的可谓第二广告语,则改成了"加多宝出品正宗凉茶",自此宣告了加多宝品牌的诞生。

第二步是王老吉红罐凉茶包装彻底加多宝化,完全除掉王老吉元素,实现王老吉红罐凉茶偷梁换柱的转变。

王老吉红罐凉茶包装发生如此重大改变,但是市场没有任何抵触,如同正常的企业变化。新包装流水般顺畅进入市场,只在最后诉讼爆发时才被揭开,基本达到了偷天换日战略目的。整个过程都在默默无声中进行,不宣传,力求在潜移默化中实现市场平稳过渡。

加多宝战略执行成功处,在事后得到加多宝品牌管理部副总经理王月贵的确认:"到目前为止,商标之争对销售没有影响。更换新包装后部分消费者短期内可能有认知上的模糊,但相信很快就会改观,2012年我们的销售增长目标仍然不低于30%。"2012年结束,也确实如此,年销近200亿,超过饮料王牌可口可乐在中国的销量,一跃成为中国第一大饮料。

更重要的是,所谓"哀兵必胜",有着国际化品牌运作经验的加多宝,在大打同情牌的同时,强势推出"正宗凉茶,加多宝出品",势必会成为王老吉品牌的最大竞争者。据一项调查数据,64%的人表示今后会选择购买加多宝凉茶。

阳谋2　奇招迭出，小事件大传播，继续宣传"王老吉"变成"加多宝"的事实

对外销售双层包装的加多宝，罐上还印着"加多宝出品"以及"以套标为准"的字样。有意无意激发市场热点，吸引媒体、消费者视线，引发舆论话题，达到澄清"王老吉"与"加多宝"区别及真相，还原品牌及包装变化的实质，达到强化加多宝公司产品变化真相的目的。

通过销售中发生的事件，引发舆论、媒体传播，成本少，但是可以向特殊地区传播一个改变事实——品牌、包装改变了，"王老吉"变名"加多宝"了！名字虽然变了，但是有一个不变——原来的"王老吉"凉茶质量不变，口味是原先的口味，总之就是要向全国宣告加多宝就是原先的王老吉凉茶的事实。

阳谋3　正面交战，一剑封喉。巨资广告告知，宣传"王老吉"变成"加多宝"的事实

经过包装的改编后，从2012年3月起，在互联网、电视、地铁等媒体，随处可见加多宝集团的广告。加多宝在所有的广告宣传上不再使用和"王老吉"相关的文字，取而代之以"加多宝出品"的字样，广告语也从以前的"怕上火喝王老吉"变更为"正宗凉茶，加多宝出品"。据称仅2012年4月，加多宝集团投入的广告费用就有4亿元之多。

阳谋4　剑走偏锋，公堂对簿，堂堂正正诉讼事件传播，事件大，传播力更强

这是加多宝最有力的品牌塑造或者说是王老吉品牌影响力转移的传播策略。其作用如下：

一是通过诉讼不断地制造新闻，增加加多宝知名度；

二是通过诉讼不断重复加多宝就是原来的王老吉；

三是通过诉讼不断地剥夺加多宝给王老吉带上的光环；

四是通过诉讼公布产品真相，丢失王老吉品牌的无奈，博取同情民意；

五是对王老吉品牌釜底抽薪。人际交往论品格，商业交往论品牌。品牌是塑造她的人抗起来的，是塑造她的人、团队、组织的综合性格的体现，所以品牌的核心实际上是建立品牌的人、团队、组织。如果建立品牌的人、团队、组织完全变了，这还是原先的品牌吗？这不就与"挂羊头卖狗肉"异曲同工吗！

阳谋5　延伸诉讼传播效应，将"王老吉"换名"加多宝"宣传进行到加多宝收复失地为止

加多宝发起王老吉红罐凉茶包装设计归属权诉讼，想"扒掉""王老吉"外衣。广药集团不得不应诉，因为"王老吉"凉茶如果失掉了"包装"，那就彻底成为一个"空壳"了！在凉茶市场，那一片红太抢眼了，也太具有代表性了，太容易勾起人们心中对加多宝时期的"王老吉"的记忆了。广药集团如果失去了"王老吉"包装，

那么"王老吉"商标就近乎打回原形了,所以,广药集团一定会打到底,争取包装设计使用权,而加多宝绝不会放弃!

这可能会成为一个无解的诉讼,广药"答应共用"妥协,但是加多宝暂时不会妥协。法院会调解、调解、再调解,而加多宝就是需要时间,正中下怀,当然他们更想真正获得,但是那几乎是不可能的,所以最后可能不了了之——共用!所以诉讼会一直进行下去,继续制造新闻焦点,剥夺"王老吉"的外衣,镶嵌在加多宝的外衣,夺回丢失的市场,直到加多宝满意为止;不断掏空"王老吉"品牌的实质内容,充实加多宝凉茶的内容,制造消费者一个认知事实:"王老吉"已经不是原来的"王老吉"了,原来的"王老吉"换名字了,那就是"加多宝"。想喝原汁原味的"王老吉",那就去喝今天的"加多宝"吧。加多宝的包装目前还在等待法院的确定,请继续关注。

王老吉红罐凉茶之争战略思考

一、品牌就代表市场吗?

在法院判决结果基本上确定后,加多宝立即就生产了带有加多宝名字的"王老吉",并快速投放市场。在许多超市及杂货店的货架上,红罐装和绿盒装的两种王老吉凉茶仍然并存,绿盒装的没有任何变化,而红罐装的王老吉凉茶却变了,中间已出现了大大的"加多宝"字样。尽管发生了如此明显的变化,但是在销售渠道中波澜不惊,并且在消费者中也没有发生大波澜。即使部分超市和商店将新旧两个版本的红罐王老吉凉茶放在一起出售,也没有发生不良影响。

不仅加多宝顺利地得到渠道和消费者接受,而且在2011年,达利园集团旗下的"和其正"饮料,靠瓶装包装也生生地从王老吉市场上抢占了一席之地。对于"和其正"饮料来说,"王老吉"商标之争给了他们一次难得的上位机会。

随着红罐"广药版"王老吉凉茶上市,王老吉凉茶市场已经生生地自己分出了一个"加多宝",并且还增加了一个"和其正",凉茶市场已经从"王老吉"独大变成了群雄并起,竞争更加激烈而且同质化,甚至将来可能会出现红通通的一片不是"王老吉"就是"加多宝",都是差不多模样。广药"王老吉"面对的挑战可想而知。

尽管王老吉回归广药集团了,但是年销200亿元的市场却没有全部跟着到广药!

广药的"王老吉"能够达到加多宝的王老吉的辉煌吗?难,而且是"怎一个难字了得"!毕竟是此一时,彼一时!"王老吉"的加多宝时代,几乎是无竞争市场,然而广药的"王老吉"时代却是群雄并起,而且有一个是老牌的经营者,并且是顶着"王老吉"商标的铸造者桂冠,这是一个实实在在的市场"硬通货"。

二、获得品牌就获得现成的市场了吗？

答案肯定是否定的！

市场是活的，不带锁链的，不会拴在谁身上，同样也不会等待谁；而强大的企业是需要成长才能起来的，就好比"罗马不是一天建成的"一样！

正如前边所分析的那样，强大的企业需要有以下条件支撑：

普遍被认知、承认、赞赏的产品

成熟的销售渠道网络

熟练的经营人才团队

经过千锤百炼的组织管理架构

很可惜，广药集团没有可以接手加多宝"王老吉"凉茶市场的所有条件。

三、"王老吉"凉茶市场的产品衔接能够顺利吗？

"王老吉"凉茶属于吃的食用类，而且还涉及中药药性。这就涉及两个问题：

一是饮料的口感。"王老吉"凉茶的 200 亿消费口味是谁建立的？是加多宝的配方。广药的产品配方肯定与加多宝的不一样。消费口味偏好不是那么容易改变的，所以加多宝的"王老吉"凉茶市场不是那么容易接手的，而且加多宝产品仍然在市场上充足供应的情况下，甚至比广药的"王老吉"凉茶更充足供应的情况下，这就更难以接手。

二是饮料的药性程度。我们都知道，药作用于身体的效果与其中的成分含量有直接关系。作为一款有中药去火功能的饮料，消费者在喝之前，是不是会想一想：另一家生产的东西，肯定所含成分与原来喝的不一样，我该喝多少才合适呢。如果一考虑这个问题，他还会喝"王老吉"凉茶吗？肯定会还喝原来的吧，"给我来 N 罐加多宝吧"，最多要一点新的"王老吉"凉茶尝尝怎么样。

四、加多宝与王老吉在消费者那里品牌有差别吗？

有！肯定有！但是不是广药所希望的那种有！

原先的"王老吉"凉茶的忠实消费者还会消费选择老口味——加多宝！如前边所言，最多要一点新的"王老吉"凉茶尝尝怎么样。习惯的力量是无限的，不会因为牌子的变化而改变，除非加多宝改变配方，可是那几乎是不可能的！

广药生产与加多宝一样的王老吉凉茶，或可增加市场变数。

五、王老吉的最大希望之路在何方？

加多宝与王老吉再合一！但是，分裂已经发生，混乱已经造成，创伤已经结痂，想要再走到一起，岂是一个难字所能表达的？

六、未来预言

一是商标不合，风波不止。

二是合则两利,斗则两伤。

小胜在术,大胜在德。很不幸,在"王老吉"凉茶的事业上,广药目前仅仅是小胜!

未来,我还是看好加多宝。加多宝在经营好国内凉茶市场的同时,再将海外市场撑起来,到那时,统一"王老吉"商标就容易多了,甚至到那时还可以考虑到底要不要!

七雄争霸，淄博建筑陶瓷（瓷砖）企业发展战略探索

淄博建筑陶瓷不仅是影响淄博市 GDP 的重要产业，在全国的建筑陶瓷产业也有着举足轻重的地位，但是自 2009 年以来，淄博的建陶企业都明显地感觉到了市场需求的火爆，然而自己的销售却是江河日下的"冰火两重天"的滋味。虽然许多企业都想尽办法，但是成效却寥寥，现在已经有众多品牌消失或者离开淄博，这个问题至今无解！这个"冰火两重天"的滋味始终缠住了淄博产区的企业，挥之不去。淄博建陶企业，出路在何方？

想要破解淄博建陶企业的梦魇，就必须先要了解陶瓷，了解淄博，了解世界建陶市场。建筑陶瓷是陶瓷的一个品种。陶瓷作为一个技术门槛很低的产业，在中国的历史上曾经留下了浓墨重彩的痕迹。时至今日，陶瓷仍然是生活中的重要角色，并且拥有一个巨量的市场，其中最大的还要数建陶市场。

想要了解陶瓷，了解陶瓷市场，首先要了解一下陶瓷的世界发展史。

历史上，陶瓷是中国的国粹。只是在 20 世纪，中国陶瓷在世界上的地位才开始下滑，尤其是建筑陶瓷。大约在距今一万年前，原始陶器就已经出现，最早的彩陶也在黄河流域产生；到了商代，制陶工艺得到巨大的发展，带釉的硬陶在这个时期出现了，釉色青绿而带褐黄，胎质比较硬，呈灰白色。此时，陶器功能开始分化，不再局限于盛物器皿，应用范围较广，大略可分为日用品类、建筑类、殉葬类、祭祀礼器等类。到了东汉的中后期，由于烧陶工艺技术的进步，高温"龙窑"出现，同时由于高岭土加入制瓷原料，出现了青瓷；到了魏、晋、南北朝时期，瓷器烧造技术再一次得到空前发展，南方出现了越窑、瓯窑、婺窑等，青瓷品类得到更大的丰富和发展，而北方则出现了对后世有深远意义的陶瓷品种——白瓷；隋代虽然只有短短的三十多年，但是在瓷器烧制上，却有了更大的突破，不但有青瓷烧造，白瓷也有很好的发展；到了唐代，瓷器制作工艺技术已经蜕变到成熟的境界，跨入真正的瓷器时代；在唐朝的工艺技术基础上，之后的宋代将我国的陶瓷推到了鼎盛时期，"宋瓷"闻名世界，钧窑、汝窑、官窑、哥窑、定窑五大名窑，将青瓷推到了登峰造极的地步；明代以前的瓷器以青瓷为主，而明代之后以白瓷为主，特别是青花、五彩

成为明代白瓷的主要产品,而清代又有更多新瓷涌现。明清两代依旧是鼎盛时期,尤其是清代时,中国陶瓷生产技术已经达到登峰造极地步,并开始大量出口。到了19世纪,由于西方的工业革命,我们中国的陶瓷产业才开始没落。

虽然直到18世纪,欧洲人才制成真正的硬瓷,但是到了19世纪,由于工业技术的进步,欧洲的手工陶瓷生产逐步被机器代替,陶瓷生产技术得到空前提升。由于生产技术的机械化,陶瓷业得到了迅速的发展,特别是英、德、法等国的陶瓷产业,在国际市场上的比重日渐增加。在东方,日本的制瓷业自20世纪初才崭露头角,但发展很快。第二次世界大战后,日本的陶瓷已足可与英、德、法等国相抗衡。

承继历史原因,目前,我国已经形成了江西景德镇、湖南醴陵、山东淄博、河北唐山、福建德化和广东佛山等地为技术代表的12处主要陶瓷产区,并且到2012年为止,全国所有省、自治区、直辖市,除西藏外均有陶瓷生产企业。

建筑陶瓷是陶瓷的一个分支,是指房屋、道路、给排水和庭园等各种土木建筑工程用的陶瓷制品。建筑陶瓷作为陶瓷的一个分支,在20世纪到来前,由于生产技术的限制,生产力低下,一直是建筑市场的奢侈品,是一个很小的市场。只有到了20世纪,随着陶瓷机械制造技术的发展,尤其是意大利、西班牙等欧洲国家的机械化大规模生产,才形成了一个大市场,并引导了世界建筑陶瓷市场潮流。直到1983年,广东佛山市石湾利华装饰砖厂从意大利引进年产30万平方米的中国第一条全自动生产线,生产出了100×200mm规格的彩釉砖开始,揭开了中国建陶工业与现代化、国际化接轨的序幕。从这一刻开始,全国各地纷纷掀起了从国外引进自动化墙地砖生产线的热潮,从此我国的建筑陶瓷才摆脱人工生产力束缚,进入了机械化、现代化时代。由于生产力的提高,中国建陶产业产能快速扩大,建陶产量快速提升,国内巨大的需求市场被启动,开始形成了巨大的建筑陶瓷市场。

淄博的现代建筑陶瓷产业也是随着这股发展潮流开始的。1985年,淄博市博山建陶厂经过考察研究,率先从意大利引进萨克米自动压砖机和自动化施釉印花生产线,启动了山东淄博现代建筑陶瓷产业发展的开关。随后,淄博建筑陶瓷厂、齐鲁建陶厂等一批企业也开始引进先进设备,开始了中国重要的三大现代建筑陶瓷产业基地的新篇章。

目前的中国建陶行业,在规模上已将所有国际竞争对手远远抛离,无论老牌的意大利还是西班牙,在世界产能所占比重方面都已可以忽略不计,并且从发展走势来看,这一格局在未来二十年内也不会有大的改变。在产品上,无论是品种还是花色,中国与意大利、西班牙厂家可谓旗鼓相当、各擅胜场。我国厂家在抛光砖系列产品领域一枝独秀,在技术创新上也逐渐树立了一些优势,而意大利、西班牙则在亚光类产品领域保持着统治地位,在创意设计上仍然处于上风,只是已经没有昔日风光。

综合来看,与意大利、西班牙相比,中国目前还不能算是建陶强国,只能算是生产大国,主要差距体现在国际市场上的产品售价、品牌影响力、渠道控制力、装备配套业的原创能力以及在世界建陶行业的话语权方面,我国的建陶生产企业在这些方面还有很长的路要走。只有在这几个方面加强运营,接近或达到意大利、西班牙两强的水准,中国才能真正成为建陶强国,再辅之以绝对的产量规模优势,届时中国将不仅是建陶强国,也将在建陶领域重演世界霸主地位。

值得欣慰的是中国的建陶企业已经看到了差距,建陶精英已经在努力。在品牌推广与渠道建设方面,近年来,各地大批的建陶企业通过新品的不断推出与展示手段的不断丰富,在国内国际都建立起一定的知名度。在产品创新、产品展示和品牌营销上,一些中国建陶企业已初步形成了自己的特色,并取得了丰硕成果。例如广东佛山的东鹏陶瓷、华东的诺贝尔、淄博的统一陶瓷等都是这方面的代表。

淄博作为中国重要的陶瓷生产基地之一,有着悠久的陶瓷生产历史。早在南北朝时,富有聪明智慧的淄博陶瓷工匠已经从技术上完成了由陶向瓷的历史性飞跃,淄川寨里窑成为中国北方唯一的青瓷产地。宋金时窑场数量增多,新品迭出,磁窑务窑场规模最大,官府在此设"务"收税。经过元末战乱后,明代又有新发展,博山出现"陶者以千数"的盛况。清初康、雍、乾三代,淄博陶瓷业迅速发展,博山成为山东陶瓷的集中产地和销售中心,以"瓷城"闻名遐迩。新中国成立后,淄博逐步发展成为我国五大陶瓷产区之一。到了 20 世纪 80 年代,由于建陶生产新技术设备引进,淄博陶瓷也得到了快速发展,尤其是建筑陶瓷,变化更是日新月异,并成为中国的北方建筑陶瓷中心,成为全国建筑陶瓷三大产地之一。

由于身居淄博,又是做营销教育工作,笔者很早就关注陶瓷市场,尤其是目前最大的建筑陶瓷市场。早在 2009 年,笔者就与淄博龙锋策划工作室孙德锋先生一起,为淄博一家建筑陶瓷企业做过营销策划,深入研究了中国建筑陶瓷市场。虽然策划工作已经结束,但是市场研究一直没有停止,一直持续到现在。

淄博的建筑陶瓷产业的发展,可以说在 2010 年前,一直是顺风顺水,产量销售额一直是稳步增长,但是顺利的背后,危机已经呈现。2010 年之后,产量销售额开始滑坡,市场严重萎缩,销售区域不断缩小,主要问题出现在:一是产品同质化严重;二是市场竞争模式低下,价格竞争严重;三是营销手段落后,品牌影响力日落西山;四是贴牌销售危机日趋严重,至今没有根本好转的迹象;五是绝大多数企业上层经营人员素质低下,缺少现代企业经营观,盲目照搬,缺乏创新经营力;六是绝大多数企业战略经营力几乎为零;七是本地建陶产量全国第二,但是淄博本地品牌数量为零。

以上六条,严重地窒息了淄博建陶企业的生命力。下面是2011年笔者与淄博龙锋策划工作室主任孙德锋先生制作的几幅中国建筑陶瓷行业全国布局发展图片,一者用于我们自己分析,二者用来交给来访咨询者做企业分析及拷问自身发展战略之用。

一、三地争霸

在2000年为止,中国的建筑陶瓷生产技术、管理已经成熟,建筑陶瓷产地非常集中地分布在广东佛山、山东淄博和华东(江苏、浙江)三地。自淄博引进第一条生产线开始,到2000年的这十五年时间里,山东产区先后引进国外先进生产线近300条,建陶生产企业达到近300家,相关配套企业80多家,墙地砖产能接近4亿平方米。但是佛山更甚,1998年年末至1999年年初短期内,仅南庄新上的建陶生产线就达200多条,抵得上淄博地区大半产能。佛山的这场大规模的建设高潮,被业内人士称为"白色恐怖",但是却最终奠定了"佛山陶瓷"在国内外市场独一无二的制造规模优势地位。

经过六年发展,除了四川夹江建陶基地初露峥嵘外,中国建陶生产基地的以佛山、华东、淄博三地为重心、核心的格局几乎没有变化。三地错位经营得到了充分发展,并各自确立了自己鲜明的特色,其中,2006年前,华东产区是三地中产量最小的,甚至比西部陶瓷新星四川夹江还少,但是这些建陶企业几乎垄断了建陶行业的高档市场;佛山是产量最大产区,价格中高的档次;淄博是三产地中产量第二,价格最低的产区。

淄博产区厂商特点:

一是各厂家产品基本相同。由于建陶机器与技术的供应商来源,不论国内还是国外几乎相同,所以与全国其他厂家生产工艺技术也接近,甚至一模一样,你有我也有,同品竞争。

二是产品规格、花色接近。走进各大厂商展厅,采购商、消费者却迷失了。各个厂家所生产的产品几乎大同小异,有些花色甚至百分之五十以上的厂商都有,创下了世界奇迹。大家相互仿冒,造成产品生命周期比任何国家市场都短命的特殊现象。

三是价格全国最低。产品技术接近,花色雷同的结果,就是价格的短兵相接,如此恶性竞争,造成淄博市场价格的一路下滑,最后成为几大产区价格最低就是这个原因形成的。

以上情况2006年前,也几乎遍布各个产区,各地厂家比较只是产品质量有高下,华东区质量好,佛山区中上,淄博产品质量总体水品低下。

这是 2000 年前的中国建筑陶瓷的主要产地分布版图

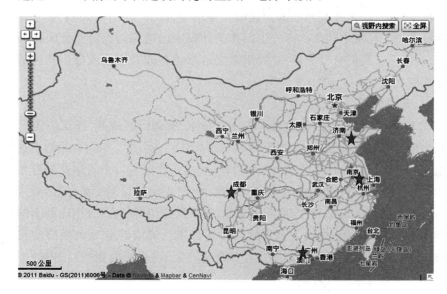

这一时期,是坐销的时代。建陶产品供不应求,销售商带款排队提货,也因此全国建陶产能都在就地快速扩张。淄博产区也是如此,但是所有厂家都是佛山贴牌经营,快速批发销售,没有营销思维,没有塑造品牌的思维。此时以东鹏陶瓷为代表的佛山产区和华东产区厂商已经开始应用营销理念经营市场,并在全国塑造自己的品牌,建立品牌影响力,并且携着品牌影响力开始将产能向全国扩张。

这一时期,淄博建陶凭借低价而非优质的优势行销全国各地,在全国建立起了广泛的销售关系网,但是淄博建陶却在蝇头小利上不经意间在全国塑造了三流建陶产品的地区品牌形象;而与淄博地区相反,佛山产区虽然原也不如华东品牌,但是由于营销理念的引入和认真应用,使得佛山产区地区品牌和企业品牌影响力快速提升,已经形成全国第一地区品牌,与华东品牌并驾齐驱。华东产区高档瓷砖品牌形象依旧,市场影响力依旧,并且影响力比过去更大。

这一时期,也是建陶市场由价格竞争向品牌竞争的转变期。由于各地企业产能的快速扩张,市场竞争加剧,如前所述,各地企业竞争战略所选方向不同,最后造成广东佛山、华东、山东淄博的地域品牌差异在全国定型,以至于像淄博这样的老牌产业基地企业品牌被严重低估,企业品牌欲塑难张,即使质量与华东、佛山同等或者超越,营销使出更大力度也无能为力。经过激烈的挣扎,最后竟然所有建陶企业都选择了在佛山注册企业,淄博贴牌生产的怪象!这种怪象一直延续至今,以至于现在淄博本地品牌在市场上一片空白!所有的淄博建陶产品的品牌都是佛山的品牌!市场上看不到淄博品牌的瓷砖!现在淄博产区,从政府到企业,痛定思痛,想要拨乱反正,建立淄博本地品牌,但是却已经市场时不我待、品牌积重难返,已经使用多年的佛山品牌都成了真正的"鸡肋",但是即便如此也难以舍弃。这种怪象就是统一、狮王这样的淄博名企,即使现在产品质量、花色、营销手段一流,即使是佛山的贴牌的品牌,到如今也还是在全国三流品牌挣扎。淄博产区的这一痼疾就是在这一时期形成的。

中国建筑陶瓷产业的这种发展态势一直持续到 2006 年,淄博建陶产业的市场地位也发展到了历史巅峰。

二、七雄混战

从 2006 年到 2009 年,是中国建陶市场的拐点期。

受到前期供不应求影响,各地厂家产能大规模快速增长。产能的大规模快速增长,造成了市场供应的激增,市场竞争加剧,市场竞争手段趋向高级营销方式。由于以佛山为代表的广东产区反应快,动手早,已经成为中国第一(产量、质量、品牌)建陶产区,世界最大最具影响力建陶产区。携此优势,佛山大量建陶企业集体走向全国,在条件好的地区复制生产企业,形成一处处建陶产业基地,造就佛山企业全国撒种,佛山品牌全国开花的局面。

在这四年里,中国建筑陶瓷产能快速大规模增长。各个地区不断扩充产能的结果,而且开始快速、大规模向全国进行产业复制。其产能提升速度之快,历史未有。例如在 2007 年之前,江西地区陶瓷砖产量尚不足 1 亿平方米,但是到 2009 年,仅高安就可能达到 8 亿 - 10 亿平方米陶瓷砖产量。江西如今已经成为全国最重要的新兴建陶工业基地。华东产区由于环境、资源、成本等因素,产量及市场份额不断萎缩,大的建陶产区又涌现出辽宁的法库,山东临沂,江西的高安、丰城,四川夹江,其他资源产区也风起云涌。尽管规模大,产区数量多,但是所有的新产区的产能几乎都是广东的建陶企业在投资!

尽管众多产区都是后来者,但是他们都有一个共同的特点——占据当地资源优势、市场优势,因此都得到蓬勃发展。至此,建陶产业进入战国时代,各个产区混战开始。

尽管各地建陶产业蓬勃发展,但是 2009 年前,淄博市场仍然供不应求,企业依然是产能就地扩张。随着产能的提升,价格战也随之升级。到了 2009 年,由于内外因素双重作用,淄博建陶企业库存大量增加,淄博建陶进入危险期。

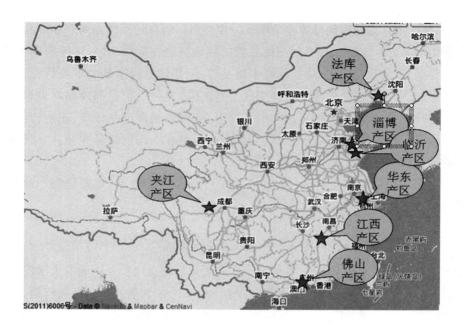

2008年,由于市场需求萎缩与供应剧增,市场竞争加剧,淄博企业在全国的市场终端剧烈缩减。当此之际,笔者与龙锋策划工作室孙德锋先生一起,受淄博一家建陶企业之邀,为其做营销策划。这是一家典型的淄博产区特点的建陶企业,也是淄博的老牌建陶企业。如今策划已经过去五年,保密期已过,仅隐其厂名和建陶品牌名字,以佐证此时期淄博建陶企业形势,同时说明此章节并非杜撰,所探讨的出路、战略、战术方法,并非拼凑。

通过参加2008年11月12、13日各个片区市场情况总结汇报会议,发现此公司在营销模式、营销管理、营销战略制定等方面存在许多问题,然后撰写了以下公司评估和未来发展方向:

实施服务营销　树立品牌形象

发展销售终端　优化营销渠道　建立稳定的营销网络

整合资源　营销渠道再造

一、营销方式落后,营销理念没有做到与时俱进。

公司的营销模式仍然处于90年代那种广种薄收的市场销售模式状态,在各个目标市场发展分销商,依靠分销商建立二级批发商网络,公司派出维护人员,定期做市场巡视,甚至半年不见厂家的人影。即使讲品牌、讲精细运作的营销理念也仅仅是一个雏形,也还没有进入,营销人力资源准备也没有完成基础储备,要嫁接目前对营销人力资源要求更高的服务营销模式进入公司,以完成公司的品牌建设,难度更大。然而,实施服务营销模式,最符合目前公司塑造品牌形象的需要,是达到公司目的的最佳选择。

所谓的服务营销,举个例子说,"帮助用户成功就是企业的成功","海尔卖的不是产品,而是为用户提供某个方面服务的全面解决方案",这就是最朴素的服务营销观念。现代营销中把产品概念定义为三个基本层次:核心产品、形式产品、附加产品。在这里,服务作为附加产品的重要内容,成为企业产品的一部分。服务是一种无形的产品,是维系品牌与顾客关系的纽带,随着产品同质化程度的不断加剧,缔造优质的品牌服务体系,为顾客提供满意的服务越来越成为企业差异化品牌战略的重要武器。

许多事实表明,新的竞争优势的确立,不仅仅是要生产出形式产品,还在于它的附加服务。良好的服务是下一次销售前最好的促销,是提升消费者满意度和忠诚度的主要方式,是树立企业口碑和传播企业形象的重要途径。这就是公司目前要接轨服务营销的根本原因。

二、营销战略不明。

通过聆听公司管理层、顾问、销售人员的叙说,发现公司还没有清晰的全局市场营销战略思路,没有做市场细分。简单地按照地域远近划分的本地市场、本省市场、周边省份市场、遥远省份市场、鸡肋市场、无利市场六种市场,没有区别研究,没有不同的、与市场相对应的差异化营销战术区别对待。简单的六种市场划分如下:

本地市场:张店、淄川周边要道,自建多处专卖店,店外形象做大、做足。

本省市场:发展县市级销售处,各处以发展专卖店为主要发展方式,以建立形象店为次要发展方式。

周边省份市场:主要指邻省市场,作为市场主攻方向对待,加大人力投入,协助直销商进行深层市场服务营销,河北作为市场重点运作对象。

遥远省份市场:主要指第三层省份市场,维持以往的营销渠道,在尽量改造成为公司专卖店的基础上,放手发动经销商的积极性,建立在其控制下的连锁店,在设计规模条件下,给予公司级别待遇。

鸡肋市场:主要指靠近其他瓷砖产地和太过遥远的省份,按照前期模式,发展经销商、分销商。

无利市场:主要指其他瓷砖产地省份,低价倾销,搅乱对方市场,减少我们周边市场压力。

三、公司四个品牌不分轻重，重点不明。

四个品牌产品无差别品牌设计，不仅分散了公司有限的各方面营销力量，造成营销和服务各个方面都力量薄弱，而且容易造成内部竞争厮杀，品牌倾轧，不利于整体市场运作。建议公司自己动手将四个品牌从形象、产品、质量、价格等多方面进行差异化切割，这是保证公司长远发展所需要的比较明智的选择。

四、目标客户不清。

从公司到业务员，不仅没有进行对客户的分类工作，而且在简单的批发商、直销商两个分类间也摇摆选择，没有明确的工作思路，工作方向随意性、不确定性很强。在形象店与专卖店选择上，也同样如此，甚至将形象店作为2009年做品牌形象的重点，这与2008年的市场销售模式几乎没有区别，产品在店内地位没有丝毫改变，只是多了广告效应，没有解决根本问题，塑造品牌形象不是做做广告就行了。

在一个公司，管理层尤其要有明确的思路，才可能指导、带领业务人员不走弯路、少走弯路，切实有效地实现公司规划、销售目标。上层清醒、清楚，一线的市场工作人员才可能明确工作重点、工作方向，少做、不做无用功。

五、业务人员工作方向不明，目标不清。

不同市场，不同开发策略；不同市场，不同的客户工作重点。不同市场业务人员，不同的实务营销培训。帮助业务人员建立本市场的大局观，明确工作方向，确立正确的客户目标。

六、营销力量严重不足，营销架构需要重建。

公司认识不足，营销人员缺乏市场开发意识，自己也估计不足。公司至少需要招聘100名地市级片区服务经理，招聘人员实施市场本土化战略，不仅增加销售力量，而且扩大了人才引进，尤其是熟悉本地市场的人才引进，有利于选拔更好的市场经理，更好地实现公司的销售、服务双目标，实现品牌塑造目的。

公司营销总监：市场部职责。

成立专职的客服中心单位：市场部统管。公司成立统一的面向全国各个片区的客服中心，各个片区成立面向用户的客服专员，完成除了开发市场以外的所有销售后勤服务工作。

片区服务经理：营销人员对外身份，强调服务理念。

地市级片区经理：就地招聘、引进、经销商转化。

七、营销渠道与公司关系松散，公司没有坚实可控的营销渠道基础。

营销渠道架构扁平化发展：有能力控制的地区，直接发展终端经销商，以往的批发售价价差向终端转移，加大终端刺激力度，激发终端营销、服务的积极性，调动经销商与公司一起做品牌。

一二级经销商去功能(批发、分销)化:给一二级经销商权利、时间、空间发展自己本区域的公司连锁专营店(或形象店),自身转化成公司片区经理,以化经销商为片区市场管理者的方式,管理公司与他个人所建立的连锁店,代替以往的松散的批发分销方式,按照销售总额取得相应的报酬的市场架构形式。

向片区市场经销商尽力推行连锁专营店营销模式:以往的双方合作关系是一种松散的对经销商无约束的合作关系,经销商是公司市场环节的自由电子,哪边利益大、吸引力强向哪边靠拢。这种自由的不确定性时时考验着业务人员的神经,每年到期续和约又考验公司的神经,给公司的营销工作带来极大的被动影响,时时扯动公司走向市场的脚步。

制作经销商调查问卷:制作形象店、专卖店公司待遇政策,调查经销商在形象店、专卖店转型经营意向,引导经销商成为市场片区经理。

八、业务人员队伍中,管理型、全局性营销人才贫乏,需要充实、加强。

解决以上问题,有三条路径:

一是对现有人员培训培养;

二是适当招聘空降引进;

三是将经销商转化为片区市场管理者。

第三条路是最好方式。

九、通过咨询应收款、呆账损失、律师费三个项目了解到,三个财务项目数字都为零。

这是一件好事,说明我们的业务人员很仔细,坚定地保护了公司的利益,但是,它也从反面反映出了一个问题:我们公司防范客户心理太过浓重,对客户充满了不信任感。这就自然与客户之间产生了一种信任危机。这种危机不仅束缚了业务人员的开拓勇气,而且有对客户冷血无情的嫌疑,这是塑造企业品牌形象的大忌。品牌是占领消费者的心智,想要占领消费者心智首先要占领经销商心智。在冷重的客户关系下很难让客户产生好感,更别提对公司品牌忠诚、店内首推公司品牌产品。

可见,公司对所有经销商建立详细可靠的档案就显得尤其重要。有了对每一个经销商的充分了解,公司再建立了各种经销商的分类对待政策,业务人员在面对突发情况处理起来就会游刃有余,更好地实现市场开发目标。

十、目前可以做的工作。

1. 在目前公司营销力量、营销人才薄弱的情况下,集中有限的精兵强将,对重点地区市场进行扫荡式考察兼开发,留下普通营销人员进行市场巩固、维护、扩大、深入开发市场和后续跟踪服务工作,是目前公司营销力量下最切实可行的营销方案。

2. 2009 年工作中心是改造松散的渠道营销模式,建立连锁专营店的渠道营销模式。

为此,公司需要:

一是制定针对建立形象店、专营店的经销商,公司所提供的协助市场开发政策;

二是对公司所有经销商进行评估、分类;

三是制作针对经销商的调查问卷,问卷针对维持现状、建立形象店、成立专卖店意向进行;

四是组织调查;

五是对调查结果进行汇总、分类;

六是与经销商分类商谈、签约;

最后才能落实实施公司经营规划。

这是一项实在的巨大工作,也是公司长治久安的基础性工作,值得公司为之付出再多也值得!

3. 建立客户档案。

这项工作无论公司下一步市场工作选择哪个方向,都是一个为将来考虑的企业必须要做的工作。

对每一个经销商进行家庭个人信息登记,同时制作经销商评估问卷,由所有密切接触过的业务人员对其进行信用等级、资金等级、销售能力等级等项目进行详细评估,评估结束后,对所有经销商进行分类归档,并对每个类别的经销商进行研究分析,分类制定相应对策,支持更好地扩大市场,提高销量。

4. 建立快速信息传递、反馈网。

利用公司网站,建立各个经销商、专营店网上联系、信息传递网络平台,通过赠送(电脑)上网费、必要的设备器材、平台使用培训,利用经销商的电脑和自己的网站,搭建网上交流平台、录像声音信息收集平台、库存数据更新平台、工作计划交流平台、订货发货收货追查平台、往来账户资金对账平台等。

通过近期的有限的了解,我建议公司无论是营销渠道还是营销策略,都需要进一步研究、分析;公司的产品体系、价格体系也有待于更好地研究确定;塑造品牌、服务营销,更是工作量巨大,任重道远。

当此房产销售不景气之际,迎接下一轮销售高峰的市场准备工作、夯实营销网络基础工作,是现实而迫切的。成功的天平总是偏向有准备的企业和个人,所以加强营销队伍建设、完善营销网络是明智的选择。目前销售正处于低谷,各地经销商正是思考、寻觅新的出路之时,这正是有势力的成长型企业进行市场布局发展的良机。

实施服务营销 树立品牌形象

发展销售终端 优化营销渠道 建立稳定的营销网络
某某陶瓷营销策划方案

一、前言：

对中国的公司而言，无论是国际市场还是国内市场，21世纪是品牌的世纪，是网络的世纪，是科技创新的世纪，是服务营销的世纪。

品牌是一个公司在21世纪能否生存发展的关键要素。什么是品牌？浙江福耀玻璃董事长曹德旺说的最实在：品牌就是一个公司的产品、品质、人品、品味。曹董事长的说法很直白，我想这是他的心得经验的总结。诚然，一个公司的产品很重要，但是品质更重要。公司是由人运作的，所以运作公司的人的人品也同样重要，公司所有人的人品又组成了公司的人品，公司的人品形象，就构成了公司的形象。公司各方面形象的综合，就构成了公司的品牌，而品味就是公司品牌留在消费者内心的真实感受评价，这是品牌的最高境界层次。这是一个循序渐进的历程，某某公司目前处于此历程的第一阶段，品牌的历程还任重道远。这一点，陶瓷行业中广东一直做得最好，这也是广东瓷砖一直为人称道的重要原因，值得作为成就公司品牌的借鉴。

所谓网络世纪，事实上分为两个板块，一是电子营销网络，二是渠道营销网络。两种营销方式在实际操作中各有所长，能够很好地帮助公司进行渠道网络扩张，两条腿走路实现公司更快扩张。某公司目前在电子营销方面是一大缺陷，渠道营销也只是略具雏形，并且没有建立实施最佳的渠道营销模式。目前国内凡是大型公司、名牌企业，都是两条路径兼备，优势互补同时发展。

所谓科技世纪，是指以消费者导向为出发点，不断研发，进行科技创新，生产出更多、更好的产品，更好地满足消费者更多的需要，更好地服务于消费者。这一点，同样是广东做得很好，同时也依然是某某公司的弱项。

所谓的服务营销，海尔的"帮助用户成功就是企业的成功"，"海尔卖的不是产品，而是为用户提供某个方面服务的全面解决方案"，这就是最朴素的服务营销观念。现代营销中把产品概念定义为三个基本层次：核心产品、形式产品、附加产品。在这里，服务作为附加产品的重要内容，成为企业产品的一部分。服务是一种无形的产品，是维系品牌与顾客关系的纽带，随着产品同质化程度的不断加剧，缔造优质的品牌服务体系，为顾客提供满意的服务，越来越成为企业差异化品牌战略的重要武器。

许多事实表明,新的竞争优势的确立,不仅仅是要生产出形式产品,还在于它的附加服务。良好的服务是下一次销售前最好的促销,是提升消费者满意度和忠诚度的主要方式,是树立企业口碑和传播企业形象的重要途径。这就是公司目前要接轨服务营销的根本原因。

建陶市场分析

行业分析

多年以来,广东的瓷砖一直都是行业内的风向标,口碑也是以绝对的优势占据第一,并成就了广东佛山地名品牌。广东的瓷砖质量无论是好的还是差的,都沾了地名品牌的光而变得好销。山东淄博尽管瓷器生产历史悠久,但是由于品牌经营起步晚,方式落后,兼且管理粗放,市场经营缺乏精耕细作,造成质量、信誉、品牌处于三流地位局面。如今,虽然想扭转局面,但是已经积重难返,尤其多数企业都还假借佛山的牌子在经营,想一下子改过来也不现实,否则发生的市场震动恐怕企业承受不起,有振兴淄博品牌的企业也都处于两难境地。

市场分析

目前的金融危机,虽然都还称为金融危机,但是已经有发生经济危机苗头。虽然危机如此严重,但是在中国,在中国的政治、经济体制下,在相对还处于封闭保护状态的人民币稳定下,国家政策正确干预下,中国经济不会倒退。

作为陶瓷企业,生产经营与房地产销售息息相关。中国的房地产销售一直分为两部分,一部分购买目的是居住,一部分购买目的是投机、投资。前一部分人群是一个稳定不变的需求,不会因为房产价格的变动而否决买房,最多时间允许的情况下,推迟时间购买;后者则是一群合法打劫者,他们买房子是为了卖房子,而不是为了居住。我们的产品是室内装潢使用,只有前一部分顾客才会是我们的客户,房子在后者手中,是不可能主动装潢的,他们历来都不是我们的顾客。所以,目前的整体市场危机下,我们的主流顾客没有太大变化,只有小部分不急居住的顾客延迟购买而已,市场影响不会很大,同样只是时间延迟而已。

优势分析

质量:现有四个品牌产品质量,可以与广东同档次产品媲美。

品牌:有四个具有一定市场影响力的瓷砖品牌。

营销渠道:营销渠道虽然不是很健全、发达,但是已经具有一定的规模,可操作性强。

有经验的营销骨干:拥有一批在瓷砖市场经营多年的营销人员,有经验、专业技能熟练、熟悉公司多省市市场、人缘好。

力求上进的管理层:通过公司致力对员工进行的职业培训可以知道,公司的管理层具有现代企业经营理念,具有建立现代公司理想,有大公司设想,有改造公司魄力,是上进性公司。

营销劣势

人力营销方式落后,公司的营销模式仍然处于90年代那种广种薄收的市场销售模式状态,在各个目标市场发展分销商,依靠分销商建立二级批发商网络,公司派出维护人员,定期不定期做市场巡视,甚至半年不见厂家的人影。公司即使讲品牌、讲精细运作的营销理念也仅仅是一个雏形,也还没有进入运作,营销人力资源准备也没有完成基础储备,要嫁接目前对营销人力资源要求更高的服务营销模式进入公司,以完成公司的品牌建设,难度更大。然而,实施服务营销模式,最符合目前公司塑造品牌形象的需要,是达到公司目的的最佳选择。

电子营销没有很好地开展利用。电子营销以其时效性、节俭性、更新快速的特点著称,我们公司四个品牌瓷砖都拥挤在一种营销渠道上运作,相对有限的营销人力力量,相对于巨大的国际国内市场,力量、力度都显得过于单薄,客服人员开展一片电子营销市场是完全可能的。

花色品种少,都是市场上的大路产品,没有技术创新产品。

品牌多,四个品牌主次轻重模糊,经营品牌力量分散,没有形成一个著名品牌。

服务不到位,问题处理周期长,经销商怨言多。

是山东企业,受山东陶瓷企业信誉差拖累,市场开发畏首畏尾。

营销渠道与公司关系松散,公司没有建立拥有可控的营销渠道网络,没有实施更好的营销模式。连锁店就具有这些功能,而且是非常成熟的营销模式,同时还具备品牌专营店特色,是建立长治久安的营销网络的最佳选择。

目前,陶瓷行业企业还没有大规模发展连锁经营的企业,可以预言将来的陶瓷市场,得连锁者,得陶瓷天下!

二、营销战略:

通过聆听公司管理层、顾问、销售人员的叙说,以及对公司营销网络渠道的分析研究,某某公司的2009年市场营销战略设计为:在落实服务营销理念,实施以服务促销售,在各处市场建立与市场规模对称的服务处,以客户为导向,坚持为经销商服务、为消费者服务的理念,参入一线的销售工作,促进销售,扩大影响,塑造品牌。国际国内的市场很大,市场状况也变化多样,所以也就不可能一概而论地开发市场,所以需要差异化对待。

差异化经营战略:相机而动,相境而动,因时、因地、因人、因情、因境差异化计划,差异化行动。

战略分解

发展销售终端:

这是不需多做说明的营销工作的市场终极目标。

优化营销渠道:

将营销渠道分类,建立不同的目标政策。

建立稳定的营销网络:

重要市场的经销商去代理功能(批发、分销)化,改造成公司的航母专营店,自身转化成公司片区经理,给经销商权利、时间、空间,发展自己本区域、周边地级市、县市的连锁专营店(或形象店),年薪工资外加业绩返点提成,化一级经销商为公司片区市场管理者的方式,代替以往的自由经销商的批发分销方式。

2. 战术设计

仅就中国市场而言,差异化经营战略的战术设计如下:

大市场远粗近细,远放近抓。

小市场空粗实紧,控放结合。

客户导向练内功,营销导向炼组织。

简单地讲:

大市场远粗近细,远放近抓就是:全国市场开发布局距离山东遥远的省份,沿袭前期经营思路,不同的是以建立专营店形式发展中间商,进行分销扩大销量,扩大市场占有。放手发动分销商的能量,建立营销网络渠道,进行市场扩展。对山东周边省份市场,推行服务营销,精耕细作。紧抓现有营销渠道网络,以客户为导向,以点带面,巩固老市场,带动新市场。不参入价格战,以活动、优质、细心服务赢得消费者的选择。

小市场空粗实精,控放结合就是省级市场对现有的经销商改造成公司的专营店、形象店,加强服务精耕细作。一方面达到塑造品牌目的,另一方面,建立本省市场运作样板,增强现有的经销商、待开发地区经销商对公司的信心。本省空白市场按照远方大市场模式,沿袭前期经营思路,不同的是以建立专营店形式发展中间商,建立在保护中间商利益下的专营连锁店,让中间商进行前期性网络维护,公司实施先服务,后接管网络的开发发展模式。

客户导向练内功就是在坚持公司利益原则的基础上,以客户利益、客户便利为导向,从客户订货、开单、收款、运输联系、提货、仓库发货、装车、出厂、客户收货回访、礼仪、接待,让客户感觉不在自家,胜似在家;至于营销服务人员到客户处整理展架、擦亮展品、协助宣传、小区推广、接待顾客、处理问题等等,让客户感觉我们是一家人。总之,以客户为中心,进行流程环节再造、流程程序化建设,建立"客户顺心服务工程"。

营销导向炼组织就是公司的各个组织部门,包括领导,一切工作都为营销服务,作好营销的后勤工作,让市场营销人员放心工作,没有任何后顾之忧,全副身心专心于市场开发。让营销人员担心后勤工作出娄子开罪经销商的情况,再也不允许发生!

三、差异化市场战略实施:

1. 地理差异化经营策略

按照地域远近划分全国市场,可以分为本地市场、本省市场、周边省份市场、遥远省份市场、鸡肋市场、无利市场六种市场,以不同的差异化营销战术区别对待。六种市场2009年战术操作如下:

(1)本地市场:滨博高速张店路口、淄川路口,自建两处专卖店,店外形象做大、做足,高大的喷绘广告牌必不可少。一方面作了广告,另一方面展示公司形象,最重要的是能够做到外地客户来淄博拦截!

(2)本省市场:沿着经过山东省的国道向南、西、北发展县市级销售处,各县市以发展专卖店为主,建立形象店为辅,多种合作形式并存的方式广布网点,开拓市场,做实山东第一品牌。各处合作对象最好选择国道路旁,又能兼顾本地市场销售的店面经销商。这样,无论专营店还是形象店的广告效果都可以一举数得,使得走国道的所有旅客,经常看到公司广告,制造到处都有公司的印象,并一路强化,深入内心,实现塑造品牌目的,实现布点、销售、广告宣传、品牌形象全面提升。

(3)周边省份市场:主要指邻省市场,作为市场主攻方向对待,加大人力投入,在重点、经销商密集地区设立陶瓷服务处,对直销商进行深层服务,对市场进行深层营销,对消费者进行近距离服务。河北、河南、安徽、江苏作为市场重点运作对象。

河北:目前河北省的现有经销商主要分为两大板块,邯郸—石家庄—保定板块,现有24个经销商;廊坊—唐山—秦皇岛—承德—天津,现有16个经销商,并可以辐射天津。河北总共51个经销商,两地占了40个,按照客户导向、服务营销原则,设立石家庄、唐山两处服务处是经济合理、实用有效的选择,忙时服务,空闲出击空白市场,针对周围地区实施就近服务、布网营销。深化服务、深层营销为主要工作,开发新的市场是随机、随地、随时的工作。

河南:目前河南省的现状是没有形成集中的经销商板块,服务处可以缓建,工作重点还是设点布网,广开营销渠道。市场开发有两条路径:

一条是借力开发,可以以协助设点返点、本地区设点达到8个以上设服务处

为诱饵的方式,促动现有的经销商帮助布点和经销商管理;

第二条是自己动手开发,开发方式也有两条:一是以郑州为中心,中间开花方式开展工作;另一个是以山东、河南连接的国道为路线,开发沿途城市市场,按照本省市场选择经销商的方式,选择国道路旁,又能兼顾本地市场销售的店面经销商为发展对象,实现布点、销售、广告宣传、品牌形象全面提升。两条路可选其一,也可都用,交叉覆盖,唯符合实际、快速为要。

具体实施方法还需要业务人员根据河南省现有经销商的情况,灵活把握。如果一定要立即建立服务处,只能按照交通优先原则,选择省会城市郑州。

安徽:目前安徽省的营销网络布局与河南一样,也没有形成集中的板块,工作重点、开发思路、开发方式都与河南省一样。唯一与河南省有区别的是安徽潜力更大。可以考虑的是芜湖、巢湖、马鞍山、滁州的沿江城市群市场布局。

江苏:目前江苏省形成了一个以苏州为最多经销商的超强板块。江苏省现有经销商38个,苏州自身就有8个,再加上周边达到20多个,按照客户导向、服务营销原则,在苏州设立服务处是经济合理、实用有效的选择,忙时服务,空闲出击空白市场,针对周围地区实施就近服务、布网营销。深化服务、深层营销为主要工作,开发新的市场是随机、随地、随时的工作。

徐州城市群可以作为第二服务处选项,另外南京沿江城市群也可以考虑。

(4)遥远省份市场:主要指第三层省份市场,维持以往的营销渠道,在尽量改造成为公司专卖店的基础上,放手发动经销商的积极性,建立初期在其管理下的连锁店,在达到一定的规模条件下,给予公司片区经理级别待遇。此部分省份资料缺乏,不做详细分析,但是,只要目前有地级市形成经销商聚集板块,就可以设立服务处,实施服务营销,精耕细作,否则就粗放经营。

内蒙古:现状不明,但是以网点、城市群、国道交通三个选择条件选择条件相结合,营建网络营销渠道、服务处,仍然是最佳开发市场、塑造品牌形象的方法。

山西:同上。

陕西:拥有中国"十一五规划"的中西部发展三大战略高地城市群之一——西安城市群(关中——天水)。

辽宁:关注沈阳西至营口南至大连区域城市群。

(5)鸡肋市场:主要指靠近其他瓷砖产地和太过遥远的省份,按照前期模式,发展经销商、分销商。可以结合无利市场设立火车货运中转仓库和营销服务处。此类市场有两大特别值得关注地区:也是中国"十一五规划"的中西部发展三大战略高地城市群的另外两处——成渝地区、环北部湾(广西)地区。此类市场虽然市场容量很大,但是因其距离遥远,尤其距离陶瓷产业带很近,公司天时、地利、人和都不具优势,所以,以保本、上量、树公司品牌形象为主要目的,兼顾干扰竞争对手目的。

(6)无利市场:主要指其他瓷砖产地省份,设仓库、设立自己的专营店,在对手的市场上比质量、比价格,以树形象、收集情报为主要目的,同时也到对手市场实施终端拦截。同等价格标价,低价倾销,干扰对方市场,走出去反击竞争对手,减少我们周边市场压力。

2. 市场经营程度差异化策略

由于已经经营多年,有一定的市场基础,有一定规模的营销渠道,可以按照市场网络渠道密集程度分为成熟市场、成长市场、空白市场三种情况。

成熟市场:是指经销商分布密度大、销量大的市场。这种市场经济底蕴深厚,公司品牌又有一定知名度,是容易上量的市场,适宜精耕细作,符合服务营销条件,又能最大程度发挥营销资源力量,节约营销费用,适宜建立服务处,进行深层营销。

成长市场:是指有经销商分布,但是密度不大的市场。这种市场也属于经济底蕴深厚,个别区县市场公司品牌有一定知名度,是有市场发展潜力的市场,适宜精耕细作,符合服务营销条件,适宜建立服务处,但是又不能最大程度发挥营销资源力量,营销能效比低。这种市场,一方面营销人员需要加大营销频度,另一方面开发经销商能量和发挥经销商的当地人脉优势,扩大营销渠道布点。这是一个不仅可以扩大营销渠道,而且是更容易上量、完成公司任务的市场,可以先发展当地营销人员,缓建服务处,边布点边服务。

空白市场:是指目前没有经销商分布,但是有一定的经济底蕴的县市。这是需要营销人员进行考察、分析、定期回访的市场,需要营销人员耐心、诚心、认真对待,短期内不容易上量的市场。这是一个可以与经销商进行多种合作形式开发的市场。

3. 经销商差异化策略

虽然我们已经有了相当数量的经销商,但是我们的营销渠道结构仍然不合理,对经销商的利用还远不充分。目前我们的经销商有实际意义上的一级经销商、二级经销商、终端经销商,营销渠道架构需要扁平化、可控化发展。有能力控制的地区,直接发展终端经销商,以往的批发售价价差向终端转移,加大终端刺激力度,激发终端营销、服务的积极性,调动经销商与公司一起做品牌,做专营店,做连锁专营店。

一级经销商:经销商去功能(批发、分销)化,改造成公司品牌的航母专营店,自身转化成公司片区经理,给经销商权利、时间、空间,发展自己本区域、周边地级市、县市的公司品牌连锁专营店(或形象店),年薪工资外加业绩返点提成,化一级经销商为片区市场管理者的方式,管理公司与他个人所建立的连锁店,代替以往的松散的批发分销方式,按照各个连锁店销售总额取得相应的报酬的市场架构形式。

二级经销商：同上。

终端经销商：推行公司品牌连锁专营店营销模式。公司以往的发展经销商合作的关系是一种建立在松散和约基础上的对经销商无约束的合作关系。经销商是公司市场营销环节的自由电子，哪边利益大、吸引力强向哪边靠拢。这种自由的不确定性时时考验着业务人员的神经，每年到期续和约又考验公司的神经，给公司的营销工作带来极大的被动影响，时时扯动公司走向市场的脚步。

4. 品牌差异化经营策略：

公司四个品牌不分轻重，重点不明：四个品牌产品无差别品牌设计，不仅分散了公司有限的各方面营销力量，造成营销和服务各个方面都力量薄弱，而且容易造成内部竞争厮杀，品牌倾轧，不利于整体市场运作。建议公司自己动手进行四个品牌从形象、产品、质量、价格等多方面进行差异化切割，这是保证公司长远发展所需要的比较明智的选择。

品牌宣传：重点品牌聘请形象代言人，可以选择体育明星、演艺明星。

品牌宣传切割：山东淄博、广东佛山地域品牌切割。两地代表两种信誉含义，利用得当，有利于自己山东品牌的真面目亮相，还不影响销售。

目前各个品牌切割方法：四大品牌，以1、2、3、4代替

品牌1：在目前开发过的大部分市场，已经形成一定的可靠产品品牌，是目前塑造带有自己标记的重点品牌的最佳选择，可以塑造公司的高档、新产品专用品牌。

品牌2：附庸品牌，没有特殊特点，维持现有状态。

品牌3：公司已经建立起的广东的高档瓷砖品牌，树立公司是其北方的战略合作伙伴，辅助品牌在产品质量可信度方面的形象建立，同样是公司高档、新产品专用品牌。

品牌4：同样是品牌1的附庸品牌，没有特殊特点，可以改造成中低价瓷砖、花色已经过气的瓷砖产品专用品牌。

营销方式品牌切割：在现有的市场上，选择目前市场营销渠道最少、公司销售占有量最少的品牌，由公司客服人员进行电子商务操作，实现有效利用现代营销方式的市场运作，积累经验，为公司新的发展创造机遇，从开拓市场方式上实现公司两条腿走路的转变，在销售方式上创造公司新的销售增长点。

5. 经销商差异化经营策略

对一、二级分销商控制的市场、分销网络渠道进行研究，在尽量少触动经销商利益，并能以合同保证的情况下，在经销商能够接受的合理规划下，进行改造开发，逐渐转化成为公司自己可控制的销售网络渠道。

在2009年加大营销力度的情况下，分销商的不确定立场、尾大难调、渠道网

络管理粗放、串货始终是公司营销工作的触碰炸弹,时时威胁着公司的营销网络。公司可以考虑在分销商驻地或者网络密集的中心地区,派驻专门的服务处,对分销商的网络实施专门服务。这样,既贯彻了公司政策,又给了分销商面子,而且达到公司目的,一举数得,同时将经销商的抵触、防范心理降到最低。

资料缺乏,略。

6. 空白市场开发

成熟市场固然是公司完成 2009 年任务的重要市场,但是,公司想要实现销售增长,在市场上获得重大突破,空白市场的开发无疑是稳定原有市场情况下的最好选择。虽然 2009 年建立品牌形象工作是重点,但是市场占有率更重要。公司营销人员如果能够携着成熟、熟练的市场营销模式,高起点开发空白市场,会更容易建立公司品牌形象,所以怎样开发空白市场,怎样更快更好地开发空白市场,建立规范、实效的空白市场开发模式尤为重要。空白市场开发大致经历市场考察、经销商分类、初次恳谈、方案汇报公司、回访客户(或邀请客户访问公司)、合作谈判、谈判成功或者公司介入谈判、失败另觅客户进入再循环、成功签约、客服中心建档、营销跟踪介入扶持服务。其中有短循环、长循环、再循环三种情况,制作成简要的开发流程图如下:

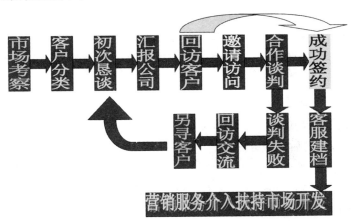

四、改造后勤,建立规范的客服中心:

1. 建立客服中心可以有以下收获:

(1)客户可以随时通过电话与公司进行沟通,并提供多种沟通方式:电话、传真、电子邮件、手机短消息、固网短信等。电话服务中,用户还可以选择自动语音服务和人工服务。

（2）客服中心电脑提供用户（电话号码、手机号码、地方、名字）识别功能。用户来电话，输入用户身份识别号（ID 号），系统座席界面弹出相关客户资料（比如上月销售、去年同期销售、本月已经销售等），即不仅识别出客户是谁，而且可以查询提示详细销售情况。

（3）可以随时提供营销人员、领导需要的详细客户信息查询服务。

（4）优化公司的服务流程。公司客服中心的建立，可以使各个部门、各个人员的职责划分更加明确，不必要、不合理的岗位可以精简，人员的工作量通过各种统计数字得到量化，并随时提供监督告警功能。

（5）提高公司的服务质量，塑造公司的客户导向形象。

（6）提升公司的信息化水平。客户信息化往往是一个长期的、循序渐进的过程。而客服中心的建立可以大大加快这一进程，将我们公司的综合实力提升到一个新的高度。

2. 客服中心职责：

（1）树立"以客户为中心"的服务理念，积极、主动、热情地为客户提供人性化、个性化、优质化的高品质服务。

（2）中心所有客户服务员都要统一着职业装、佩戴胸卡和淡妆上岗，做到仪表端庄，整洁大方，以饱满的精神接待每一位客户和消费者。

（3）使用文明礼貌用语，做到客人来时有迎声问候、问有答声、走有送声祝福。

（4）认真接听各种来电，以清晰、明朗、抖擞的精神应对各种客户和消费者的咨询。

（5）自觉遵守公司规范、劳动纪律，认真完成、执行公司的各项业务工作要求。

（6）熟练记忆公司的产品、价格、地区营销政策、地区业务人员名单、联系方式，作好营销人员的后勤服务工作。

（7）积极主动、礼貌、微笑接待任何到公司的客人。执行首问全程负责制，耐心解答、主动关心客人需要，让客人有宾至如归的感受。

3. 客服中心职责范围：

（1）接待、导引服务、解说、咨询

（2）开单、收款

（3）物流运输车辆联系

（4）接打电话、传真和记录工作

（5）经销商档案管理、统计

（6）电子商务管理

（7）展厅形象维护、卫生

(8)电话回访、信息传达

(9)营销物资管理、发放

(10)市场信息汇总、报告

五、传播策略:

1. 形象广告语设计:

信誉重如泰山　某岳(品牌2、品牌3、品牌4)陶瓷

各个品牌同样的形象广告设计,只是名字不一样,刻意形成雷同风格。这个广告语既可以暗示公司,又可以同时强化记忆,引起旅客回想、好奇、思考、追究结果的思想及行为效果。

2. 促销广告语

质量更好,性价比更高,品牌1瓷砖,满意的瓷砖

质量更好,性价比更高,品牌2瓷砖,舒心的瓷砖

质量更好,性价比更高,品牌3瓷砖,缔造理想家居的瓷砖

质量更好,性价比更高,品牌4瓷砖,老百姓的放心瓷砖

3. 广告制作

由于产品是面向全国消费者,电视是最佳广告载体,所以广告制作就以电视广告制作为主,选择演艺明星、体育明星、名人代言可以使品牌形象加分,同时增加广告记忆效果,甚至使得追星族成为消费者。电视广告形式分为:

5秒电视广告

15秒电视广告

30秒电视广告

4. 媒体

中央电视台:最适合的、最好的广告载体。

山东卫视以及各个重点省级市场的省核心电视频道,也是可以选择的媒体。

根据广告预算搭配安排。

5. 广告形式

前边制作的三种硬性电视广告

角标广告

电视栏目广告、栏目冠名广告,最好的投放广告形式。

六、业务员管理、业务员监管:

1. 营销架构重建:

营销总监:对全国市场负责,是市场部职责,负责巡查市场、考察市场、处理问题事件。

区域市场总监:负责管理三个左右省级市场。在营销人员本地化完成后,现有的营销人员中选拔产生。

市场经理:销售部职责。

客服中心主管:归市场部统管。面向全国各个片区的客服中心,负责管理除了开发市场以外的所有销售后勤服务工作,使得公司经理、副经理从杂事中解脱出来,专心管理市场。

省区服务经理:省区主管营销人员对外身份,用以强调服务营销理念。

地市级片区服务经理:此职位就地招聘、引进、经销商转化,积极推进人才本土化策略。

2. 营销人力资源整合

服务营销,从行动上讲是人海营销战术。就是用多人为一个客户服务来感化客户、强化客户对公司的认识,让客户感觉到公司对他的尊重,让他有成就感,从而使他愿意与公司合作,愿意更用心力开发市场。虽说"人海"这个词在这里有点过头,从加强服务这一层面讲,公司的营销力量确实严重不足。这一点公司有些认识不足,片区营销人员也对服务营销考虑不到位,对自己片区需要的人力也估计不足。按照开发销售渠道和对经销商进行跟踪服务两项工作在省级地域范围运作,想要两方面都要抓,两项工作都要硬,公司至少在实施市场服务人员本土化战略基础上,在各地人才市场就地招聘 100 名地市级片区服务人员,利用本土优势,节约开支,就近工作、服务。

通过接触观察,公司业务人员队伍中,管理型、全局性营销人才贫乏,需要充实、加强。通过基础营销人员本土化经营,公司不仅可以从质和量上增加本土销售力量,而且扩大了人才引进,尤其是熟悉本地市场的人才引进,有利于选拔更好的市场经理,更好地实现公司的销售、服务双目标,实现品牌塑造目的。

3. 营销人员监管

建立快速信息传递、反馈网:

利用公司网站,建立各个经销商、专营店网上联系、信息传递网络平台,通过赠送(电脑)上网费、必要的设备器材、平台使用培训,利用经销商的电脑和公司自己的网站,搭建网上交流平台、录像声音信息收集平台、库存数据更新平台、工作计划交流平台、订货发货收货追查平台、往来账户资金对账平台、信息发布平台等,使得公司的信息及时传达,经销商、市场信息第一时间掌握,同时营销人员的行踪也可以通过她跟踪。

引进实时监控管理程序,对业务人员位置变动监控,对所有营销人员进行动态监管,也更有利于总部的动态调控,同时还可以建立经销商出差敏感省份预警机制,及时发现经销商的异动,发现问题,制定对策预案,掌握市场主动权。

七、客服中心工作机构、流程再造:

后勤服务工作是公司的脸面工程,是令客户满意与否的重要环节。对现有的后勤服务相关部门,按照服务营销和客户导向原则对客户考察、洽谈、提货进行部门流程重组再造是十分必要的。效仿政府的行政审批中心模式,集中经销商办理业务的所有功能性服务项目于一处,简化客户的办事程序,减少客户的麻烦,是在客户心中建立公司形象的重要组成部分。

展厅:四个品牌集中展示。

客服助理:经销商档案管理、销售统计、物流调配管理、营销人员活动管理。

开单收款专员:营销物资管理、发放,一站式办理经销商提货单据。

商务助理:电子商务管理、网站消息发布、网上产品展示。

导购员:卫生、来人接待、解说、引导、解答、引领办理全套业务程序。

八、2009 营销战术策划工作项目(2009 策划工作):

1. 建立客户档案,因人因地营销:

这项工作无论公司下一步市场工作选择哪个方向,都是一个为将来考虑的企业都必须要做的工作。

对每一个经销商进行家庭个人信息登记,同时制作经销商评估问卷,由所有密切接触过的业务人员对其进行信用等级、资金等级、销售能力等级等项目进行详细评估,评估结束后,对所有经销商进行分类、归档,并对每个类别达到一定销售规模档次的经销商进行研究分析,分别制定相应的市场营销对策,更好地支持扩大市场,提高销量。

2. 节日促销:各个重要传统节日实行短时间促销方案,不可时间过长,以防形成不促不销的市场痼疾。

3. 特殊日子促销:统计各地区全年的地方性特殊日子、个人特殊日子制定合适的营销活动,例如少数民族的独特节日、经销商生日、喜事等。

4. 互动营销:制定全年性的与经销商、消费者互动的惊喜活动营销。例如:有奖销售、个人纪念日消费优惠等。

5. 事件营销:对一些地方轰动事件,进行公益性参入,提高知名度、品牌形象。

6. 小区营销:对即将向购房者交钥匙的小区,安排专人、设备、宣传品、样品等,甚至将样板房进行展览销售。

7. 公关营销:地方重大影响的、有长期效应的标志工程、活动,制造事件营销。

九、当前要务:

1. 在目前公司营销力量、营销人才薄弱的情况下,在年前市场平淡低迷之时,可以集中有限的精兵强将,对边远重点地区、空白地区市场进行扫荡式考察兼开发,增加新的营销渠道,并邀请有希望的客户参加 2009 年年会,在年会气氛下,让经销商的反映表现带动这部分客户选择与公司合作。

2. 由于营销变革和 2009 年年会,公司有大量基础性工作需要尽快完成:

一是制定针对建立形象店、专营店的经销商,公司所提供的协助市场开发政策;

二是对公司所有经销商进行评估、分类,建立客户档案;

三是制作针对经销商的调查问卷,问卷针对维持现状、建立形象店、成立专卖店意向进行;

四是组织问卷调查;

五是对调查结果进行汇总、分类;

六是与经销商分类商谈、签约;

最后才能落实实施公司经营规划。

这是一项实在的巨大工作,也是公司长治久安的基础性工作,值得公司为之付出再多也值得!

改变思路　开发远方市场

远交近攻　布局全国　市场全面开花
公司营销策划方案

1. 目前营销存在的问题:

• 保守:满足现有市场地盘,忽视了全国市场。

• 人力不足:小区服务不能只依靠片区经理。

• 顾此失彼:做了小区服务,耽误了开发市场。

• 目标不明:在房产销售不景气的城市浪费时间精力。

• 质量问题频发:我在新闻中看到黑瓷砖新闻,不知是否是指我们公司。

改变公司局面,在产品质量、花色、型号品种继续改善提高外,调整营销思路是关键。

遥远市场营销策划

遥远市场目前是公司销售的软肋,如何开发、开发策略、开发布局等等都是事关开发速度、开发成败的关键。以往我做的营销策划仅仅是根据公司现有的市场布局作了远交近攻的“近攻”部分,此处专门对这部分遥远省份和与中国接壤的国家建材市场再做重点策划,就是远交策划。此部分市场初期以微利经营,广交朋友,走量、扩大市场覆盖及占有率;在陶瓷产地甚至不赚钱经营,主要通过展示塑造品牌知名度、诚信度、美誉度,在其他陶瓷产地实现市场拦截目的。

2. 市场政策:

• 授予大区经营权:设定时间条件。

• 授予公司办事处地位。

• 自己建立营销中心(投入比较大,短期难见成效,次要选择)。

3. 市场策略:

• 借鸡下蛋,借力打力。

• 发展分销商,扶持、协助分销商壮大,让分销商发展销售网络。

• 先靠经销商薄利多销,先上量,占市场,树品牌,后求利润。

• 品牌综合经营,不单一经营,在这些边远省份,放弃名牌产品策略,塑造名牌企业。

• 可以提供有监督检查下的广告返点支持。

4. 经销商选择:

• 信用好,有个人影响力。

• 经销商身份资金雄厚。

• 具有一定规模的销售网络。

• 具备大仓库存储、有基本营销团队。

• 年销售可以达到 300 万以上。

5. 产品投放:

鉴于各个花色在消费者中各有喜好,为满足更多的消费者需要,只要经销商、消费者需要,公司的各个品牌产品实行全品牌、全方位供应。

6. 产品包装:

对现在的产品包装进行整合,实行独特包装供应这类市场,这样做同时还可以预防窜货扰乱市场。目前公司的各个品牌产品都是采用各自独立的区别包装,对于这部分市场供应改成统一外包装,只在外包装上做鲜明的品牌标示区分。

通过这样的改变,有利于展示企业实力形象,彰显公司实力,更有利于经销商可以有更多的产品品种供应市场,满足各种类型消费者的消费需求。

7. 供货价格:

原则是从薄利开始。价格策略可以采取与公司周边市场同样价格、同样享受周边市场与价格有关的政策,以维持市场同价,但是可以提供一定比例的广告经费返点,在宣传上市场单列照顾,单列期以一年为一个阶段,扶持两年,第三年根据发展情况再定,以显示支持经销商市场开发工作。

- 初期可以按照一定的点值确定对方的广告投放力度,报销等同金额的广告宣传费。
- 中期广告费报销比例减半,对方不得减少广告投放。
- 后期与其他经销商价格一致。

8. 广告宣传:

利用多个名牌产品,凸现企业名字,塑造企业形象,打造名牌企业,实现在消费者心理上的占位,从而达到再反过来带动各个品牌产品的销售,为产品销售和企业异地进一步扩张规模铺路。

9. 营销服务:

公司可以安排两名精兵强将专人负责此项业务,两人轮换扶持经销商一年。工作内容除了进行对经销商内外部工作人员产品培训、营销培训、公司理念培训外,同时熟悉并掌握该经销商营销网络渠道布点,与该分销商营销网络内的直销商沟通感情,建立与公司的直接沟通联系渠道,建立实现市场快速反应能力。

10. 国内市场布点开发策略:

市场布点首先可以考虑以下城市,武汉、长沙、南宁、重庆、四川夹江—成都、昆明、兰州、西宁、乌鲁木齐、贵阳、拉萨。其中,四川夹江—成都可以考虑二选一,拉萨估计市场不大,可以考察竞争厂家的多寡再做决定。其次可以考虑地市级城市。

另外,金融危机影响和国家政策的变化,形成了瓷砖市场的一个显著特点:国家中部省份受金融危机影响少,国家宏观调控力度大,市场受影响少。挺进中部省份,决战中部省份市场是公司突破困境的关键点,这些省份是:河南、安徽、湖北、湖南、广西、贵州、陕西、重庆。

11. 国内与外贸结合型布点:

随着我国市场国际化进程的加快,公司在此处可以同时考虑边疆贸易口岸的布局,这样的有一定规模的边贸口岸有:新疆伊宁、喀什、黑龙江同江、黑河、云南磨憨、河口、广西凭祥—南宁、内蒙古满洲里—呼伦贝尔、二连浩特—苏尼特右旗。其中,广西凭祥—南宁、内蒙古满洲里—呼伦贝尔、二连浩特—苏尼特右旗,外贸功能设点可以考察时根据情况决定二选一。

另外国家最新开放的五个人民币外贸结算城市:上海、广州、深圳、珠海、东莞,由于可以回避国际市场汇率波动损失,所以也可以考虑设点经营。

上海比较好,可是容易发生窜货混乱,市场控制难度较大。

广州有需要,也有基础,只是竞争难度大,但是由于存在价格错位竞争优势,可以比较容易操作。

深圳、珠海、东莞可以考察情况时再定,外贸功能设点比较差。

12. 开发管理安排:

- 一个专业经理专门负责外贸和这些边远省份市场管理。
- 属于片区经理的地域,片区经理负责初步市场考察。

很可惜,由于公司高层知识层次的问题,在推进策划实施时遇到分歧,针对该企业的根本性问题尚未触及,淄博产业界面临的未来之危机还没有展开,合作即因为该公司高层的变动而结束,我们分道扬镳。结束了这段合作经历后,我们在2009 年 9 月在《陶瓷信息》报纸上发表了淄博建陶产区分析:

淄博本土建陶企业品牌战略剖析

品牌是一个公司在 21 世纪能否生存乃至发展的关键要素。什么是品牌?浙江福耀玻璃董事长曹德旺说的最实在:品牌就是一个公司的产品、人品、品质、品味。曹董事长的说法很直白,我想这是他的心得经验的总结。诚然,一个公司的产品很重要,但是品质更重要。公司是由人运作的,所以运作公司的人的人品也同样重要,公司所有人的人品又组成了公司的人品,公司的人品形象就是公司的品质。公司各方面形象的综合,就构成了公司的品牌。而品味就是公司品牌留在消费者内心的真实感受评价,这是品牌好坏的最终市场定位,也是品牌的最高境界。产品、人品、品质、品味,这是品牌的一个循序渐进的历程,这一点,陶瓷行业中广东一直做得最好,这也是广东瓷砖一直为人称道的重要原因,而淄博的建陶企业以往和现在所做的品牌建设工作却是似是而非。

一、淄博本土建陶企业现状

1. 贴牌大行其道,贴牌产品的销售成为公司的主营业务,几乎成为每家建陶企业市场销售的全部,最少的也是占了大部分,而且只有极少数企业如此,以至于企业经营骑虎难下,本土品牌战略难以实施。贴牌,成为淄博建陶行业实施品牌战略的最大尴尬。

多年以来,广东的瓷砖一直都是行业内的风向标,口碑也是以绝对的优势占据第一,并成就了广东佛山地名品牌。广东的瓷砖质量无论是好的还是差的,都沾了地名品牌的光而变得好销。而山东淄博尽管瓷器生产历史悠久,但是由于品牌经营起步晚,方式落后,兼且管理粗放,市场经营缺乏精耕细作,造成质量、信誉、品牌处于三流地位局面。一片同样规格质量的瓷砖,在终端市场上,如果是

"广东产"，标价可以是 200—300 元，甚至更高，但是如果是"淄博产"，标价突破100 元，那就是高价了。如今，虽然淄博本土的有识企业主想扭转这种不利局面，但是已经积重难返，尤其整个行业内企业都还在假借佛山的牌子在经营，想一下子改过来不现实也不可能，否则发生的市场震动恐怕企业承受不起，有振兴淄博本土品牌计划的企业也都处于两难境地。

淄博本土建陶企业有 265 家，家家都进行了佛山的贴牌市场运作，虽然家家明白这不是长远之计，也想进取，但是目前的经营成果还算差强人意，日子过得还算滋润，多数企业主的思维还是处于"骑着驴拉拐棍，舒服一阵是一阵"状态。

2. 产品采取跟随抄袭策略，创新产品凤毛麟角，品牌难以崭露头角。跟随策略本身无可厚非，但是新技术、新产品历来是市场竞争中的利刃，是分割市场的最有力的武器。如果一个企业仅仅是跟随而不思、不做创新超越，那就不是跟随策略，而是拾人牙慧的"吃冷饭"了。没有新技术、新产品的企业是不会有前途的企业，始终不会跳出"群众演员"的市场地位，不会有品牌可言。

3. 一企多牌，同质产品多牌，低价分销，走量为销售目标。

4. 行业内媒体对淄博关注度贫乏，淄博企业主动宣传少之又少：这里有两个方面，一是由于销售的是佛山的贴牌产品，这种品牌地与产地不一致的尴尬局面使得淄博的建陶企业在宣传上缩头缩脚，张口没法说，闭口不甘心，"骑墙"心理是对这种心境的最准确的描述；二是淄博作为北方瓷都，没有自己的宣传喉舌，而佛山创刊的陶瓷行业媒体报纸有十几家、杂志十几家，外地的陶瓷行业报纸、杂志在佛山都设有办事处，各种大型的综合网站几乎都设立了与陶瓷相关的板块，并在佛山设立了办事处，佛山集中了中国所有的陶瓷行业媒体，创刊了行业内的大多数陶瓷行业媒体。这么多的媒体关注，可以想象出的庞大记者群，那么多的宣传策划精英，佛山陶瓷想不著名都不可能！而淄博除了没有自己的喉舌外，行业内媒体在淄博发展的也是凤毛麟角。淄博与佛山两相对比，企业的主动、被动宣传力度可谓天差地远！

5. 品牌影响力低下，只能关门在山东称王，并且只能在生产量项目称王论霸；如果要做销售量评比，对不起，也只能做贴牌品牌销售评比，本土品牌销量不值一提。

6. 塑造品牌的企业基础和人才能力，整体水平低下。从技术到产品、到策划、到宣传、到销售、到服务，各个企业在这些环节的人才力量分配参差不齐，但是都有一个分配的共同特征：销售为王。此"王"意思有三：一是企业内关注度最高；二是最注意吸纳人才的地方；三是销售量为王。人才以量论英雄，很少考虑其他市场要素。

二、存在的问题

1. 品牌经营舍本逐末,似是而非:抛弃本土正牌,经营佛山贴牌,而且同样的产品一企多牌,而且都是贴牌。在市场上,每个企业的各个品牌各自为政自相残杀,更有甚者一队人马操作一个品牌,有几个品牌就有几队人马。

2. 名牌根基不稳:尽管实际是自己的品牌,但是在外的事实是佛山企业的名牌,品牌归属上表现出名实不符的畸形态势,致使多年苦心经营的品牌到头来竟然是空中楼阁。这种情况就造成了一旦向消费者袒露自己的品牌实际是淄博的品牌,那将造成市场的震动不亚于一次地震,甚至如果消费者追究起来会成为一件巨大的丑闻事件。

3. 在产品市场切割方面,除了统一陶瓷外,其他建筑陶瓷企业除了产品质量差异外产品几乎都相同,260多家建陶企业间鲜少差异化。

4. 产品落后,品牌低档,低价销售,低附加值,低价恶性竞争,竞争实力低下,市场越来越难做。

5. 市场运作水平低下,市场销售仍旧处于90年代前期的网络渠道推销模式,虽然中间也有夹杂服务营销理念,但是在行动上往往是说的多,做的少,昙花一现无踪影,总的说来行业整体销售形式尚处于营销理念嫁接试运营阶段。由于价格、利润等因素的影响,营销理念想要在淄博建陶行业生根生存前景渺茫。

三、解决问题的难点

1. 宣传困难:淄博生产,佛山品牌,名不正,言不顺。目前,宣传也成为淄博建陶企业的一把双刃剑,很容易做了宣传,反而失去了诚信、信用,得不偿失!

2. 长远利益与眼前利益相冲突:金融危机的打击,使得淄博的建陶企业都知道了品牌的价值,知道到了该做自己的品牌的时候了,但是决心难下。对已经创造的贴牌安逸生活的留恋,对品牌改变后市场反弹的恐惧,使得在何时经营自己的淄博品牌的问题上患得患失,畏缩不前。

3. 企业策划实力欠缺:渠道分销模式的现状使得企业对策划的需求度减弱;产品跟随、低价、走量的战略战术没有预留策划的腾挪空间给以运作,这就决定了策划人员的生命力薄弱,在"销量为王"的理念下策划人才难存。企业品牌塑造难,策划人员难策划、难生存。

4. 多年弊病,积重难返,淄博品牌前景莫测:淄博砖——低档砖的标签、低价砖的标签,新的淄博品牌的启动将在这两个标签的重压下忍辱负重运作,再算上周围强敌环伺,广东的品牌比以前更强大的因素,淄博本土品牌怎么运作? 能否成功?

四、出路

1. 联合：联合佛山的以往只注重南方市场，在北方市场很小、销售网络薄弱的小企业，互通有无，共同发展，全面接受佛山企业的同化。

2. 接受佛山企业的兼并，实现真正佛山企业的转变。

3. 淄博全建陶行业企业联合行动，坚定地树立淄博本土品牌，杀出一条血路，塑造淄博的品牌集群，集体擦亮淄博作为"北方瓷都"的地名品牌。各个建陶企业在自己的品牌建设上，不仅要大作宣传文章，而且要还要在技术、产品花色、质量、服务、市场活动等方面行动起来，在各个方面主动地"动"起来，而不是像现在的被动适应市场。

当然，以上的三种改变方式的选择和改变的过程，必然是一个痛苦的过程，但是淄博的建陶行业、建陶企业到了必须要改的时候了！

五、前景

淄博本土建陶企业没有技术有优势（统一陶瓷除外）、没有产品优势、没有品牌优势，三流的地区品牌影响，仅有一点价格优势、地域优势、廉价劳动力优势，假如淄博的优势三去其二，试问淄博本土建陶企业在市场上还有多少容身之地？

金融危机爆发后，淄博建陶行业就进入了冬天，伴随着佛山陶瓷行业总部经济的整顿规划，佛山陶瓷企业生产基地全国分散，遍地开花，淄博建陶行业的冬天会持续多久，值得所有的淄博本土建陶企业的所有者深思！

品牌可谓是企业的市场防御城墙，淄博本土建陶企业的城墙如此虚幻、薄弱，再不改变，套用一句话"长此下去，国将不国"，等待淄博本土建陶企业的将是破产、倒闭、消亡（统一陶瓷不发生重大经营失误除外）。

以上文章是我们的原文，报纸所发经过了编辑的修改。本文没有指出出路在何方是一大缺憾，但是策划的先天弱点，一旦公布出来，就会极大地增加失败的可能性，所以仅仅一笔带过。发表此文，就是为了让淄博建陶行业警醒！很可惜，多年过去了，淄博建陶行业的品牌经营没有发生任何根本变化！贴牌照旧大行其道，本土品牌仍旧没有起色！唯一变化的是，我们的预言正一步步变成现实！所有的预言都已经发生、正在发生或者正趋向发生。

建陶企业天下乱战

我们都知道，技术的进步，能够极大地促进生产力的发展。自动化控制制造技术的进步，使得建陶生产机械越来越先进，建陶产品生产越来越容易，以至于建陶产业已经成为短平快的低门槛投资项目。这种技术现状的结果就是，不仅广东佛山建陶名牌企业可以携名牌强势推动产能快速扩张，而且地方资本实力也能够轻易跨入建陶产业,两者合力最终造成国内只要有陶瓷生产资源的地方就有陶瓷产业。这种产能扩张到了 2008、2009 年达到极致,以至于除了新增加的产能规模巨大的辽宁法库、四川夹江、江西高安、山东临沂四大产业基地外,中小建陶产业基地也如雨后春笋般涌现、成长,如中等规模的建陶产业基地就有河北的高邑、辽宁的建平、山西阳泉和阳城、湖南岳阳和临湘、河南鹤壁、四川丹棱、广西北流、湖北宜昌、陕西宝鸡、宁夏中卫、甘肃白银、内蒙古包头等,小规模的建陶产业基地不计其数,而且都是短期内出现即成规模。到今天为止,全国除了海南外,几乎每个省、直辖市都有建筑陶瓷生产企业,大的生产聚集区就是前面所讲的七个产区,中、小聚集区不计其数,全国建陶制品市场竞争一片混乱。

　　虽然市场混乱,但是对名牌高档建陶影响很少,受到影响最烈的就是中低档品牌,尤其是低档品牌,所以淄博产区首当其冲,受影响自然是最猛烈的!淄博建陶企业的传统批发渠道链被各个产区层层斩断,市场需求被更便宜的本地产建陶夺占。

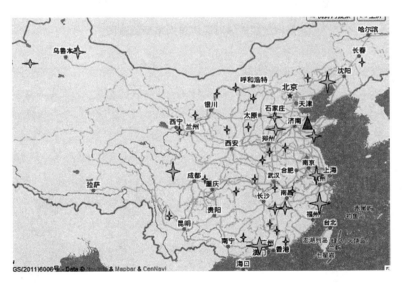

全国建陶产业基地分布图

淄博危机

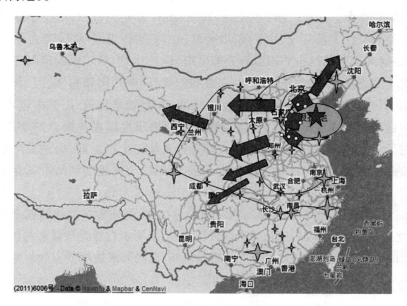

各地产能能够对淄博建陶市场威胁图

再不改变,淄博产区未来结局

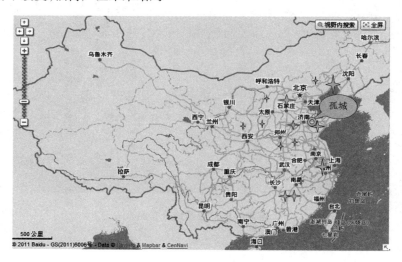

淄博周边产区包围图

由地图可以看出,在淄博建陶走向全国的路上,已经被大大小小的建陶产区包围。规模大的建陶产区有辽宁法库——截断东北市场,河北高邑——截断西北市场,河南内黄——截断西部、西南市场,山东临沂——截断南部、西南市场,淄博产区已经真正成为一个产区孤城。这几个产区的建陶企业技术、管理不是来源于广东佛山,就是来源于淄博,产品与淄博相似。淄博的建陶企业不仅断了传统市场,而且周围市场也在不断被挤压。

淄博企业自我拷问

淄博建陶企业出路评估拷问

在几乎同质化竞争形势下,您有何优势?

成本? 产品? 技术?

价格? 渠道? 人缘?

品牌?

资本?

能冲出去多远?

能冲出出去吗?

能保住现有市场吗?

淄博的建陶企业,通过以上问题的自我检测,您感觉你的企业能够跳出淄博产区的结局吗?围绕着淄博产区有三道产区组成的市场拦截线,你的产品能冲出去多远?能够冲出去吗?你现在占据的市场,在周围产区的封锁、绞杀下,还能保住吗?您能保住多久?您需要付出多少代价才能保住呢!

淄博产区整体实力拷问

淄博建陶实力评估拷问

能冲出去吗?

能冲出去多远?

能保住现有市场吗?

淄博建陶行业战略分析:

淄博建筑陶瓷业虽然经过了二十几年的发展,发生了巨大变化,但是与国内外老牌建陶产地相比仍有差距,而且差距巨大。

第一就是品牌差距,也是最大的差距——淄博产区是没有塑造出淄博地域名牌、企业名牌,淄博在消费者中没有国内知名企业或者品牌存在。到目前为止,在国际市场上,即使东鹏陶瓷、新中源陶瓷等国内大品牌也没有多少的品牌影响力,市场份额也微乎其微,到了淄博的建陶企业,那更是可以忽略。这种局面不仅影响了淄博建筑陶瓷在国内的影响力,而且严重地威胁着淄博建筑陶瓷的市场地位,同时还阻塞了淄博建陶的国内、国际销售。

第二是产品增加值差距仍较大,淄博建陶虽然销量居全国第二,但是充其量只能是中国建陶的"加工基地",得到的只是可怜的一点儿生产加价利润,没有丰厚的品牌商业利润,严重地影响了企业的发展后劲。

第三是企业领导层文化素质低,企业管理粗放。由于多数企业都是从砖瓦窑起家,属于低门槛低技术含量行业,所以延续而来的企业中高管理层普遍只是初中文化水平,以至于眼光、认识、知识面等都极大地限制了企业的吸收外来先进理念的能力,最终造成绝大部分企业在生产中,缺乏科学严格管理,原材料能源消耗高,产品质量优等率低、劳动生产率低,严重影响了企业的经济效益。

第四是存在"六近"问题:

一是生产技术接近:你有我也有,建陶机器与技术的供应商来源,不论国内外几乎相同。

二是产品形式接近:走进各大建材市场和超市,所有消费者都会感到好像到了一家家挂着不同牌子却卖着同样商品的店面。各个厂家所生产的产品规格、花色大同小异,有些花色甚至百分之五十以上的厂商都有。大家如此相互仿冒,造成了各种技术产品生命周期比任何国家的建陶产品都短命的特殊现象。

三是价格接近:产品接近、花色雷同的结果,就是价格的短兵相接恶性竞争。这些年以来,淄博建陶产品市场价格的一路下滑,不是外部产区造成的,而就是在淄博产区内形成的。

四是营销方式接近:各厂家一路走来可谓始终同行,一起由坐销到行销,再到贴牌,进而渠道推销,最后营销和发展外销,始终你怎么干,我就怎么做。你学其他产区,我学你,始终在这个圈子里转,鲜少有出彩的表现。

五是发展思路接近:以上的一切都归根结底一句话:"一样的发展思路,或者说是没有发展思路!"

六是解决当前问题态度、方法接近:面对当前的危局,每个中高层,甚至每个市场人员都知道一件事——淄博建陶危险了! 但是,有几个企业行动了? 都在坐而论道,都在等、靠,希望政府帮忙解决!

淄博未来之路

自2009年淄博建陶企业销售初次遇冷开始,淄博众多建陶企业都在苦心探索出路,产品快速更新变化,改变营销模式,空降市场经理、营销经理、公司总经理走马灯般在淄博的建陶行业内上演,引进新理念好战术进行员工培训、市场培训、管理者培训,理念一浪浪在淄博建陶行业内路过,各地各种培训咨询公司在淄博"你方唱罢我登场",淄博建陶行业管理思维一片混乱,直到如今,好点儿的企业已经洒泪而别淄博,不能走的、不舍得走的企业仍旧在为"出路在哪里"折腾。实际上,早在2009年9月在《陶瓷信息》报纸上发表的《淄博本土建陶企业品牌战略剖析》文章时就得出了以下两个结论:

• 竞争战术调整已无出路:

目前,佛山在全国的产能扩张已经定局;淄博建陶企业市场被层层拦截已经成为事实,不可能改变;再好的市场经营也只能是苟延残喘,只能比别的淄博建陶企业活好些活长些,但是仍然是回天乏力,解决不了根本问题。

• 发展战略调整才有希望:

世界变了,国家的政策也需要变;国家变了,国家对待世界的政策也要变。哪个国家不变,哪个国家就要出问题。

以上是国家领导人天天教给我们的智慧。这智慧同样适用于企业,市场变了,企业也要变;企业变了,企业对待市场的方法也要变。佛山建陶行业的先适应市场,再改变市场的发展之路就是此智慧的最好诠释!佛山成功了,佢是佛山建陶行业的改变之路,淄博不能照着走。似我者死,学我者生,淄博建陶企业的生存和发展只有进行战略设计创新才是根本。

只能也只有淄博建陶行业战略发展再创新设计才是唯一出路。

企业靠天时太缥缈,靠政府不可能,政府不是为某个企业某个行业建立的。淄博建陶行业只有靠自己,靠行业内抱团团结。具体怎么抱团团结,说出来就不灵了,现在套用我国的第一位诺贝尔奖得主的名字用一下"莫言",将来如果使用我劝使用的建陶企业也"莫言"。

最后,我送淄博建陶行业企业一句话:

> # 战略不是万能的
> # 没有战略则是万万不能的

谈古论今　中国企业发展战略分析

　　本书讲了那么多次战略,说了那么多战略策划,那么战略到底是什么?

　　古人言:人无远虑,必有近忧。这里的"虑"如果是简单地想一想,那就仅仅是一个想法,但是如果不是想一想而已,而是认真考虑分析,然后预测,还要做出应对的规划和实施方案。这里的规划和实施方案,就是战略策划,而规划和实施方案就是战略策划的基本特点。

　　规范的说法是:战略表现为一种自主的工作计划,有短期的、中期的、长期的。如果从方法的角度看,战略也表现为企业在竞争中采用的一种计谋;如果从企业的过去发展历程来看,战略则表现为一种自主的改变或者变化路径。如果从产业层次来看,战略表现为一种定位,而从企业层次来看,战略则代表了一种方向和目标。

　　我们经常谈论的战略都是指市场竞争战略,而且不是企业竞争战略,这两种战略在美国汽车制造商的竞争战略启示中已经系统说过。这种战略目前中国所有的企业领导人都或多或少地听说过和执行过,但是有一个战略他们大多数人都没有接触过,可能小部分人听说过,大企业规划过,那就是企业发展战略,这是目前中国企业最缺少的战略设计,是中国企业界经营管理者最需要补充的企业管理内容。

　　企业发展战略是关于企业如何发展的一个战略体系。

　　正如前边所言,在一个既定的行业环境中,每个公司都有各自不同的资源、不同的力量和不同的目标。企业战略也称为企业发展战略、发展战略,就是根据自己的特点规划企业生存、发展的路径和最终目标,是一个战略体系,有短期、中期、长期发展战略之分。在这个战略体系中,包含有竞争战略、技术开发战略、市场竞争战略、信息化战略、人才战略等。不要把市场竞争战略等同于企业战略,市场竞争战略只是企业发展战略的一部分。所以,每家公司有各自不同的市场竞争策略、人才战略、技术开发战略等也就不足为奇了,企业最后的经营结果也大相径庭也就理所应当了。

当前,我们在企业圈,经常会听到一个词"恶性竞争"。许多中小企业普遍深陷价格战、广告战、促销战、功能战、服务战等问题的困扰与折磨,企业面临停滞不前,企业经过百般改革改变,依然走不出困境,最后走向衰退,甚至破产。所有的企业都发现,曾经是自己法宝的竞争战略再也不灵了,虽然大家都企图建立自己的竞争优势来打败竞争对手,以取得快速的发展,然而总是事与愿违,各个行业的企业都拼得你死我活,大家都陷入无利润、企业停滞的怪圈,最后出现了一种双败、多败的格局。这就是我们经常听到的企业发展到了一个"瓶颈"这种说法。

以往,企业的"瓶颈"往往是陷在规模扩张不得的资金"瓶颈"。市场非常大,产品供不应求,企业总是在为生产能力不足发愁,企业主总是在为扩大生产规模的资金奔波;后来竞争加剧,企业为取得规模成本优势,又再一次陷入为生产规模扩大而筹资的"瓶颈",从此陷入了规模优势竞争的怪圈,直到最后市场饱和,然后就是恶性竞争。

经过长期的恶性竞争,一些聪明的企业开始差异化竞争,分化为品牌差异化竞争、产品差异化竞争、服务差异化竞争等,竞争方式百花齐放,市场在不同的点呈现新的繁荣局面。这种繁荣局面导致了对人才需求的多样性,管理的复杂性。正是这种变化,使得太多企业出现了不同的发展"瓶颈"。有的企业发展"瓶颈"表现在市场人才,有的企业发展"瓶颈"表现在管理人才,有的企业发展"瓶颈"表现在技术人才,有的企业发展"瓶颈"表现在广告策划人才,或者多点并发,不一而足。但是,虽然表现不同,总的来说都是陷在人才上。凡是这种"瓶颈"出现的企业,都是战略规划不足的企业,而且是发展战略功课没做好。为什么这么说?

企业发展战略,顾名思义首要关注的就应该是企业的发展,而不应该是企业的竞争。发展是第一位的,竞争只是企业发展的有效手段之一,因为发展方式很多,合作可以发展,合并可以发展,差异化避开也可以发展等,只有你想不到,没有你做不到。

如何来实现企业发展呢?

企业应该从发展方向、发展速度与质量、发展点和发展能力四个方面入手,来系统地解决企业的发展问题,而这四个方面又构成了发展战略的四个重要组成部分,即愿景、战略目标、业务战略和职能战略。如果企业发展战略做得好,这四个方面就做好了,那么那些人才问题都会在中、短期发展战略中体现出来,企业很早就知道的问题,怎么可能等到问题爆发时还没有解决呢!所以,只要企业制作了合格发展战略,像这种人才影响发展的问题就不可能出现。

企业发展战略框架

既然企业战略的本质是发展,那么企业发展战略到底包含哪些内容? 在近二十多年战略咨询工作中,我总结主要有以下五个层面:

1. 企业未来要发展成什么样子?

这是企业发展战略需要首先描述的,开宗明义。确立下企业未来的发展目标,可以是数字,可以是对手,也可以是榜样,还可以是排名,总之目标必须远大,简单看不可能,可是分解开来,有希望,所以不能太小,否则三两年就实现了,那就不是未来,不是发展战略目标。这就是企业发展方向,全体员工努力的方向。

2. 企业未来目标多少年实现,分几步走? 每一步达到什么程度?

这不仅是一个实现战略目标的过程分解,也是一个证明目标可实现性的目标分解。分解后,就出现了中、短期发展规划,同时出现的还有发展速度、量化目标与企业质量目标。

3. 为实现每一步目标,企业应该从哪里出击?

如果企业正常发展就可以实现未来目标,那么这个战略就没有存在的激励意义。所以,企业的未来目标肯定要有难度,如果没有其他手段帮助,目标是不可能实现的,所以为了发展,为了实现对未来的规划,企业需要从哪些点出发,加强企业的发展实力,或者是扩大企业的投资规模,实现效益最大化或者增加盈利投资项目,以实现未来的发展目标,比如技术创新战略增加企业竞争力和企业质量,以使企业获得更多受益和提高企业质量,以保证未来有更大的获利能力,类似还有新的投资项目发展战略、资本运作战略等。

4. 为实现企业未来发展目标,企业从现在开始就需要打造哪些竞争能力或者需要寻找哪些机会?

解决问题,实现未来目标,都要靠人去完成,所以此项内容,除了政策机遇外,其他主要都是围绕着人展开的能力提升,比如资本运作能力、技术开发能力、管理能力等等,所以人才战略是实现战略目标的核心,即发展战略的实现核心实际就是人才战略规划。

5. 实现企业未来目标的禁忌是什么?

也就是对企业经营过程中的危险点、危机点做出描述,并分析其影响,规划期对策,已提醒企业经营者早发现,早解决问题。这里面包括政策、技术等的意外不利变化。

这五个问题是以企业发展为导向,关于这四个问题的回答就能系统解决企业的发展问题,它们分别解决企业的发展方向、发展速度与质量、发展点和发展能力。如果这四个问题都能有效解决,那么企业的发展问题就能得到系统的、有效的解决。在这四个问题的思考上,我们最终形成了系统解决企业发展问题的一个战略解决方案。

由此可见,企业战略就是一定时期内对企业发展方向、发展速度与质量、发展点及发展能力的重大选择、规划及策略,可以给企业指引长远发展方向,明确发展目标,确定企业需要的发展能力,指明发展重点,并规划设计发展步骤、方法,解决企业的发展问题,实现企业快速、健康、持续发展。这就是企业战略存在的真正意义。

因此,在发展战略五个层面的基础上,我们就可以完成一个系统解决企业发展问题的发展战略框架,即企业发展愿景、战略目标分解、实现战略路径、职能战略和战略禁忌五大部分组成。

1. 发展愿景:企业未来要成为一个什么样的企业?

2. 战略目标分解:短、中、长期战略策划各自达到一个什么样的发展目标?

3. 战略路径:企业未来需要哪些发展点? 要在哪些产业、哪些区域、哪些客户、哪些产品发展? 怎样发展?

4. 职能战略:企业未来需要什么样的发展能力? 需要在市场营销、技术研发、生产制造、财务投资等方面采取什么样的策略和措施? 所有的一切需要人力资源怎么完成人才需要?

5. 战略禁忌:分析政策变化、技术发展、市场巨变、人才哪些变化,会严重危害企业发展战略。

战略的本质是要解决企业的发展问题。在发展战略框架中,所有构成部分都是围绕企业发展来进行,愿景是企业发展的起点,它指引企业发展方向;战略目标分解是对企业不同时期的发展要求,明确各时期发展速度和发展质量;战略路径,包含产品战略、客户战略、区域战略和产业战略是企业发展的手段,它指明了企业的发展点;职能战略是企业发展的支撑,它为确定了企业的发展能力。愿景、战略目标分解、战略路径和职能战略构成企业战略自上而下的四个层面。上一层面为下一层面提供方向与思路,下一层面对上一层面提供有力支撑,它们之间相互影响,构成一个有机的发展战略系统。最后战略禁忌是企业发展战略的警钟。

发展战略框架是一种良好的发展战略设计体系,企业通过明确企业发展方向、发展速度与质量、发展点、发展能力和发展禁忌五个基本点,清楚自身的发展问题,通过明确行动方向、目标,规划并落实发展战略,实现企业快速、有序、明智、健康、持续发展。

发展战略框架对企业经营管理和战略发展有着非常好的导向作用,也可以帮助企业按照五个方面自己审视、解决战略发展难题。企业发展战略包括了企业经营的方方面面,包括技术创新战略、产品战略、品牌战略、人才战略、竞争战略、资本战略等,只是在短期战略、中期战略、长期战略中各有取舍和侧重。

也许有人要问,那么多的失败者,他们都没有战略规划吗?

在我近二十年的咨询工作中,中小企业几乎都没有战略发展策划。

也有人要问,有了战略发展策划就一定会成功吗?

我要说,战略不是万能的,但是,没有战略规划是万万不能的。

之所以说战略不是万能的,是因为没有高超的执行团队,执行战略过程中会改变战略,甚至与战略设计背道而驰,一旦如此,战略目标怎么可能实现? 所以说战略不是万能的。

中小企业的特点,规模小,速度快,嗅觉灵敏,捕捉市场能力强,这是中小企业繁荣的原因,但是中小企业不仅执行团队水平低,而且缺乏战略理论体系。所以,一般三年是个坎儿,中小企业的生命周期一般三到六年,很少企业能活过六年的。人员稳定性比较差,流失率比较高,这表面上反映了企业的机制问题,实际上是企业的战略没有做好或者是没有执行好,最低是人才战略有问题。

至于没有战略规划是万万不能的,有这么一句话,每个成功军事家背后都应该有一个伟大的战略家。同样道理每一个伟大的企业,背后必有一个伟大的战略设计,说的就是这个道理!

试想如果一个企业有了规划和实施方案,一旦某种市场机会有了萌芽的表象,那么这个企业就可以早发现,早动手。如此占尽先机,有哪个机会不能变成这个企业成功的机遇呢! 所谓的"机会总是青睐有准备者",说的就是这个道理。

战略设计就是一个目标设计,战略规划就是一个实施策划,所以没有战略的企业,就是一个没有奋斗目标的企业,是不可能成就伟业的企业。

企业发展战略说了这么多,有人会问,发展战略里面什么最重要?

我要说,都重要! 缺一些,不会使你立即失败,但是会拖累你的发展速度,会影响你的最终结果。如果非要找出来一个重要的,那就只能是人才战略! 你建立了企业,你不可能把所有的事情都一肩挑了,小企业能够做的可以占很大比例,越大的企业实际上你做的就越少,就越依赖别人替你完成,完成的结果怎样,就取决于办事的人的素质状况,所以如果非要找出来一个重要的,那就只能是人才战略!

战略决策分析方法

制定战略,总是免不了要进行竞争环境分析。目前,最好的分析法有三种:SWOT、PEST 和传统的天地人分析法。

一、SWOT 分析法

所谓 SWOT 分析,即基于企业内外部竞争环境和竞争条件下的态势分析,就是将与研究对象密切相关的各种主要内部优势、劣势和外部的机会、威胁等,通过调查一一列举出来,并依照矩阵形式排列,然后用系统分析的方法,把各种因素相互匹配起来加以分析,从中得出一系列相应的结论,而这个结论就是决策。

SWOT 分析法模型

优势 S(strengths)	劣势 W(weaknesses)
机会 O(opportunities)	威胁 T(threats)

运用 SWOT 方法,可以对研究对象所处的情景进行全面、系统、准碓的研究,从而根据研究结果制定相应的战略决策、对策等。SWOT 内涵如下:

SWOT 代表四个内容,即优势 S(strengths)、劣势 W(weaknesses)、机会 O(opportunities)、威胁 T(threats)。S、W 是内部因素,O、T 是外部因素。按照企业竞争战略的完整概念,战略应是一个企业"在做的"或者"能够做的"(即组织的强项和弱项)和"可能做的"(即环境的机会和威胁)之间的有机组合。

优势 S(strengths),是组织机构的内部因素,具体包括:有利的竞争态势;充足的财政来源;良好的企业形象;技术力量;规模经济;产品质量;市场份额;成本优势;广告攻势等。

劣势 W(weaknesses),也是组织机构的内部因素,具体包括:设备老化;管理混乱;缺少关键技术;研究开发落后;资金短缺;经营不善;产品积压;竞争力差等。

机会 O(opportunities),是组织机构的外部因素,具体包括:新产品;新市场;新需求;外国市场壁垒解除;竞争对手失误等。

威胁 T(threats),也是组织机构的外部因素,具体包括:新的竞争对手;替代产品增多;市场紧缩;行业政策变化;经济衰退;客户偏好改变;突发事件等。

SWOT 方法的优点在于考虑问题全面,是一种系统思维,而且可以把对问题的"诊断"和"开处方"紧密结合在一起,条理清楚,便于检验。

SWOT 方法自形成以来,广泛应用于战略研究与竞争分析,成为战略管理和竞争情报的重要分析工具。分析直观、使用简单是它的重要优点。即使没有精确的数据支持和更专业化的分析工具,也可以得出有说服力的结论。但是,正是这种直观和简单,使得 SWOT 不可避免地带有精度不够的缺陷。例如 SWOT 分析采用定性方法,通过罗列 S、W、O、T 的各种表现,形成一种模糊的企业竞争地位描述。以此为依据做出的判断,不免带有一定程度的主观臆断。所以,在使用 SWOT 方法时要注意方法的局限性,在罗列作为判断依据的事实时,要尽量真实、客观、精确,并提供一定的定量数据弥补 SWOT 定性分析的不足,构造高层定性分析的基础。

二、PEST 分析法

PEST 分析是指宏观环境的分析,P 是政治(Political System),E 是经济(Economic),S 是社会(Social),T 是技术(Technological)。在分析一个企业集团所处的背景的时候,通常是通过这四个因素来进行分析企业集团所面临的状况。

PEST 分析法是企业战略制定过程中对战略外部环境分析的基本工具,它通过政治的(Politics)、经济的(Economic)、社会的(Society)和技术的(Technology)角度或者说四个方面的因素进行分析,从总体上把握宏观环境,并评价这些因素对企业战略目标和战略制定的影响。与 SWOT 分析的区别在于,PEST 分析法是一个纯粹对外部环境的战略分析方法。

四大方面的要素分析如下:

一是政治要素 P(Politics),是指对组织经营活动具有实际与潜在影响的政治力量和有关的法律、法规等因素。当政治制度与体制、政府对组织所经营业务的态度发生变化时,当政府发布了对企业经营具有约束力的法律、法规时,企业的经营战略必须随之做出调整,否则企业就面临制裁风险。法律环境主要包括政府制定的对企业经营具有约束力的法律、法规,如反不正当竞争法、税法、环境保护法以及外贸法规等。

政治、法律环境实际上是和企业生存、发展环境密不可分的一组因素。处于竞争中的企业必须仔细研究一个政府和商业有关的政策和思路,如研究国家的税法、反垄断法以及取消某些管制的趋势,同时了解与企业相关的一些国际贸易规则、知识产权法规、劳动保护和社会保障等。这些相关的法律和政策能够影响到各个行业企业的生存和发展。

政治要素具体的影响因素主要有:

①企业和政府之间的关系。②环境保护法。③外交状况。④产业政策。⑤专利法。⑥政府财政支出。⑦政府领导人。⑧政府预算。⑨政府其他法规。

对企业战略有重要意义的政治和法律变量有:

①政府管制。②特种关税。③专利数量。④政府采购规模和政策。⑤进出口限制。⑥税法的修改。⑦专利法的修改。⑧劳动保护法的修改。⑨公司法和合同法的修改。⑩财政与货币政策。

二是经济要素 E（Economic），是指一个国家的经济制度、经济结构、产业布局、资源状况、经济发展水平以及未来的经济走势等。构成经济环境的关键要素包括 GDP 的变化发展趋势、利率水平、通货膨胀程度及趋势、失业率、居民可支配收入水平、汇率水平、能源供给成本、市场机制的完善程度、市场需求状况等等。由于企业是处于宏观大环境中的微观个体，经济环境决定和影响其自身战略的制定，经济全球化还带来了国家之间经济上的相互依赖性，企业在各种战略的决策过程中还需要关注、搜索、监测、预测和评估本国以外其他相关国家的经济状况。

企业应重视的经济变量如下：

1. 经济形态。

2. 可支配收入水平。

3. 利率规模经济。

4. 消费模式。

5. 政府预算赤字。

6. 劳动生产率水平。

7. 股票市场趋势。

8. 地区之间的收入和消费习惯差别。

9. 劳动力及资本输出。

10. 财政政策。

11. 贷款的难易程度。

12. 居民的消费倾向。

13. 通货膨胀率。

14. 货币市场模式。

15. 国民生产总值变化趋势。

16. 就业状况。

17. 本国及相关国家汇率及汇率变化规律。

18. 价格变动。

19. 税率。

20. 本国及相关国家的货币政策。

三是社会要素 S（Society），包括两个方面，一个是人文社会环境要素，另一个是自然社会环境要素。

人文社会环境要素是指组织所在的社会环境的人口规模、年龄结构、种族结构、收入分布、消费结构和水平、人口流动性等要素，其中社会成员的民族特征、文化传统、价值观念、宗教信仰、教育水平以及风俗习惯等也是该要素的重点内容。

各个要素的作用各不相同,比如,人口规模更是直接影响着一个国家或地区市场的容量,年龄结构则决定社会消费品的种类及推广方式,民族特征决定了商品的消费种类等等。

每一个社会都有其核心价值观和次价值观。核心价值观具有高度的持续性,是种族文化传统的历史沉淀,是通过家庭繁衍和社会教育而传播延续的,因此具有相当的稳定性,而一些次价值观是比较容易改变的。每一种文化都是由许多亚文化组成的,它们由共同语言、共同价值观念体系及共同生活经验或生活环境的群体所构成,不同的群体有不同的社会态度、爱好和行为,从而表现出不同的市场需求和不同的消费行为。

这种社会要素在不同的国家之间都存在着人文的差异,同一个国家的不同的民族之间同样也有差异。我国有 56 个民族,虽同是中华民族但却存在着较大的人文差异,如藏族的生活方式和藏传佛教的宗教色彩联系紧密,牛是藏族的吉祥动物,在西藏地区的越野车辆市场中日本丰田越野车占据着绝对的市场份额,原因是其标识形似牛头,因此广受藏族人民的欢迎。这是制定战略时不可忽视的要素,可见文化对于企业战略设计的影响是巨大的。

自然环境社会要素是指企业所在地区、业务涉及地区的地理、气候、资源、生态等环境。不同的地区由于其所处自然环境的不同,对于企业战略的制定都会有一定程度甚至决定性的影响。比如热带地区和寒带地区、雨林地区和沙漠地区、平原地区和高原地区等等,由于气候的不同,整体社会消费特点会截然不同。我国是一个幅员辽阔的国家,这种影响尤其明显,比如御寒产品,在我国东南部的广东地区其市场的营销战略和西藏等西北高寒地区的市场营销方式就有很大的差别。

值得企业注意的社会文化因素如下:

1. 企业或行业的特殊利益集团。2. 政府的监管程度。3. 对退休的态度。4. 社会责任感。5. 对经商的态度。6. 对售后服务的态度。7. 生活方式。8. 对休闲的态度。9. 公众道德观念。10. 收入差距。11. 购买习惯。12. 对环境污染的态度。

四是技术要素 T(Technology),通常主要指企业产品的技术发展状态,有时还涉及政府监管技术的发展状态。不仅仅包括那些引起革命性变化的发明,还包括与企业生产有关的新技术、新工艺、新材料的出现和发展趋势以及应用前景。在过去的半个世纪里,材料技术是发展变化最迅速的技术领域,像微软、惠普、通用电气等高技术公司的崛起改变着世界和人类的生活方式,都是基于材料技术的创新和发明。

三、天地人分析法

天地人分析法也就是天时、地利、人和分析法，是中国自古以来一贯使用的战略战术分析方法，直到今天还被广泛应用于政治、军事、经济竞争中，是中华民族古老的战略智慧结晶。这种分析法经常被用，但是很少看到研究的材料。但是中国的这种古老的分析法在今天应用到企业竞争中，使用时总是有些不灵活、不方便。

实际上，这是一个系统理论没有人阐述的原因。

天地人分析法实际上与SWOT分析法相似，SWOT分析法是四项分析法，而天地人分析法是五项分析法；内部分析SWOT分析法是两项分析法，而天地人分析法是三项分析法；SWOT分析法关于外部分析的两项是机会与威胁，天地人分析法关于外部分析的两项也是机会与威胁；在之后都是决策。

"天时、地利"是企业创业时期取得成功的关键因素。改革开放后到上个世纪末的中国首批成功的创业者，都是擅长把握机遇和利用环境的具有强烈进取心的冒险家、实干家，他们的成功都是得益于把握住了改革开放政策，在资源丰厚的地区发展成功的，都是借了"天时、地利"之力。但是到如今，他们中的绝大多数人不是失败了，就是被卡在某个发展段前进不得，究其原因，都是缺了"人和"，有的是缺内部"人和"，有的是缺外部"人和"。

"人和"是企业成长后期取得成功的必要因素，没有"人和"就无法实现持续发展。在市场竞争的环境下，"天时、地利"往往不能被一家企业所独享，"人和"则成为保持竞争力的关键因素。

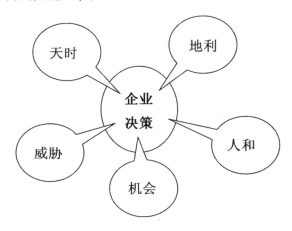

1. 天时

（1）政府的改革，比如现在的审批权力下放涉及行业准入。

（2）垄断行业改革，比如金融、电力、铁路等。

（3）农村城镇化，房地产调控。

（4）国家的行业倾斜政策等。

2. 地利优势：

（1）资源优势：矿产、土地、水电、农产品等，不同的行业需要不同的资源，资源富集地所具有的产业发展优势。

（2）地理位置优势：交通、地形、气候、陆海位置等。同样的公司如果处在北京与天津、上海与南京、西安与大连等等，他们在对外合作谈判过程中，谈判对手会有截然不同的取舍结果。

（3）市场优势：城市、农村、边境、特区等，有不同的商业、服务业、工业发展特点。

（4）地域文化优势：不同民族、社会角色、文化差异等人群聚集区，比如回族、壮族、学生、棚户区、富人区等不同身份的人的聚集区，有不同的文化消费、商品消费、创业特点等。

（5）许可生产优势：国家管控的特殊行业，已经进入者所具有的阵地优势，大的比如上市资格、汽车生产等等，小的比如肥料、农药、医药等。

3. 人和：除了已经存在的社会人群特点外，这是天地人分析法中唯一一个由人主观掌控的领域，需要自己营造，包括接班的富二代接手的企业内部，都需要自己去塑造。其他两个方面对企业而言都是需要去选择适应的要素。在企业中，这一要素主要靠领导者塑造，主要有两个方向：

一是领导者自身的魅力营造。物以类聚，人以群分。领导者个人品质的好坏直接影响管理层人才的吸引和选拔，从而直接影响了企业形象。企业的形象关系着企业的社会人和状态，包括与居民、政府组织、供应商、采购商、消费者，从而影响企业的生存和发展。

二是领导者通过制度——人力资源管理制度塑造。这是企业内部的人和塑造。该人和决定了对人才吸引力、人才的工作效率、团队凝聚力、企业的向心力，是企业成败的关键。"堡垒都是从内部攻破的"，这句话是历史上所有的强盛政治集团、军事集团土崩瓦解的最好注释，就充分说明了人力资源管理的重要性。

人力资源管理与企业业务发展之间的关系可以用经济学中生产力与生产关系的理论来予以描述。企业发展业务的能力反映了生产力，人力资源管理反映了生产关系。生产力是基础，生产关系是上层建筑，有什么样的生产力就要求有什么样的生产关系与之相适应；生产关系对生产力具有反作用，当生产关系适应生产力的发展时，就会对生产力的发展起到促进作用，反之则会阻碍生产力的发展。生产关系主要包括人们的分工协作关系和权利分配关系，在企业管理中主要表现为组织结构与流程、授权与控制、薪酬与激励等等。因此，"人和"实际上就是要求生产关系和谐，需要通过改善企业的人力资源管理来实现。

现在中国绝大多数企业，尤其是民营企业，都是得"天时、地利"的优势，成功地完成了创业期的原始积累，可是现在都停滞了，原因很多，但是属于"人和"方面，却面临着很多问题，这些问题主要表现在人力资源管理方面，特别是组织与人才建设落后于企业的业务发展需求，成为企业在成长阶段的瓶颈。所以，孟子曰："天时不如地利，地利不如人和。"

谈古论今　中国热点问题战略分析

一、房地产

目前,尽管中国多数地区房地产市场如火如荼地发展,但是其潜在的危机已经引起了国家和社会有识之士的高度警觉,如果再不整顿房地产市场,任由其继续如此发展下去,不仅房地产市场将会掉入万丈深渊,整个国家经济也会被它带向深渊。对我国而言,目前国家经济已经到了河边,能成功搭桥过河则开辟新天地,不能成功搭桥就冲进河里,听天由命! 届时,经济动乱不可避免,由此带来的国家管理混乱不可估量,人民财产包括炒房的绝大多数成员将会全部沦陷,由此引发的社会动乱将会把几十年的努力化为乌有,中华民族的伟大复兴将成泡影! 所以,全面整顿房地产市场,理顺游资投资渠道刻不容缓!

按照国务院发展研究中心市场经济研究所所长任兴洲所言:"到 2010 年这些年来积累存量住房全中国是 179 亿平方米,2.2 亿套的住房,按照 2010 年的常住人口的家庭户来算,达到了户均 1.02 套的住房。""十年前各地都缺房子,但是到现在为止,一线、二线和三、四线的城市出现了分化的状况,北上广深可能还缺房子,但是有一些三、四线的城市并不缺房子了,甚至有些省会城市房子并不缺。"

以上仅仅是 2010 年的数据和结论,2010 年至今又经历近四年的快速造城运动,新建楼房规模更胜往年。据中国指数研究院 2013 年 1 月 21 日发布《2012 年全国房地产开发经营数据解读》研究报告所言,2012 年房屋和住宅新开工面积分别为 17.7 亿平方米和 13.1 亿平方米,同比分别下降 7.3% 和 11.2%。由此推算,2011 年住宅新开工面积为 14.8 亿平方米,两年又造了 28 亿平方米房子。由此可见,吸引大批就业者的北上广等大城市缺房还有可信度,但是大多数一、二、三级城市如果还说缺房,可就值得思考了! 之所以还如此叫喊,是地方政府为了经济小利益,还是地方官员个人投资被房地产所套,还是炒房利益集团在托市寻机脱套,还是他们抱团挣扎混淆视听、寻机向普通民众转嫁损失,其中原因恐怕以上几条一个也不会少。

可以说,目前有全民炒房的热情已经降温,在国家的打压、人们理智的回归下,中国的房地产销售市场已经降温,目前各地的房产价位已经高位运行,炒房时机已经消失,理智购房时代已经开始,中国的房地产市场即将进入成熟期。

天时已经抛弃了房地产产业,并且成为逆时行业。

受地方政府和太多人拥有多套房影响,地利暂且还在,但是已经岌岌可危。

人和与地利相类似,只有少数人支持,已经日落西山。

那么房地产企业的决策已经不言而明。

二、海洋开发

21 世纪是海洋世纪,但是至今为止,海上工业还是世界工业界的小产业,中国更是如此。目前中国的海上工业,仅仅是海上石油开采和海上捕捞初加工。中国有坐拥渤海、黄海、东海、南海大片海洋专属经济区,外面还有广阔的太平洋,开发海洋发展海洋工业链经济,不仅对国家发展具有重大的战略意义,而且对于解决游资泛滥成灾具有巨大的资金承载价值。发展海上工业,是不同于以往的全新科技领域,需要全新的理论研究、设计、制造、施工、生产、就业教育等庞大的组织准备和人才培养,需要大量资金投入研究和整合资源。引进游资发展海上工业,不仅使得游资有地方施功,使海洋成为中国新的经济增长点,而且能将游资引入国家战略发展轨道。

海洋有无穷的电能和矿产资源,海洋发电、海洋资源开发是两个大产业,而且海洋发电、海洋资源开发是相互促进的两个领域。就二者关系而言,海洋发电是支撑海上工业的动力基础,大规模的能够提供持续稳定动力的海洋发电是海上工业能够自主存在和发展的基础,但是至今实用性海洋发电建设还停留在几十年前理论水平,缺乏创意突破。只要突破了海洋发电的技术瓶颈,尤其是大规模的能够提供持续稳定动力的海洋发电技术瓶颈,海上工业将会蓬勃发展。

《全国海洋经济发展规划纲要》政策机遇:

海洋经济区域分为海岸带及邻近海域、海岛及邻近海域、大陆架及专属经济区和国际海底区域。开发建设的时序和布局是:由近及远,先易后难,优先开发海岸带及邻近海域,加强海岛保护与建设,有重点开发大陆架和专属经济区,加大国际海底区域的勘探开发力度。

(一)海岸带及邻近海域。

根据自然和资源条件、经济发展水平和行政区划,把我国海岸带及邻近海域划分为 11 个综合经济区,通过发挥区域比较优势,形成各具特色的海洋经济区域。

1. 辽东半岛海洋经济区:本区东起丹东市鸭绿江口,西至营口市盖州角,以基岩海岸为主,岸线长 1300 公里,滩涂面积约 900 平方公里。优势海洋资源是港口资源、旅游资源、渔业资源。海洋开发基础好,是海洋经济较发达的地区之一。主要发展方向为:以大连港为枢纽,营口、丹东港为补充,建设多功能、区域性物流中心;提高海洋船舶制造的自动化水平和产品层次;建设大连、旅顺、丹东滨海旅游带;重点发展海珍品养殖;保障复州湾、金州湾盐业生产基地的持续发展;培植海水利用产业,提高大连市的海水利用程度。

2.辽河三角洲海洋经济区:本区从营口市盖州角到锦州市小凌河口,淤泥质海岸,岸线长300公里,滩涂面积约800平方公里。优势海洋资源是油气资源和海水资源。海洋开发基础弱。主要发展方向为:重点建设辽河油田的临海油气田,勘探开发笔架岭、太阳岛等油气区;加强海水资源开发利用,发展营口、锦州盐业生产基地;加快锦州港建设,为辽西、内蒙古东部地区物资运输服务。

3.渤海西部海洋经济区:本区北起锦州市小凌河口,南到唐山市滦河口,主要为沙砾质海岸,岸线长400公里,滩涂面积约170平方公里。优势海洋资源是滨海旅游资源、港口资源、油气资源。海洋经济发展基础薄弱。主要发展方向为:发展北戴河、南戴河、山海关、兴城旅游业;继续保持秦皇岛港煤炭输出大港的地位,拓展综合性港口功能;加快绥中、秦皇岛海洋石油资源开发。积极发展海水淡化和海水直接利用。

4.渤海西南部海洋经济区:本区北起唐山市滦河口,南至烟台市虎头崖,为淤泥质海岸,岸线长1100公里,滩涂面积约3800平方公里。优势海洋资源是油气资源、港口资源和海水资源。海洋开发北部基础较好,南部较差。主要发展方向为:开发建设歧口、渤中、南堡、曹妃甸海区的油气田,重点建设蓬莱、渤海油气田群;勘探开发赵东、马东、新港滩海油气区;强化天津港的集装箱干线港地位,继续建设黄骅港、京唐港;继续发展海水淡化和综合利用产业,天津要建成海水淡化利用示范市。调整区内海盐生产能力,发展海洋化工产业。

5.山东半岛海洋经济区:本区西起烟台市虎头崖,南至鲁苏交界的绣针河口,为基岩海岸,岸线长3000公里,滩涂面积约2400平方公里。优势海洋资源是渔业资源、旅游资源、港口资源。海洋开发基础好,海洋经济比较发达。主要发展方向为:发展海水养殖业和远洋捕捞业,搞好水产品精加工;强化青岛集装箱干线港的地位,提高烟台、日照等港口综合发展水平;以海洋综合科技为先导,大力发展海洋生物工程、海洋药物开发和海洋精细化工制品;开发建设以青岛、烟台、威海为重点的滨海及海岛特色旅游带;积极发展青岛等缺水城市的海水利用。

6.苏东海洋经济区:本区北起绣针河口,南抵长江口,绝大部分为淤泥质海岸,岸线长954公里,滩涂面积约5100平方公里。优势海洋资源是渔业资源、滩涂资源。南部、北部地区海洋开发程度较高。主要发展方向为:建设海珍品和鱼类养殖出口创汇基地;转变滩涂开发利用方式,发展特色水产品和经济作物;重点建设连云港主枢纽港,发挥新欧亚大陆桥桥头堡作用,开发南通港的外港区;结合沿海工业布局,积极引导海水利用;挖掘滨海旅游资源,形成独特的滨海旅游景区。

7. 长江口及浙江沿岸海洋经济区:本区北起长江口,南抵浙闽交界的沙埕湾,绝大部分为淤泥质海岸,岸线长 2012 公里,滩涂面积约 3300 平方公里。优势海洋资源是港口资源、旅游资源和渔业资源。长江口及杭州湾地区海洋开发基础好、程度高,是我国海洋经济发展最具潜力的地区之一。主要发展方向为:建设上海国际航运中心,加强宁波北仑深水港和杭州湾外港区建设;发展海洋油气和海洋化工深加工;优化资源配置、调整布局结构,发展海洋船舶工业,提高国际竞争力;完善杭州、宁波和舟山群岛旅游景区,建设浙北——上海海滨海岛旅游带;调整渔区经济结构,发展远洋捕捞,搞好浙南海水养殖基地建设;加强海水资源综合利用技术的研究与开发。

8. 闽东南海洋经济区:本区北起沙埕湾,南至漳州市诏安湾,主要为基岩海岸,岸线长 3324 公里,滩涂面积约 1500 平方公里。优势海洋资源是渔业资源、港口资源和旅游资源。海洋经济发展基础较好。主要发展方向为:调整海洋渔业结构,抓好海水养殖基地建设;强化厦门港集装箱干线港的建设,相应发展福州、泉州、漳州等港口;搞好厦门港、福州港的对台海运直航试点,为恢复对台直接通航做好准备;构筑海峡西岸有特色的滨海、海岛旅游带;加强海洋可再生能源、海洋生物工程技术的研究与发展。

9. 南海北部海洋经济区:本区东起诏安湾,西至湛江市滘尾角,以基岩海岸为主,岸线长 3204 公里。优势海洋资源主要有港口资源、油气资源、旅游资源和渔业资源。珠江口周边地区海洋开发基础好、程度高,是我国海洋经济发展最具潜力的地区之一。主要发展方向为:逐步形成珠江三角洲港口集装箱运输体系,搞好区内港口的优化配置,发挥广州、汕头、湛江等区域性枢纽港作用;加大珠江口油气资源综合利用,发展海洋油气和海洋化工深加工;发展滨海、海岛休闲旅游和港、澳、粤大三角城市观光、购物旅游;鼓励发展外海捕捞,重点发展海湾养殖业。

10. 北部湾海洋经济区:本区东起湛江市滘尾角,西到防城港市北仑河口,海岸类型多样,海岸线长 1547 公里。优势海洋资源是港口资源、渔业资源、油气资源。海洋经济处于发展阶段。主要发展方向为:优化港口布局,搞好防城港、北海港、钦州港资源配置;发展珍珠等特色海产品养殖;大力开发北部湾口的渔业资源;大力开发海洋生态旅游和跨境旅游,重点发展北海滨海度假旅游。

11. 海南岛海洋经济区:本区海南岛本岛海岸线长 1618 公里,滩涂面积约 490 平方公里。优势海洋资源是热带海洋生物资源、海岛及海洋旅游资源和油气资源。海洋经济基础较薄弱。主要发展方向为:发展海岛休闲度假旅游、热带风光旅游、海洋生态旅游;发展海洋天然气资源加工利用;完善海口、洋浦和八所港口功能,加强与内陆连接的运输能力;抓好苗种繁育和养殖基地建设,鼓励发展外海捕捞。

(二)海岛及邻近海域。

海岛是我国海洋经济发展中的特殊区域,在国防、权益和资源等方面有着很强的特殊性和重要性。海岛及邻近海域的资源优势主要是渔业、旅游、港址和海洋可再生能源。总体经济基础薄弱,生态系统脆弱。发展海岛经济要因岛制宜,建设与保护并重,军民兼顾与平战结合,实现经济发展、资源环境保护和国家安全的统一。

海岛及邻近海域的主要发展方向是:加大海岛和跨海基础设施建设力度,加强中心岛屿涵养水源和风能、潮汐能电站建设;调整海岛渔业结构和布局,重点发展深水养殖;发展海岛休闲、观光和生态特色旅游;推广海水淡化利用;建立各类海岛及邻近海域自然保护区。

(三)大陆架和专属经济区。

1. 渔业区。黄海渔业资源严重衰退,要严格控制捕捞强度,加强对海洋鱼类产卵场、索饵场、越冬场和洄游区域的保护,扩大对虾和洄游性鱼类的增殖放流规模。东海主要渔业资源衰退,要加强对多种经济鱼、虾类索饵场和越冬场及部分种类的产卵场的资源保护,加强人工鱼礁投放,严格实施限额捕捞制度,逐步恢复渔业资源。南海渔业资源丰富,种类繁多,要控制捕捞强度,适当投放人工鱼礁,加快恢复渔业资源,继续开展渔业资源调查,增加可捕捞渔业资源。

2. 油气区。黄海油气区要进一步调查勘探,努力发现商业性油气田。东海油气区要加大勘探工作力度,采用多种形式进行台西盆地和台西南盆地的勘探,稳步增加油气产量。南海油气区要加大珠江口盆地、琼东南盆地、北部湾盆地边际油田和莺歌海盆地的油气资源勘探力度,扩大勘探的范围和程度,增加油气资源储备,重点开发建设北部湾油田、东方气田。加强南部海域油气资源勘探,探索对外合作模式,维护我国南海南部的海洋权益。

(四)国际海底区域。

加强国际海底区域资源勘探、研究与开发。持续开展深海勘查,大力发展深海技术,适时发展深海产业。圈定多金属结核靶区,开展富钴结壳等新型矿产的调查,兼顾国际海底区域其他资源的前期调查,加强生物基因技术的研究与开发。努力提高深海资源勘探和开发技术能力,维护我国在国际海底区域的权益。

天时正处于上午的太阳,最黄金的发展期就在前方。

地利在于企业根据自己的特点寻找,只在你做不做,不在于没有地方可以做。社会环境的人和始终存在,企业内部的人和需要领导者自己创造。

三、家庭汽车工业

目前中国的汽车工业,虽然是如火如荼,如日中天,但是按照当今世界技术的发展,注定是一个日落西山的产业。主要表现在以下方面:

一是石化能源制约:

2012 年产量为 2.04 亿吨,进口 2.8 亿吨,石油对外依存度升至 58% 左右,而这一数字在 21 世纪初仅为 32% 。国际上一般将石油对外依存度达到 50% 视为"安全警戒线",一旦超过警戒线,则需警惕石油能源安全问题。

二是空间制约:道路、交通、停车的拥挤,已经严重制约了汽车行业的发展,不乐观的未来已经显现。

三是环保制约:城市汽车尾气污染已经成为空气污染的主要元凶。

未来发展方向预测:

一是汽车飞机化,这是节能、解决行车拥挤的最佳途径。

二是汽车电动化,这是环保政策所迫,一旦大容量、快充电技术实现突破,现在的汽车工业就走到了尽头。

三是汽车小型化或者变形化,解决出行、停放拥挤难题。

中国的汽车工业如果还满足于现状,不做技术创新,那么未来必然如现在的美国底特律一般,而且很快。美国汽车行业的竞争、发展及结局,将是未来十年中国汽车行业的缩影。

天时已经处于半下午的太阳,正向西山靠近。

地利已经快要耗尽。

人和目前太阳已经过了正午。

下 篇

03

| 观企业 制战略 |

企业战略策划

  企业中长期战略策划的制定,对企业而言,是一件关系未来发展成败的大事,所以不可不谨慎、严肃对待,所有规划都需要有坚实可靠的支持依据。所以,策划人需要有大阅历才有策划基础,有大智慧才具备预测未来能力,有丰富企业实践经历才能具备策划能力。以下是淄博龙锋策划工作室孙德锋先生历经近二十年的专业策划生涯,总结经验,归纳出30字的企业战略策划制定原则:

制战略,观业主。
大产业,看国策;
小产业,看行业。
大企业,看施政;
小企业,看市场。

  总的意思就是要给一个企业制定战略发展策划,首先要仔细审查这个企业,看这个企业的老板、经理、产品、技术、人才、市场地位、管理水平,评审各个方面长处、不足,为量体裁衣策划做基础性准备,才能做出适合这个企业的策划。接着,就要看企业所属行业,企业所属行业如果是国民经济当中的支柱产业,那么就要看国家的中长期发展国策,研究而后制定顺应国家发展规划的策划才是正确的、好的策划,如果企业所属行业不属于支柱产业,那就要看三个相关行业,一个是企业所依附的行业,另一个是本行业,还有一个是替代品行业,审查三个行业的发展前景,就是本行业的最终发展前景,指导企业发展战略方向的制定。最后试看企业的大小,如果企业是大中型企业,那就要看各相关地域各级政府的施政规划,研究并顺应制定市场发展战略。如果企业是中小型企业,那么最重要的就是分析市场,占领、扩大占领市场,赢更多的利,更好地生存,因为生存是第一位的,这样才能有发展。

  下面的一个房地产企业的战略规划是我协助淄博龙锋策划工作室孙德锋先生所做的一个房地产企业的战略策划,仅仅隐去企业名字,完全是原文,以做示范及验证。此五年规划还有最后一年等待验证。

M 置业有限公司策划方案

这是一家成立多年的房地产企业,又到了中期发展战略制定之年,因为对房地产市场有些不确定,所以寻找外脑为他们制定新的五年期发展规划。

五年中期发展战略规划

顺天时　取地利　营人和
塑造特色百年建工企业品牌

上篇　发展规划纲要

人无远虑,必有近忧。每一个伟大的企业,背后必有一个伟大的战略。没有战略的企业,是一个没有奋斗目标的企业,是不可能成就伟业的企业。此次五年发展规划的制定,标志着 M 公司走上了成就伟业的路径。

定战略,看国策。在五年中期发展战略规划制定之前,首先,需要分析本轮经济拉动两个相关政策内容:

【国务院总理温家宝 5 日主持召开国务院常务会议……出台更加有力的扩大国内需求措施,加快民生工程、基础设施、生态环境建设和灾后重建……会议确定了当前进一步扩大内需、促进经济增长的十项措施。

一是加快建设保障性安居工程。加大对廉租住房建设支持力度,加快棚户区改造,实施游牧民定居工程,扩大农村危房改造试点。二是加快农村基础设施建设。加大农村沼气、饮水安全工程和农村公路建设力度……三是加快铁路、公路和机场等重大基础设施建设。重点建设一批客运专线、煤运通道项目和西部干线铁路,完善高速公路网,安排中西部干线机场和支线机场建设,加快城市电网改造。四是加快医疗卫生、文化教育事业发展。加强基层医疗卫生服务体系建设,加快中西部农村初中校舍改造,推进中西部地区特殊教育学校和乡镇综合文化站建设。五是……六是……七是加快地震灾区灾后重建各项工作。八是……九是……十是加大金融对经济增长的支持力度。取消对商业银行的信贷规模限制,合理扩大信贷规模,加大对重点工程、"三农"、中小企业和技术改造、兼并重组的信贷支持,有针对性地培育和巩固消费信贷增长点。

初步匡算,实施上述工程建设,到 2010 年底约需投资 4 万亿元。为加快建设进度,会议决定,今年四季度先增加安排中央投资 1000 亿元,明年灾后重建基金提前安排 200 亿元,带动地方和社会投资,总规模达到 4000 亿元。

会议要求,扩大投资出手要快,出拳要重……要优先考虑已有规划的项目,加大支持力度,加快工程进度,同时抓紧启动一批新的建设项目……】

2009 年 2 月 27 日,住房和城乡建设部印发了《关于〈建筑节能与科技司 2009 年工作要点〉的通知》,包括完善《民用建筑节能条例》政策法规标准体系,突出抓好建筑节能,加强重大科技项目的组织与实施等三大要点。

1. 力争到 2009 年底,全国新建建筑施工阶段执行节能强制性标准的比例达到 90% 以上,并且,推动有条件的城市执行新建建筑 65% 的节能标准。

2. 加快推进北方采暖地区既有居住建筑供热计量及节能改造,2009 年力争完成改造面积 6000 万平方米。

3. 加强国家机关办公建筑和大型公共建筑节能管理。……

在全球金融危机导致中国出口行业的萎缩,保持增长,拉动内需,调整结构成为 2009 年的应对措施。而房地产行业牵涉上下游 50 多个行业的兴衰,更兼具投资和需求的双重身份,经济发展很难避开房地产行业的直接拉动。正因为此原因,也就不难解析为什么 2009 年房地产行业又被地方政府执行经济拉动政策看重,重新确立为国民经济的重要支柱产业的合理解释,同时也可以确定房地产又将进入各个地区经济建设中心地位,而唯一威胁此政策地位的只有两点:房产价格容忍度、新房空置率。

这次会议的核心是"到 2010 年底约需投资 4 万亿元",除去铁路的 2 万亿和四季度的 1200 亿,还剩下 1.88 万亿元,按照国家投资规模与地方带动投资规模 1:3 比例,又可以带动 5.64 万亿地方投资,两年有 7.52 万亿的投资项目规模,项目的工程建设余波可以波及 2013 年。

从此轮拉动政策中还可以看到一个名词结构调整,这个政策倾向在房地产、基础建设的设计、施工方面就表现为节约、节能型建筑结构,具体就是节能建筑、钢结构建筑,所以不容置疑,节能建筑、钢结构建筑将会成为基础建设的主流被国家所强调推行,尤其节能建筑、钢结构建筑也是经济危机发生前国家推广的主调。

本轮拉动也有农村的内容,但是前期的农村土建项目几乎与我们这种类型的建筑公司无缘,但是随着城市拉动效应的疲软,后期出台针对农村的新政策变化是有极大的可能与建筑行业发生关系,而且与节能新技术建筑公司关系会非常密切,公司的建筑技术发展是将来此政策来临时获益的保证。

中国县级以上的城市多达近三千个。随着大中型城市在发展中不可避免地发生的商务成本的上升,各种类型的城市会呈由大城市到小城市甚至乡镇"梯级成长"之状态,这种状态往往会引起房地产投资地点和方向的转移,这种转移也必将带动以房地产开发为龙头的各行各业的市场阵地的转移,这将是五年后将要面对的主要市场、战场。

一、市场简要分析

中国的房地产市场经历了2005—2008年的高速膨胀后,房价的快速上涨和价格水平已经撼动了国计民生的稳定,引起了国家高层的警觉,今后房地产市场的发展,房价势必成为国家经济宏观调控的焦点。政策使得房地产市场长期内再也很难发生这一轮的价格旺市再现,普通住宅价格将会相对于国民经济增长长期处于稳定状态。

金融危机的冲击,使得国民经济健康发展受到严重威胁。国家的经济拉动政策不可能持续长久,此轮的基础建设投资充其量只能让产能过剩的行业喘口气,赢取一点思考的时间,给予一个转变的机会。目前的繁荣现象,不容长久乐观。拉动政策不可能长久,经济发展过热随时可能发生,新的政策举措随时可能降临。

作为与房地产市场紧密相关的建筑企业,房地产的冷暖也是建筑行业的发展晴雨表。建筑企业如果继续保持以往的经营方式、建筑技术,不思改进,那么经营风险度将严重高企!

二、经营思路

整合公司所占和所可以利用的天时、地利、人和资源,力争主要传统土建项目保持2009年的业务额规模,并稳定提升、向上发展;在熟悉的纵向、横向建筑领域内,寻找新的发展突破方向。打造别人能做的,我做得更好,别人做不好的,唯我能做好的特色建筑企业。

● 天时:

两个内容,一个是顺应国家经济拉动政策,扩大土建工程业务运作力度,并顺势扩大市场影响,建立尽可能多的战略合作伙伴;另一个是顺应国家强制推行节能、节约建筑政策方向,提升节能、节约建筑建设、设计能力,进军节能、节约建筑市场,为建筑节能时代的到来夯实基础、储备人才、抢占地盘。这样,就可以形成传统土建业务与未来业务并举的长远发展格局,形成公司业务发展呈连续性、前进性态势。

● 地利:

占领本县建筑行业建筑技术能力制高点,塑造特色建筑公司实体。经营本县和做过工程地市的市场人脉,力求建成自己的根据地,做到哪里有过公司建筑业务,哪里就是公司的一个根据地。再以根据地为中心,以长远经营为宗旨,以点带面,扩大战果。

- 人和:

建立并发展战略合作伙伴,首先跟随四大本县上市公司、已有工程合作业务的房产开发公司建立战略扩张合作伙伴,以保公司经营成果规模的稳定性,取得扩张成本的最小化。其次,承揽建筑项目的业务部门在施工工程地区主动联系房产开发公司,加强公关,寻找、承揽建筑工程项目。

三、发展策略

市场总评:此五年内,变的是国家的经济拉动政策,不变的是节能、节约型建筑方向。

1. 战略目标选向:

从业务行动上,在建筑领域塑造特色建筑企业;从宣传上,在行业内进行企业特色塑造;从策略上,有针对性地对建筑市场进行切割,占领行业内都没有重点关注的市场板块。

横向、纵向整合建筑市场各个环节,找出热点产品、将来热点产品、空白市场产品,整合资源优势,结合自己的主业、人才优势,寻机顺势投资发展。横向发展更多的业务经营范围,纵向扩展掌握更多的房地产开发的环节。

营建银行贷款信用,塑造真正的银行信用记录,未雨绸缪,为房也产开发铺路。

2. 战略目的:

在节能建筑领域,立即行动在行业内做节能建筑企业特色品牌切割,塑造特色节能建筑企业,成为在节能建筑方面在全国的响亮品牌。在房地产领域,携节能建筑技术优势,在沂源、淄博、临沂做几个微利房地产项目,制造新闻事件,塑造节能开发商特色品牌。

(传统土建市场已经大企业林立,而公司起步晚,实力不足,想要在此领域做品牌事倍功半,成名机会渺茫。)

3. 战略实力经营手段——资本运作:

全资投资:这是资金充足的情况下,对公司熟悉的纵向、横向朝阳产业或者产品的投资方式。这种投资方式可以使公司尽可能多地独占更多的市场份额,占有更多的市场利益,使公司的经营多一条好的出路,给公司的发展多上一条保险。在建筑行业所谓的朝阳产业,只存在于节能建筑市场、节能材料开发和新兴的土建技术工程的纵向建筑环节。

控股兼并:这是一种投入少,能更快、更好地出成果的资本运作方式,同时又可以实现公司规模的快速扩大的资本运作手段。该手段适用于熟悉的产品环节,又存在需要费时逾越的技术或者其他门槛,并且又与土建工程业务关系密切的纵向、横向环节产业,按照公司的实力,可以在混凝土、管材、门窗、节能材料方向寻找机遇,另外路桥工程、钢结构也可以采用。

入股经营:对于公司缺乏技术及管理的纵、横向好产业、好产品、好公司,公司可以以入股加强该公司的经营实力的方式,成为企业股东,密切与该公司的合作,从而不仅可以做该市场业务,而且可以自己不费力雇佣别人给自己赚钱。水泥、钢结构行业可以采用。这两个市场,尽管市场已经发展得很成熟,但是由于市场空间依然巨大,仍旧有极大的发展和盈利空间。

4. 传播战略

综合市场运作:

节能建筑工程荣誉运作:与节能企业合作做标志性节能建筑。

借工程配套产品营销中运作:在自产或者代理的节能材料及其配套产品的营销中,刻意与建筑企业、房产开发商频繁接触,尤其是开发商频繁接触,实现产品和建筑工程的双丰收,同时实现品牌价值增值。

借战略合作伙伴造势运作:

传播运作:建筑类刊物广告、电视广告(目前建筑企业几乎是空白)、网站(自己的、战略伙伴企业的同步)。

公关运作:

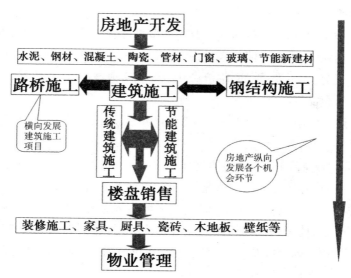

战略伙伴：横向节能企业建立战略合作伙伴，共同宣传、共同开发节能建筑工程市场。

建筑主管部门、建筑设计部门的影响力个人建立口碑推荐业务合作。

四、五年经营战术运作

鉴于目前房地产市场前景迷茫的局面，掌握主动，才是实现销售业绩目标的保证，所以变是这个五年计划的主题。这个变，有内变和外变两层含意，内变是公司架构优化重构，外变是经营市场的方式改变和范围扩大。变的目标是更多的市场机会，更大更稳定的市场，更容易获得利益的市场。成功转变后，任房地产市场淡旺兴衰，我的业务稳步增长。

1. 政策操作：

总部出走，促增长，保利润：走出去，赢地利、人和，开发当地房地产、建筑工程业务市场，巩固实施本土化经营力量，促进当地业务增长，合法赢取政策减税，保利润。

对新技术进行投资开发，削减利润数量，不仅取得新的利润增长点，而且合理避税（所得税）。

2. 业务定位：特色建筑商。

土建市场（据地利，建立项目办事处，抢人和）：目前仍旧是主流建筑方式，而且也是国家推行的节能建筑的主体工程，所以仍旧作为基础骨干业务经营发展。

沂源，是公司的主要命脉市场，携建筑公司资质优势做大，以节能建筑技术特色做强，制造沂源建筑第一品牌，接着争取淄博地区第一品牌。

在淄博其他地区、临沂地区，以属地和原属地人脉优势，再携技术、成本、品牌开发市场。

有过建筑工程的临清、包头，可以以在建和已建工程为标版，扩大市场。

全国其他省份可以重点关注的省份以安徽、河北为首，河北临近首都，是门面省份，而且河北有"三年促大变"的城市发展战略，安徽是国家政策偏向的省份，同样有巨大的发展前途；其次河南、云南、新疆，河南建设文化大省战略也能产生巨大市场，云南和新疆政府是山东人的天下，人和优势明显，业务容易开展，只是偏远；再次江苏北部地区，城建底子薄，相对而言城市建设市场会有巨大增量，而且距离近。

节能建筑市场：是将来的主流建筑市场，也是目前国家强力推行的建筑技术。可以作为下一步的主攻业务类型发展，目前在此领域尚没有响亮的品牌特立出现，位阶领先优势尚没有取得。先到者先得，塑造特色的建筑商品牌——专业节能建筑承建商。不局限地域范围，若果有柔性面砖项目，更可以承揽建筑外墙施工、旧建筑节能改造外墙施工。

钢结构市场：该产业已经具有相当规模，全资建立，费时费力，尤其进入该行业所需要的各种人才都不具备，属于公司掌控型投资选项里的鸡肋投资项目，但是作为丰富公司的业务种类，增加业务额、利润额却仍然是一个比较好的选择项目，是可以入股投资，放手让别人经营，自己坐分利润的项目，尤其获得入股分利的同时，还可以作为附带业务从钢结构市场承揽业务，从中渔利。

房地产开发：

沂源，是公司的主要命脉市场，公司可以影响大的基础和携建筑公司优势，将市场做大，再以节能建筑为先锋，将品牌做强，制造沂源第一品牌。

在淄博其他地区、临沂地区，以属地和原属地人脉优势，再携资金、技术、成本优势，寻机圈地做节能小区房产开发，在民间、政府中制造公共舆论，塑造此两个地区优质房产开发商、工程承建商品牌。

在东部发达地区和西部中心城市，该行业属于已经被做熟做滥的产业，尤其是土地价格的水平，已经难以承载房产销售，但是在东部以农业为主导型经济的地区城市和西部二、三级城市，仍旧有巨大的发展空间，可以整合公司的优势建材产品、建筑技术、人脉资源，建立综合开发经营根据地。

在西部可以与当地人合作，建立分公司、股份公司，充分开拓当地的建设资源、人脉资源，将公司的事业做得更大、更广、更远。以我们公司的目前实力，机会只在中西部地区二、三线城市，甚至要侧重三线城市。

总之，在特色建筑商的品牌下，以建筑行业为核心，实行纵向、横向多元化发展，房地产开发与建筑项目承建错季（淡旺季）经营，实现在房地产开发市场淡季公司建筑业务不淡，旺季建筑业务更旺，保证公司的业务收入和利润淡季平稳、旺季跳跃发展。主要发展业务以及各个业务之间的相互关系结构图如下：

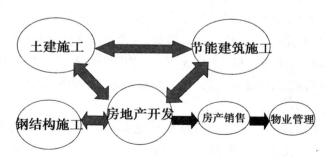

3. 完善公司业务组织架构：

通过了解，公司没有自己的专职项目承揽职能部门（我不知道现在的业务承揽部门与公司到底是何种关系），这个部门功能的缺失是保证公司业务能够稳步提增、产业顺利发展的巨大隐忧风险。开发市场工作的连续性是保证建筑企业不断稳步发展的关键所在，这就迫切需要该业务能在公司掌控下运作，需要公司在组织架构上完善公司的这一功能单元，解决这一巨大风险的威胁。

4. 经营方针定位：

• 保稳定：

主体是土建市场，分析整理以往的合作伙伴资料，筛选信誉好、有业务前途的公司，确定战略伙伴关系。在这片熟悉的市场，扎根经营，建立根据地，保市场，保稳定的基础业务收入。

• 求发展：

在建筑技术类型上纵向发展，切入一片顺应建筑发展趋势的新市场，与建筑市场的将来发展方向保持一致，以期永不落后，获得长远的经营发展。深度切入节能建筑市场，在此市场建立声誉，创造特色建筑商品牌。这一个建筑市场，尽管是国家强力推行的建筑类型，但是目前尚不成熟，而且缺少品牌，若果运作方式、宣传得当，更容易在建筑行业、房地产开发市场建立影响，正是建立公司品牌的一个大好的机遇。

• 增业务，保增长：

包括横向和纵向以不同方式参入一些市场，分一杯羹，保利润。

横向产业中，钢结构是一个全新的节约型建筑技术，而且也是集贸市场、厂房等建设的未来发展方向。只是目前这片市场竞争激烈，而公司的人才、技术、管理优势全无，独立操作风险巨大，最好的方式是入股参入此类公司，这样公司就可以承揽钢结构业务，快速形成产能，而且不参入管理经营，享受市场分利。

纵向可以选择水泥、混凝土搅拌、房地产开发与销售、物业管理。其中，混凝土搅拌可以做投资项目首选，该项目投资少，生产技术不算复杂，是土建工程的共生体，同时也是质量和利益攸关的一个建筑环节，是建筑工程中采购量最大的建材产品，自身消耗兼出售，是很好的纵向发展选择。其他三项可以寻找市场剧烈波动机遇，采取入股、控股、独资适当的方式介入发展。

五、风险规避策略

凡事虞则立，不虞则废。公司发展存在两种风险，一种是业务收入兑现风险，另一种是业务收入和实现利润两个发展目标难以实现风险。

公司走出沂源，到外部开发市场，第一种风险是不可避免的，这就需要从两方面着手应对,一方面是提前规避风险,免除威胁;另一方面是解决风险,风险不可避免地临头,怎样化解,甚至成为利益。可以采取以下三种措施规避和化解:

1. 承揽工程合同附加条款规避:

有权以成本上浮5%的价格,优先选择优质房产资源如门面房、办公房、热点楼型等公司可用的或者容易变现的房产抵工程欠款账,这样既不伤合作的和气,而且对方也容易放弃。

2. 房产销售力量规避:

公司有得力的房产销售部门销售消化,这样公司的业务人员会更有信心地开发市场,承揽业务,更有利于实现公司的经营目标。

3. 建材经营:

追求该工程的利润最大化,通过内部的利润互补,可以实现风险损害的最小化。

至于第二种风险,如果仅仅依靠单一的建筑市场,风险就会很大,只有依靠纵向延伸扩大利润空间、横向扩大市场范围,实施相近行业多种经营,才能降低公司发展目标对国家房地产政策的严重依赖性。纵向、横向发展的项目、业务可以做到:在建筑市场旺盛时,给公司完成制定的发展目标行动锦上添花;建筑市场暗淡时,给公司完成制定的发展目标工作雪中送炭。除了纵向、横向拓展市场外,不可涉足行业外领域,否则就会进入发展误区,迟滞甚至夭折公司的发展。

六、人才战略

即使以上规划再好,但是如果没有合适的人才去执行实现,该规划仍然是水中月梦中花。正如柳传志所言,人才是利润最高的商品,能够经营好人才的企业最终是大赢家。此话的正确性,不是因为柳传志的成功来证明的,翻看古今中外的历史都可以证明。我要说,能够经营好人才的企业家,会是赢家中的最大赢家。看看汉高祖刘邦的一生就可以明白。刘邦文不如萧何,武不如韩信,安邦定国不如张良,处理难题不如陈平,但是只是善于经营人才一招,最后是他取得了天下。正如荀子所言:

口能言之,身能行之,国宝也。

口不能言,身能行之,国器也。

口能言之,身不能行,国用也。

口言善,身行恶,国妖也。

治国者敬其宝,爱其器,任其用,除其妖。

荀子的话对人才的划分,人才的使用,可谓言简意赅,一针见血! 国家如此,企业也是如此! 经营国家就如同经营一个企业,企业也是一个王国,有外交(公关)、文臣(管理者)、武将(营销管理者)、百姓(生产服务工人)、士兵(营销者),而公司总经理就是摄政大臣或者丞相,董事长就是国王。一个企业要长远发展,要更大、更好发展,不仅国宝、国器、国用三种类型人才都需要具备,而且需要有战略规划人才来统筹安排,同向发力,才会少做无用功,少走弯路,公司才能快速健康发展。

建立人力资源部是目前就该开始的重中之重工作,这是公司即将面临改变的源头,也是改变后公司质量的保证。

1. 人力资源部职责:

(1)定期分析公司人力资源状况,根据公司发展战略制定人力资源开发和结构调整规划;

(2)负责制定公司人才的考核、监督、调整交流、办理任免手续及后备干部的选拔、培养、考察等工作;

(3)负责各职能部室目标任务及考核办法的制定和考核;

(4)负责公司及各部室工作人员的选聘、考核、奖惩及日常管理工作;

(5)负责公司各职能部室之间的人事调动;

(6)负责公司专业技术人任职资格的评定、推荐和聘任工作;

(7)负责研究制订公司用工制度、工资制度,设计、建立和组织实施工资收入分配激励机制,并指导具体实施;

(8)负责定员、定编、工资总额的审查核定;

(9)负责公司社会保险方面政策指导和协调,以及集团公司工作人员社会保险等日常管理工作。

2. 人力资源部成立后,首要基础工作:

人力资源现状评估:目前公司的人才结构是以工程施工为中心、一切人才都是为建筑施工服务的人才组合形式,有严重的土建项目人才倾向,抗逆抗变能力薄弱,不利于公司生存发展。

根据发展规划编写公司长远人才招聘计划。

人才储备计划:根据公司将来的投资项目发展计划,有目的地、有计划地、有针对性地招聘、储备公司将来发展项目的重要、核心人才。

独立投资项目招聘计划:根据投资项目特点,设计项目岗位、定员、岗位职责、岗位素质要求,确定项目编制、岗位资格要求、薪酬,并落实招聘计划。

业绩考核办法:制定不同部门、不同岗位的工作业绩考核办法,以及制定相应的工资发放、奖罚标准。

职位晋升制度:根据工作考核,编制工作人员薪酬、岗位晋升机制。

淘汰机制：根据工作考核，编制工作人员辞退机制。

员工培训计划：根据公司人才结构不足、素质现状、管理问题等，制定公司不同时期的培训项目内容、培训经费计划安排。

执行培训：根据培训计划，选择培训机构，建立培训合作关系；邀请技术专家讲课培训。

今后的五年，可以说是人才大量引进的五年；今后的五年，可以说是引进人才给公司带来蓬勃发展变化的五年；今后的五年，可以说是人力资源部建设、成长、完善、辉煌的五年；今后的五年，是人力资源部奠定公司未来发展基础的五年。人力资源管理是公司五年规划的重中之重的工作。

七、文化战略

1. 思想文化核心：结果至上，提升至上。

2. 行动文化核心：只看结果，不问过程；首重态度，次看能力。

3. 管理文化核心：首重制度流程，次重个人能力；注重过程控制，杜绝事后整改。

5. 奖惩文化核心：一码归一码，现事现报。执行事中奖惩兑现，抛弃事后开会集中表彰。

6. 个人晋升文化核心：记功提升，不进则退。

好汉不提当年勇，每个新的位置都是新的起点，成绩归零。过去的功绩造就现在的自己位置，将来的位置要靠现在去铸造。

八、管理战略

1. 管理思想核心：

令行禁止，令出法随。一切行动听指挥。

建筑施工、房产开发本质上是一场人命关天的技术工程，要求技术指挥，行动不打折扣，管理一丝不苟，才能打赢这场与自然、自然破坏力抗衡的建设战争，这就要求整个团队要有极高的对技术的执行能力。

该做什么，不该做什么？做到何种程度？没完成怎么处罚？完成怎么奖？超额完成怎么奖？每次任务安排都要细致安排，不可或缺。

2. 管理行为核心：

军事化管理。所谓的狼性团队、有凝聚力团队，莫过于铁一般的军事化管理团队。

3. 管理过程核心：

结果、责任、检查、奖励，实行工作目标倒推管理。结果至上，责任细分到每个人，事中检查监督，即时奖励。

4. 管理制度核心：

制定各个岗位职责制度、职位级别制度、晋升制度、工作升降制度、奖金奖惩制度。

5. 职位级别制度：

仿效军衔制度略加改变设定。

工人：5 级技术级别，工资也随着级别调整。

基层管理者：正副职各 3 级，并对应相应的工资标准。

中层管理者：正副职各 3 级，并对应相应的工资标准。

高层管理者：正副职各 3 级，并对应相应的工资标准。

此级别的设定，既是人力资源考评的参照，也是给每位员工指明个人成长路径。

6. 晋升制度：

分为职位晋升、级别晋升、工资晋升。晋升标准以结果为导向。

职位晋升是成绩和能力决定的，同时伴随着级别晋升、工资晋升。

级别晋升是成绩和态度决定的，同时伴随着工资晋升，但是没有职位晋升。

工资晋升仅仅是成绩决定。

7. 奖惩制度：

偶发事件，事中现场奖惩。

两年无功不晋升的，降级；

两次连续降级，之后如果没有特殊功绩，将不再升级，但是工资不受账制。

下篇　五年目标计划分解

本篇任务分解依据如下：以主流框架式建筑为参照对象

普通建筑以 6 层和 13 层楼的每平方米目前平均单位造价 900 元计算（800—1000 元）。

节能建筑也以 6 层和 13 层楼的每平方米目前平均单位造价 1000 元计算（成本提高 5%—20%）。

土建工程利润率是 13.1%，使用的根据是提供的目标任务和目标利润。

钢结构、房产销售等其他项目收入不列入业务目标计划，仅以建筑工程完成目标任务，并且每一年为了保证完成目标业务任务，都是按照超过目标任务额分解，尤其是利润项目。由于利润率的不确定性，钢结构没有列利润，房产销售以200 元/平方米计算。

改变规律是普通土建向节能土建变化，最后彻底变成节能土建工程施工。节能建筑单列持续到2012年,以后并入总体施工中,建筑单位造价取两种施工方式平均值950元/平方米计算。

一、2010年收入:10516万元　利润1372万元

1. 本年度房市预测:

国民经济发展旺盛,承接2009年的房产开发走势,建筑施工市场仍将是繁荣旺盛的一年。尽管如此,但是完成相对2009年主营业务实现10%的增长,仍旧有相当的难度。因为不同于2009年,本年度是此轮国家4万亿经济刺激拉动政策计划执行的最后一年,新的建设项目数量可能会有极大的膨胀,不仅本年度的业务要完成,而且要为这个五年计划的开好局,这是承上启下的关键一年。能否在此轮政策中取得最大的收获,2009、2010两年是奠定这个五年计划的关键。本年度不仅要完成本年的业务收入,还要借此轮政策东风取得更多的2011—2013年的工程项目合作计划,否则2012、2013年可能会重演2008年收入大跌49.3%的现象。同样,本年度的目标还需要从2009年做起,如何保证这种承揽业务经营的跨年度延续性,是公司稳步实现目标战略的首要工作。

2. 公司内部机构改革:2009年冬天开始

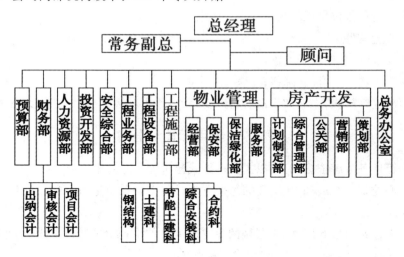

公司五年发展组织架构图

人力资源部:成立公司人力资源部。人才带来的利润是不可估量的,没有负责人才管理、培训提升专业部门的公司是很容易产生发展瓶颈、发展中止的公司。资质的提升,必将带来公司人才结构的巨大改变,人才的招聘规划、引进执行、人才管理、人才储备、业绩考核、淘汰机制、培训等,都需要专业部门主管,

形成公司人才有进有出、有储有用、有升有降、有奖有罚的有序监管的良性状态。

投资开发部:充实投资管理、资本运作方面的人才力量,从事市场调研、项目考察、融资投资、投资管理、投资可行性分析等工作,或者由公司高层、专家成立开发委员会,主要评审纵向、横向投资项目发展决策问题。

工程业务部:负责建筑项目承揽业务,主动承揽建筑项目;负责项目公关处理,发展建筑项目战略合作伙伴;负责建立建筑业务根据地、制作、执行公司的市场开发计划。成立专业的投标科室、公关科室,独立或者合作开展业务,实现公司建筑施工的连续性,完成五年的目标任务。

预算部:专职负责公司目标工程的预决算业务,对公司的全部目标项目预算负责。

房地产开发处:设立以下部室。

计划制定部:负责整体房产开发项目的开发过程规划、流程安排、流程监督修正。

综合管理部:监督、执行开发流程过程,对所负责开发工程决算审核。

公关部:开发过程中,政府部门、拆迁等事务处理。

策划部:负责从开发开始的营销操作,制定每一阶段的营销计划、流程、方式方法。

营销部:落实每一步的营销行动

为减少开支,方便公司统一管理,财务部、预算部、人力资源部、安全综合部、总务办公室是对整体公司包括分公司的相同业务职能统一负责的组织,其中,财务部在分公司、子公司只设一个直属出纳会计。

3. 稳定将来业务收入:与扩张型上市公司、关系密切的房产开发商建立建筑战略合作伙伴关系,取得相对有保障的稳定的建筑项目数量;业务部门主动出击,承揽下一年的建筑项目。

4. 扩大市场经营范围开源增流:资本运作,相机在建筑材料、节能材料、加工环节等纵向环节和横向钢结构建筑领域投资、开发市场。尤其考察钢结构市场、钢结构企业,可以选择有设计能力的企业,业务合作或者入股合作,试探承揽开发钢结构项目工程,为进军钢结构市场做准备。

5. 发展主次顺序以及目标任务安排：

2010 年目标任务分解　　单位:万平方米　元/平方米　万元

市场	建设规模	单位造价	建设总额	公司所占份额	公司建设总额	公司工程规模	实现利润	年度目标任务	所占任务份额	年度利润任务	所占利润份额
沂源	49.5	900	44550	16%	7128	7.92	933.768	10516	0.6778	1372	0.68
自建	3	900	2700	100%	2700	3	500	10516	0.2568	1372	0.36
淄博地区	600	900	540000	0.20%	1080	1.2	141.48	10516	0.1027	1372	0.10
包头	800	900	720000	0.03%	216	0.24	28.296	10516	0.0205	1372	0.02
其他地区	—	900	0	—	0	0	0	10516	0	1372	0
节能建筑	0.5	1000	500	100%	500	0.5	—	10516	0	1372	0
钢结构	—	—	—	—	—	—	0	10516	0	1372	0
节能改造	—	—	—	—	—	—	0	10516	0	1372	0
房产销售	—	—	—	—	—	—	0	10516	0	1372	0
物业管理	—	—	—	—	—	—	0	10516	0	1372	0
合计	—	—	—	—	11624	12.86	1603.544	—	1.0578	—	1.16

银行资信运作,建立银行系统内的企业贷款信用记录,为房地产开发融资铺路。

通过自己的房地产开发项目,切入节能建筑项目市场,改写企业节能建筑工程施工简历,塑造节能建筑商品牌形象,为迎接建筑市场的大规模转型做准备。

5. 本年度招聘计划：

更细的招聘计划需要人力资源经理、助理制定,从 2009 年冬天开始。

人力资源科:人力资源经理、助理各 1 人

财务科:注册会计师 2 人,出纳会计数名

预算员:数名

项目经理:钢结构 1 名,节能建筑项目经理 1 人,土建数名。

工程业务部经理:1 人

建筑项目投标员:数人

工程业务地区主管(可聘也可以由工地项目经理负责承揽当地建筑业务)

质量环境安全职业健康管理体系专员:大专以上学历,内审员资格,1 人

房产开发企划专员:1 人

房地产策划:1 人,能独立进行全套开发过程、全年房地产营销策划

房地产营销经理以及营销人员:若干

公关人员:1 人,35 岁以上,处事圆滑,有过办公室主任经历

6. 培训:

2009 年冬天开始,详细计划以及执行,由人力资源经理负责。

高层经理:战略管理培训

项目经理:节能建筑项目管理

施工员:节能建筑施工管理

质量环境安全职业健康管理培训:全员培训

员工素质培训:全员培训

团队培训:全员培训

执行力培训:中层管理人员

营销培训:工程业务部、房产营销部全体营销人员

二、2011 年收入:12094 万元　利润 1578 万元

1. 本年度房市预测:

国民经济发展旺盛,承接前两年的走势,将是此轮建设新项目开工到达高潮的一年,也是检验此轮经济刺激拉动政策带动的项目成果的一年,同时也是决定投资拉动政策是否持续、怎么持续政策调整的一年,政策的变化是肯定会发生的。本年度已经立项开工的项目已经定局,新的土建项目立项会减少,并且所有在建项目中高质量节能要求的土建项目所占比重会加大,对施工资质、技术能力要求会提高。本年度的主要业务是借经济拉动政策,完成各个地区所未完工的工程项目,要实现本年度的土建营业目标主要依靠前两年的基础和上一年所承揽的跨年度建筑项目。

2. 公司组织架构改革:

2010 年冬天开始,详细计划以及执行,由人力资源经理负责。

物业管理:建立保安部、经营部、服务部、保洁绿化部基础组织框架

保安部:主要服务部门

经营部:公共设施物业管理经营

服务部:接待、安排、协调居民的服务要求

保洁绿化部:负责小区卫生、绿化带的维护

3. 稳定将来业务收入:

与扩张型上市公司、关系密切的房产开发商建立建筑战略合作伙伴关系;承

揽下一年的建筑项目。

4. 扩大市场经营范围开源增流：

继续资本运作，并推进新型工程市场开发。钢结构可以成为新的业务支撑点。

5. 发展主次顺序以及计划任务安排：初步介入钢结构市场

2011 年目标任务分解　　单位：万平方米　　元／平方米　　万元

市场	建设规模	单位造价	建设总额	公司所占份额	公司建设总额	公司工程规模	实现利润	年度目标任务	所占任务份额	年度利润任务	所占利润份额
沂源	46.5	900	41850	18%	7533	8.37	986.823	12094	0.6229	1578	0.63
自建	3.5	900	3150	100%	3150	3.5	500	12094	0.2605	1578	0.32
淄博地区	580	900	522000	0.30%	1566	1.74	205.146	12094	0.1295	1578	0.13
包头	1000	900	900000	0.05%	450	0.5	58.95	12094	0.0372	1578	0.04
其他地区	—	900	0	—	0	0	0	12094	0	1578	0
节能建筑	—	1000	0	—	500	0.5	65.5	12094	0.0413	1578	0.04
钢结构	—	—	—	—	—	—	0	12094	0	1578	0
节能改造	—	—	—	—	—	—	0	12094	0	1578	0
房产销售	—	—	—	—	—	3.5	700	12094	0	1578	0.44
物业管理	—	—	—	—	—	—	0	12094	0	1578	0
合计	—	—	—	—	13199	18.11	2516.419	—	1.0914	—	1.60

6. 招聘

- 保洁人员
- 绿化维护人员
- 接待服务人员
- 物业经营主管
- 钢结构施工员

7. 培训：

2010 年冬天开始，详细计划以及执行，由人力资源经理负责。

- 高层经理:战略管理培训
- 项目经理:节能建筑项目管理
- 施工员:节能建筑施工管理
- 质量环境安全职业健康管理培训:全员培训
- 素质培训:全员培训
- 团队凝聚力培训:全员培训
- 执行力培训:中层管理人员
- 楼盘营销培训
- 物业管理培训

三、2012 年收入:13908 万元　利润 1817 万元

1. 本年度房市预测:

虽然国民经济发展会依然旺盛,但是,却是 2009 年拉动政策效力衰减的一年,也是政策变动的一年,自然就成为建筑市场不确定的一年,传统土建项目会是经营难度加大的一年,但是依然可以确定的是节约型的技术项目市场会依然是受国家政策青睐、旺盛的一年。本年度新的土建项目会很少,并且高质量节能要求的土建项目所占比重会加大,对施工资质、技术能力要求会提高。路桥、厂房建筑项目会保持正常发展,大城市可能会受政策驱动催生一个新的市场——老建筑节能改造市场,此市场一旦产生,会有巨大的市场空间。

2. 稳定将来业务收入:

处理客户关系、战略伙伴关系是这一年的重中之重的工作,在新的经济拉动政策无法预测的 2013 年,实现公司的战略目标就主要决定于 2012 年;另外,可以考虑增加钢结构、节能改造市场开发力度,同时增加项目开发部职能,增加建筑市场情报收集、汇总、分析工作,为公司发展提供市场分析和目标,增加新的房产开发项目,确保 2013、2014 年的平稳经营。

3. 市场经营范围开源增流:

本年度正式介入钢结构建筑市场。

4. 发展主次顺序以及计划任务安排:

仍以土木建筑工程为主,辅以承揽高标准节能建筑项目做节能品牌的特色房产商、建筑开发商品牌运作。钢结构项目经过两年的运作准备,应该也进入了项目运作成熟期,本年度可以承担目标任务额 300 万元。

2012 年目标任务分解　　　　　　　　单位：万平方米　　元／平方米　　万元

市场	建设规模	单位造价	建设总额	公司所占份额	公司建设总额	公司工程规模	实现利润	年度目标任务	所占任务份额	年度利润任务	所占利润份额
沂源	41	900	36900	25%	9225	10.25	1208.475	13908	0.66	1817	0.67
自建	—	—	—	—	—	—	—	—	—	—	—
淄博地区	570	900	513000	0.70%	3591	3.99	470.421	13908	0.26	1817	0.26
包头	1100	900	990000	0.08%	792	0.88	103.752	13908	0.06	1817	0.06
其他地区	—	900	0	—	0	0	0	13908	0	1817	0
节能建筑	—	1000	0	—	1000	1	131	13908	0.07	1817	0.07
钢结构	—	—	—	—	300	—	—	13908	0.02	1817	0
节能改造	—	—	—	—	—	—	0	13908	0	1817	0
房产销售	—	—	—	—	—	3.5	700	13908	0	1817	0.39
物业管理	—	—	—	—	—	—	0	13908	0	1817	0
合计	—	—	—	—	14908	19.62	2613.648	—	1.07	—	1.45

5. 招聘

钢结构项目经理

6. 培训：

2011 年冬天开始，详细计划以及执行，由人力资源经理负责。

- 项目经理：节能建筑项目管理
- 施工员：节能建筑施工管理
- 质量环境安全职业健康管理培训：全员培训
- 素质培训：全员培训
- 团队凝聚力培训：全员培训
- 执行力培训：中层管理人员
- 营销培训：各个部门经营、营销人员

四、2013 年收入：16000 万元　利润 2089 万元

1. 本年度房市预测：

本年度是建筑市场不确定的一年，但是依然可以确定的是节约型的技术施工企业会依然是受国家政策青睐旺盛的一年。国家的经济拉动政策项目工程将是结束的一年，城市建设将会放缓。如果国际环境仍然不利，国内经济仍旧需要刺

激拉动,政策调整将会再一次从城市转向农村,农村乡镇面貌改造带来的土建施工可能会逐渐成为亮点。另外,随着西部大开发的深入,节能改造、节约型钢结构厂房的工程量会增长,会成为公司收入的新的两个业务增长点。

2. 稳定将来业务收入:

与老客户加深合作;切入城镇建设开发市场。

3. 市场经营范围开源增流:

加大西部市场开发力度,土建、钢结构齐头并进,学校、体育建筑、旧建筑节能改造工程项目量将会放量,横向与纵向发展项目将会显示其强大的活力,成为公司发展和目标完成的主力军,公司的品牌建设将会上一个新的层次。

4. 发展主次顺序以及计划任务安排:

仍以土木建筑工程为主,但是其中的主要建筑业务是高标准节能建筑项目,以节能承建商品牌开发市场。钢结构项目经过两年准备、一年的正式运作,应该也进入了业务成长期,目标任务额 1000 万元。节能改造将会成为一个新的巨大建筑市场。

2013 年目标任务分解　　单位:万平方米　元/平方米　万元

市场	建设规模	单位造价	建设总额	公司所占份额	公司建设总额	公司工程规模	实现利润	年度目标任务	所占任务份额	年度利润任务	所占利润份额
沂源	40	950	38000	31%	11780	12.4	1543.18	16000	0.74	2089	0.74
自建	—	950	—	—	—	—	—	—	—	—	—
淄博地区	550	950	522500	1%	5225	5.5	684.475	16000	0.33	2089	0.33
包头	900	950	855000	0.13%	1111.5	1.17	145.6065	16000	0.07	2089	0.07
其他地区	—	950	0	—	0	0	0	16000	0	2089	0
钢结构	—	—	—	—	1000	—	—	16000	0.06	2089	0
节能改造	—	—	—	—	—	—	0	16000	0	2089	0
房产销售	—	—	—	—	—	—	0	16000	0	2089	0
物业管理	—	—	—	—	—	—	0	16000	0	2089	0
合计	—	—	—	—	19116.5	19.07	2373.262	—	1.20	—	1.14

5. 招聘:

钢结构项目经理

6. 培训：

2012 年冬天开始,详细计划以及执行,由人力资源经理负责。

- 战略管理培训
- 客户管理培训
- 项目经理:节能建筑项目管理
- 施工员:节能建筑施工管理
- 质量环境安全职业健康管理培训:全员培训
- 素质培训:全员培训
- 团队凝聚力培训:全员培训
- 执行力培训:中层管理人员
- 营销培训:所有经营、营销人员

五、2014 年收入:18400 万元　利润 2399 万元

1. 本年度房市预测：

本年度依然是建筑市场不确定的一年,总的预计城市建设放缓,乡镇面貌改造可能会提到国家经济拉动政策议程。虽然建筑市场不太乐观,但是依然可以确定的是节能、节约型的技术项目市场会依然是受国家政策青睐旺盛的一年,甚至会成为今后建筑主流,成为最繁荣的市场。乡镇土建施工可能会成为亮点,而且是节能建筑会强力推行的建筑方式。如果没有新的房产开发刺激政策或者房产消费突变发生,中国的建筑能力过剩时代又将再一次降临,房地产相关的纵向产业将进入一个长期的衰退期。可以考虑走出国门承揽建筑工程。

2. 稳定将来业务收入：

建筑资源重组,在根据地建立分公司或者划分市场经营范围,各个市场独立经营,单列核算,向大型集团公司转型。

3. 市场经营范围开源增流：

可以考虑合作或者独立建立物业管理公司、柔性面砖生产分公司,纵向发展更多的房地产环节;开发国际建筑市场,如东南亚、中东、非洲、南美市场。

4. 发展主次顺序以及计划任务安排：

高标准节能建筑是建筑市场绝对主宰,不节能建筑工程正在消失,塑造特色综合房产开发商品牌。

钢结构项目经过 2010 年以来的运作,应该也仍旧处于业务成熟期,目标任务 2000 万元。

2014 年目标任务分解　　　　单位:万平方米　元/平方米　万元

市场	建设规模	单位造价	建设总额	公司所占份额	公司建设总额	公司工程规模	实现利润	年度目标任务	所占任务份额	年度利润任务	所占利润份额
沂源	40	950	38000	32%	12160	12.8	1592.96	18400	0.66	2399	0.66
自建	—	950	—	—	—	—	—	—	—	—	—
淄博地区	500	950	475000	1.50%	7125	7.5	933.375	18400	0.39	2399	0.39
包头	800	950	760000	0.20%	1520	1.6	199.12	18400	0.08	2399	0.08
其他地区	—	950	0	—	0	0	0	18400	0	2399	0
钢结构	—	—	—	—	2000	—	0	18400	0.11	2399	0
节能改造	—	—	—	—	—	—	0	18400	0	2399	0
房产销售	—	—	—	—	—	—	0	18400	0	2399	0
物业管理	—	—	—	—	—	—	0	18400	0	2399	0
合计	—	—	—	—	22805	21.9	2725.455	—	1.24	—	1.14

5. 招聘

钢结构项目经理

6. 培训:

2013 年冬天开始,详细计划以及执行,由人力资源经理负责。

- 战略管理培训
- 客户管理培训
- 质量环境安全职业健康管理培训:全员培训
- 素质培训:全员培训
- 团队凝聚力培训:全员培训
- 执行力培训:中层管理人员
- 营销培训:所有经营、营销人员

六、当务之急

- 招聘人力资源部经理:从总部调来或者总部人力资源经理把关招聘
- 成立工程业务部:建立客户档案、客户分类、建立战略合作伙伴
- 成立项目开发部:研究房地产开发、钢结构项目发展经营
- 提升节能建筑建设实力,为中国节能建筑时代的到来做好准备。

总结：

此五年，是公司搭乘政策顺风船快速发展的关键五年，尤其是前三年的政策最盛时，而其中更重要的是 2010 年。2010 年是此次经济拉动政策的立项数量的巅峰一年，这一年关系五年计划的开局及发展，技术牌、实力牌、品牌牌、战略合作伙伴牌要多管齐下，强力经营。能否打好 2010 年这一仗，不仅可以决定此个五年计划的成果，更关系了公司的长远发展。可以说，公司的发展决定于此五年的机遇，利用此次机遇取得的成果大小，决定于 2009、2010 年！2009 年已经过去大半，所以最重要的是 2010 年！

此五年，不仅是要完成目标任务的五年，也是要完成特色品牌塑造的五年，如果达不到此目标，后期的经营将会直接面对大型建筑公司，陷入残酷的实力竞争、价格竞争之中，将举步维艰，效益下滑。

A 商城战略发展策划（简化版）

A 商城坐落于中国五大瓷都之一的淄博市建陶工业园内,淄博市政府重点工程,总占地 1000 亩,总建筑面积达 50 万平方米,是集信息、交易、展示、仓储为一体的中国北方品牌陶瓷企业营销中心。继商城一期、二期、三期的成功开发和运营,商城城五期"家居建材博览中心"正在规划之中。财富五期投资 8 亿元,占地约 90 亩,招商范围以"家居、陶瓷、卫浴、建材、灯饰、五金"为主,五期建成后将或为江北最大的批发、零售为一体的建材、灯饰综合性家居航母。

保留本色　增加特色　多种化经营
A 商城五期营销及经营策划方案（上）

策划人　孙德锋
2011 年 4 月

一、陶瓷行业分析

1. 行业形势

原料枯竭,人工成本提高。

政府有支持,有强制关停转移,是淄博保留和发展行业。

2. 淄博建材流通行业形势

红星美凯龙:高档家居建材品牌荟萃

银座家居:中高档家居建材品牌荟萃

中房家居:主要是地砖、卫浴中高档家居建材品牌荟萃

鲁中装饰材料城:中低档家居建材品牌荟萃

金宇建材市场:中低档家居建材品牌荟萃

以上 5 个市场是淄博市综合家居建材品牌零售经营市场,囊括了各种档次的消费群体,与我们五期目前设计方向雷同。

陶瓷科技城:高档瓷砖品牌批发展销。

淄川建材城:中低档瓷砖、卫浴建材品牌荟萃,目前有与居然之家合作的发展动向。

各个陶瓷生产厂及周边营销大厅

以上 3 个(种)市场,是与目前 A 商城所经营的产品属于同质化竞争的市场。

3. 企业形势

批发不景气:二级市场、三级市场、终端市场被全国各地的生产基地分割,淄博产地已经成为孤岛,辐射市场范围不断缩小,批发距离不断缩短。A 商城内商户需要新的出路,这个责任就责无旁贷地需要我们承接,否则,A 商城将面临经营难以为继后果。

零售严峻

压力巨大

品牌知名度:模糊、零售无力

4. 传媒

二、经营功能划分

1. 结构简介:单体或者双体主楼加裙楼附属建筑。主体做 A 商城综合服务楼,裙楼做五期厂家淄博品牌陶瓷产品卖场。裙楼中间部分留下至少两层挑空大空间,为展会、小规模活动留下不受天气影响的活动空间,同时为陶博会主会场的承接打下基础。

2. 功能设计:宾馆、酒店、咖啡馆、茶楼、酒吧、KTV、瓷砖、日用瓷、工艺瓷、琉璃、文化瓷、办公、展会、会议、旅游、家装设计,塑造淄博企业形象。

3. 广场区:永久性半敞开活动平台,给会展开幕、大型室外促销活动展示等提供全天候舞台。

三、招商战略:差异化特色经营

1. 全陶瓷产品:瓷砖、日用瓷、工艺瓷、琉璃、文化瓷

2. 全陶瓷生产:产业一条龙,陶瓷原料、设备、配件、维修、陶瓷销售、物流、会展

3. 全商旅服务:吃、住、玩、淄博陶瓷采购一条龙,如果再精彩些,打造淄博旅游名片,开展旅游购物经济更好。

4. 组建自己的陶瓷销售、管理的商超团队(日用、工艺品陶瓷和琉璃等工艺品),以利于 A 商城在不同城市、不同模式的复制发展中所需要的各个层次的人才需要,培养与供应更多的商超管理人才。

四、招商战术

1. 唯一经营：商城服务经营项目,如宾馆、酒店、酒吧、咖啡馆、KTV 等

2. 自己经营管理：裙楼、物业、安保(独立项目内除外)、日用工艺陶瓷、琉璃、文化陶瓷区

3. 委托管理经营：包括两方面。一方面是酒店、宾馆向外委托专业的经营管理公司;另一方面是出售的商铺和商务办公设施,取得业主委托我们经营、管理。

4. 租赁经营：瓷砖、陶机、仓储经营区。

5. 股份合作经营：酒店、宾馆甚至整个五期项目

6. 出售经营：办公服务区为主

7. 商超式统管经营或者收银统管经营：日用瓷、工艺瓷、琉璃、文化瓷

8. 统一物业安保经营(独立项目内部除外)

五、特别战术(有传播效应)

1. 文化题字壁

2. 来商题字壁

3. 开放的自娱性广场活动：公司员工、商户、参观者、来商

4. 艺术表演：刻瓷

5. 瓷器拍卖

六、传播

1. DM 刊物：最多两月一期,内容包括公司信息、商户广告、小说阅读、知识性阅读、娱乐、陶瓷纵横向产业政策内容。

2. 互动娱乐促销活动

3. 引进活动：啤酒广场、鉴宝、城市各类选拔比赛等。

4. 增加全国影响的媒体形象广告投放。

5. 搭载旅游宣传

6. DM 刊物

七、经营侧重点

1. 公关：品牌不是仅仅靠广告可以做到的,品牌塑造与公关密不可分。行业协会、重要影响力企业和人、陶瓷文化界是主要公关对象。

2. 整合：整合自己、淄博、其他产区和市场资源。

3. 信息：信息代表机遇、机会、预警,对任何一个组织的经营发展,至关重要。建立全国二级市场、产地信息搜集网,并建立与之对接的信息分析研究部门。

八、地产营销

1. 本地生产企业战略合作营销:A 商城的生存根本客户群

2. 本地贴牌企业战略合作营销:A 商城快速发展根本客户群

3. 外地陶瓷生产企业:支持走向全国的客户群之一,也是 A 商城发展的一个重要内容。要点:跳出一线包围圈,跨越淄博第一生产区包围圈选择企业。

4. 市民营销:预售订金、开工定金、市场建筑封顶销售、交付销售、成品商铺销售,中间穿插节日促销,整个时间过程中,待遇逐步降低,价格逐步提升。

预售订金销售:价格待遇

开工定金、订金销售:价格升级,定金——价格、送礼;订金——价格

市场建筑封顶销售:价格升级,一定期限内优惠

交付销售:竣工庆典,价格升级,一定期限内优惠

成品商铺销售:正常价格销售

中间穿插节日促销:看时间决定

差异化立项　塑造特色商城

整合淄博资源　打造淄博明珠地标

A 商城五期策划方案(中)

策划人　孙德锋

2011 年 6 月

一、陶瓷批发行业分析

1. 淄博陶瓷行业形势

一级市场、二级市场、三级市场并存,批发、零售竞争激烈。淄博陶企内忧外患,前途莫测。

科技城陶瓷市场没落,批发、零售边缘化趋势明显,有政府扶持,惨淡经营。

2. 淄博建材流通行业分类形势

红星美凯龙:高档家居建材品牌荟萃,行业新贵。

银座家居:中高档家居建材品牌荟萃,两处市场,淄博行业元老。

中房家居:主要是地砖、卫浴中高档家居建材品牌荟萃,规模较小,影响较小。

鲁中装饰材料城:中低档家居建材品牌荟萃,规模较大,影响较大。

金宇建材市场:中低档家居建材品牌荟萃,规模小,影响小。

以上5个市场是淄博市综合家居建材品牌零售经营市场,囊括了各种档次的消费群体,与我们五期项目目前设计方向雷同,并且淄川建材城也有向此发展意向。

陶瓷科技城:中高档瓷砖品牌批发展销,已经被市场边缘化,品牌严重影响A商城。

淄川建材城:中低档瓷砖、卫浴建材品牌荟萃,目前有与居然之家合作的发展动向。规模大,交易量大,重点竞争对手。

各个陶瓷生产厂及周边营销大厅

以上3个(种)市场,是与目前A商城所经营的产品雷同,属于同质化竞争对手,需要重点关注。

3. 市场形势

批发不景气:

二级市场、三级市场、终端市场被全国各地的生产基地分割,淄博产地已经成为孤岛,辐射市场范围不断缩小,批发距离不断缩短。A商城内商户需要新的出路,这个责任就责无旁贷地需要我们承接,否则,A商城将面临经营难以为继后果。

零售严峻:

由于旺市时期主营批发造成的不接待零售采购的历史事件影响,以及由此造成的其他市场成功切割经营已经成规模、成品牌,造成目前启动零售困难。

压力巨大:

受佛山陶企全国布局影响,批发萎缩;受历史经营模式影响,零售被市民屏蔽,零售启动困难,更兼地理位置、公共交通不利因素影响,商户经营遭遇困境。两方面压力都集中于A商城经营身上,经营面临空前挑战。

4. 传媒

品牌知名度在淄博模糊,由于政府扶持科技城,通过宣传的解决能力有限。

二、公司资源整合分析

1. 优势:

品牌具备全国影响力。

囊括了部分纵向、横向陶瓷产业链,300多家商户规模。

2. 劣势:

地理位置偏僻,相对距离城市较远,又没有逛街、娱乐、游玩设施吸引。

交通不便,只有132路公交车经过,并且被陶瓷科技城"截和",是淄博市交通方面最差的商城。

品牌本地混淆:与陶瓷科技城混淆厉害,因此其经营内容会影响我们的零售,其品牌的问题也存在一定程度的拖累我们,同样也不利于零售开展。

缺乏政府支持:政府的支持都在科技城,虽然目前有些冷场,但是想要转向我们还需要时间和我们的努力。

3. 机会

科技城日渐式微,我们的品牌将逐渐凸显,但是不能等靠,需要主动运筹。

淄博陶瓷要走出去的压力,给了我们行业整合的机会。

4. 威胁

• 淄博陶瓷行业没落。他们是 A 商城经营存续的根本,一荣俱荣,一损俱损。

• 科技城再起。目前的科技城,拥有陶博会的场地资源优势,有淄博的政府支持,仍然具备再次雄起的资本,只要他们不放弃陶博会,或者政府不放弃科技城的陶博会主会场,他们就有整合淄博全陶瓷行业的基础,始终是 A 商城的最大威胁。

• 淄川建材城经营突破:成立以来就是零售批发并举,如果居然之家入驻,零售竞争力更强。

• 新专业批发市场兴起:淄博民间资本市场雄厚,陶企林立,结合开发新批发零售市场不无可能。

三、方向探索

1. MALL 分析

(1)综合 MALL 分析:如前面分析所言,竞争激烈,我们处于地理位置劣势、交通劣势、认知劣势,综合 MALL 经营难度很大,经营前景暗淡,结果不容乐观。

(2)专业 MALL 分析:跳出建材陶瓷范畴,做淄博陶瓷、琉璃资源整合,发展陶瓷行业全方位经营的专业 MALL,在淄博实行差异化经营,打造瓷都旅游陶瓷礼品总部是有前途的 MALL 设计。(博山有此计划,我们比他们更有区位优势)

2. 服务功能项目分析:地处孝妇河畔、南外环、长途站南、淄博陶瓷生产基地,周围缺少服务、娱乐场所,没有高档餐饮、住宿配置,大量采购商到市里消费,交通拥堵。

3. 日用、艺术陶瓷项目分析:目前经营缺乏财富陶瓷内涵,附加日用、艺术陶瓷和陶瓷文化经营,会更好地表达财富陶瓷内涵,做到名至实归。行业整合难度大。

市场切割是应对激烈市场竞争的魔术棒,差异化是其直观手段。目前淄博市场的竞争态势,全陶瓷综合化是目前淄博空白,如果再附加服务项目更是锦上添花。

四、五期设计

五期建筑总体结构设计:

MALL、配套服务单楼(某某鸿福楼)或者双楼(某某双福楼)、广场(具体外观结构形象可以考察高楼与大裙楼的结合型建筑,或者双子楼式建筑)

五期分区功能设计:

MALL:

一层:瓷砖、内墙砖、卫浴五金厂家风采

二层:日用、工艺、琉璃厂家风采

三层:刻瓷艺术、内画艺术、现场制陶以及相关书画艺术家风采

四层:瓷都成就展、多功能会议大厅、办公中心

(独立五层:拥有唯一通往四层的可控制通道)生产厂家办公区、陶瓷协会

配套服务楼:

高档大酒店、KTV、咖啡厅、酒吧、健身、美容、中档淄博特色餐饮、快餐、旅游公司(票务机构)

靠近工业园,有需求,有前途。

目标:淄博饭店(原址有大的城建规划,香港华润)、石蛤蟆、福口居、如家商务酒店、烧烤类名店

五、五期设计综合分析

五期设计,不能为市场而建设卖场展场,要通过五期工程解决 A 商城存在的问题,尤其是品牌、发展等根本性问题。

经营功能:加强统管力度,为 A 商城独立举办活动做基础准备。

品牌功能:人气的上升,加强了品牌镀金力度。

认知功能:明珠地标,加强对本地、外地人的影响,提高知名度、地理位置认知度。

瓷都旅游、购物景点:观赏效应,不仅提升人气,而且加强认知、零售。

住宿、餐饮、娱乐、健身:不仅丰富商城内涵,而且吸引本地、外地消费者,间接促进零售、批发、地产销售和增值。

六、管理设计

MALL 部分,除了一层独立核算外,二层、三层统一管理经营或者委托管理经营。

配套服务楼部分,出售、出租经营,外围物业管理、保安统一管理。

多功能会议厅(大、小):自主经营

七、效果展望:

1. 淄博明珠地标:知名度

2. 品牌认知:地理位置认知

3. 零售:本地人气上升,带动零售销售

4. 批发:旅游景点、餐饮、住宿带动零售、批发

八、实现要点:

1. 整合产业:生产企业,减少贴牌,能够与 A 商城共同复制发展的可以接受,这是 A 商城复制发展根本。需要与政府主管部门、行业协会、生产企业沟通。

2. 整合陶瓷行业人脉、资金:整合产业的基础上接受各种可以共同发展的资金方式。

3. 跨行业合作:餐饮、住宿、娱乐、健身

整合资源　谋百年基业

内外整合　抱团出击　谋局全国　放眼世界

A 商城战略发展策划方案(下)

策划人　孙德锋

2011 年 7 月

九、环境分析

1. 政治

政府有支持,有强制关停转移,是淄博保留和发展行业。

2. 经济

淄博传统产业,经济支柱行业之一,是淄博的名片之一。

出口环境日益恶劣,国内产能严重过剩。

房地产形势进入深夜,目前看不到曙光。

3. 社会

低碳经济、环保经济成为国家可持续性发展的纲领。

4. 科技、节能生产、清洁生产

5. 行业形势

淄博陶瓷生产原料枯竭,目前全国范围的原料价格上涨猛烈,而且看不到上涨减缓的曙光,并且随着国家矿产资源整合和清洁生产技术的要求,原料价格上涨有长期发展的趋势;人工成本提高,政府施压,市场空间被打压,提价乏力,反而

有降价、价格战的发展可能。

政府关、迁、整顿生产企业,淄博陶瓷企业正在谋出路的迫切要求,

淄博建材流通行业形势

红星美凯龙:高档家居建材品牌荟萃

银座家居:中高档家居建材品牌荟萃

中房家居:主要是地砖、卫浴中高档家居建材品牌荟萃

鲁中装饰材料城:中低档家居建材品牌荟萃

金宇建材市场:中低档家居建材品牌荟萃

以上5个市场是淄博市综合家居建材品牌零售经营市场,囊括了各种档次的消费群体,与我们五期目前设计方向雷同。

陶瓷科技城:高档瓷砖品牌批发展销。

淄川建材城:中低档瓷砖、卫浴建材品牌荟萃,目前有与居然之家合作的发展动向。

各个陶瓷生产厂及周边营销大厅。

以上3个(种)市场,是与目前A商城所经营的产品属于同质化竞争的市场,即使没有淄博市政府的行业干预,在淄博,无论批发还是零售,僧多粥少现象严重,生产、批发萎缩不可避免,行业洗牌一触即发。

6. 企业形势

• 批发不景气:二级市场、三级市场、终端市场被全国各地的生产基地分割,淄博产地已经成为孤岛,辐射市场范围不断缩小,批发距离不断缩短。A商城内商户需要新的出路,这个责任就责无旁贷地需要我们承接,否则,A商城将面临经营难以为继后果。

• 压力巨大:能源环保、规划关停外迁,已经将企业推到本地生产生死边缘,再加上全国市场产能过剩,佛山产能全国开花,市场竞争同样推到生死边缘。

• 品牌:知名度低下,诚信度糟糕,美誉度低下。

十、陶瓷批发行业分析

优势:略

劣势:略

机会:

适合大众采购,生命力强。

全国品牌产地混乱,给予淄博建陶企业机会,他们的机会也是我们的机会。

威胁:

商城命脉正面临空前威胁,不是危言耸听:

一是行业整顿,关停、外迁,将使客户资源严重减少。

二是销售即将严重萎缩,紧邻淄博的产区临沂、安徽淮北萧县和宿州等地、河南鹤壁内黄、河北彭城高邑沙河唐山等地生产、销售正日渐高涨,淄博向全国批发的繁荣局面正在死亡倒计时之中,商户的生存面临空前威胁,我们的存续、发展连带也面临空前危机,唯一值得安慰的是我们的危机滞后于商户,还有多一点的反应时间。

三是山东根据地建设不稳,正被逐渐蚕食。如上所述,本省有临沂,外省最近的在山东边界多处,远点儿的在唐山,他们不仅掐断淄博的批发环节,而且正日益威胁山东大本营。

十一、陶瓷行业发展形势

大型陶企产能扩张形势进军房地产

市场被生产区域切割,分公司扩张

佛山危机:产能过剩,摊子过大

十二、资源整合

1. 零售资源整合:日用、工艺品陶瓷、琉璃、内画

2. 批发资源整合:生产企业(建陶、日用陶瓷)、贴牌

3. 零售批发结合

十三、战略

总纲领:三期市场开发后,现在的经营模式发展空间已经走到尽头。

做生不如做熟,做新客户不如做老客户,带老客户走向全国有 A 商城的地方。

五期工程:A 商城标志性建筑,作为淄博陶瓷产业全面展示场。所有设备、用品、装修,能用陶瓷的全用陶瓷,而且全用淄博企业产品;冠名竞标:产品、设计效果、免费装修,例如统一大厅、国润会客厅、狮王走廊等等,内部由他们设计、装修、维护等等,费用抵顶冠名。

风险分散:资金吸纳、资产预定、招商先行

抱团出击,商业先行

淄博陶瓷联合体

十四、战术

1. 五期设计适合全国大城市,如北京、上海、天津、深圳、大连、青岛、重庆、佛山。

2. 建陶适合陶瓷产地:佛山、高安周边、夹江、法库、新疆伊宁或者乌鲁木齐、淄博产能转移地。

3. 国外:选择陶瓷生产大国。具体国家、城市暂时不考虑。

4. 首先淄博产能转移地,其次在全国大城市复制五期。

5. 蛙跳选地。

6. 先国内,后国外;先批发,再零售。先注重批发市场定位发展,后二级市场批发零售发展。

因地制宜,先易后难,差异化复制扩张发展;适者生存。先产地复制,后二级市场复制发展。日用工艺瓷、建材陶瓷、综合化陶瓷三种中国 A 商城发展模式。

B 社区卫生服务站策划方案

这原本是一家私人消化道疾病专科医院,主任医生医疗技术很高,在当地很有名气。现在想要向综合性医院发展,并取得了当地政府的支持。

品牌是第一生产力
提高技术知名度　塑造专家专业品牌

策划人:孙德锋
2007. 12

一、市场分析

沂源县地处山东省中部,淄博市最南端,总面积1636平方公里,人口55万,交通便利,是淄博、莱芜、泰安、临沂、潍坊五市的结合部,东靠青岛、日照,西临京沪、京福高速公路,北邻胶济铁路,南接兖石铁路,正在建设的青岛至新疆红其拉甫的"青红高速公路"(省内第二条济青路)横穿县境。2006年全县实现国内生产总值90.03亿元,城镇居民人均可支配收入达10104元,人均消费性支出为6519元。在岗职工年平均工资13363元,农民人均纯收入达4281元;生活消费支出2924元。全县拥有规模卫生机构18所,其中,医院、卫生院15所,卫生防疫防治机构1所,妇幼保健机构1所。各类卫生机构拥有床位790张,卫生技术人员1327人。

(一)优势分析:

基础设施优势:城北社区卫生服务站是沂源县新建的首家现代化专科医院。医院全面实施电脑管理控制,并购建了远程医疗设施,可以与外地专家一起对患者进行远程医疗服务。

设备优势:该院是一所以消化专科为龙头的综合内科诊疗机构,为此,医院特聘请北京医科大学及沂水中心医院专家坐诊。目前,医院拥有进口电子胃镜、电子结肠镜、红外线光波疗房、高频电切刀、食管支架置入器、食管扩张器、超声雾化吸入器、胃肠B超、X光机、心电监护仪、多功能微波治疗仪、多功能肛肠治疗仪、多功能理疗仪、多功能氧疗仪、胸腹水治疗仪、全自动生化分析仪、血液分析仪、血糖仪、尿分析仪、心电图机等。

技术优势：医院目前开展的介入性手术，不用开刀割瘤、止血、取异物、取胆结石等，达到国内先进水平；同时对顽固性呃逆（打嗝）、产后尿潴留、痔疮、洗肠排毒等就有独特治疗方法；规范性治疗消化性溃疡、消化道出血、消化息肉、胃炎肠炎、胰腺炎、肝病、糖尿病、肾病、心脑血管病、慢性支气管炎、贫血等常见病多发病。

专家优势：某专家不仅有介入治疗技术，知名度较高，而且有山东省内无双的消化内镜介入治疗技术、超声介入治疗技术、血管介入治疗技术，是省内名副其实的消化系统疾病专家。

专科优势：在调查中我们发现，78%的人有消化道方面的疾病会到专科医院治疗，而该医院就是专科性质的医院。

在宣传中要重点突出专科优势。

（二）劣势分析：

1. 宏观分析

首先，医院刚迁新址，一切工作还正处于不断完善中，改的新名字难以体现医院的优势；医院内部的工作和服务的规章制度也基本没有；

其次，医院规模刚刚扩大，医院工作人员严重不足，不管是医生专家还是医护人员都需要引进；

第三，医院规模小，级别低，技术资金力量薄弱；

第四，广告宣传工作还处在盲目的阶段，缺少整体上的规划；

第五，医院知名度低，只有45%；专家知名度也不高，只有37%。

第六，专科市场优势没有发挥，相对看病选专科的78%的高选择率，我们被选择的就会是36%，而沂源县医院是54%，其所得是选择综合医院看病（16%）的3倍多。

第七，医疗水平在社会上评价很普通，获得专家水平评价的只有7%，与专科医院名实不符。

第八，数据库缺陷。

数据库包括医院自身经营数据的统计、患者的统计、市场基本信息的统计以及对竞争对手的数据统计。科学管理是在科学化和经验化的基础上发展起来的，没有能表明自己状态数据积累的组织，也就是不知己的组织，就不可能制定出切实有效的战略和战术方案。民营医院与公立医院的竞争最大的软肋是没有历史的沉淀和医疗技术基础。

信息不仅可以反映我们自己的每一次行动成果，同时也能反映我们的竞争对手的情况,尤其是市场调查信息。我们医院大部分信息数据丢失或延迟,说明我们缺少专业的数据统计和分析人员。市场是可以看出来的,但是不是能够清楚地看出来的,是调查出来的,只有数据才是清楚的证据。"知己知彼,百战百胜",只有注意积累信息、数据,才能做到。

建立电子版患者档案,不仅方便医院内部各系统调看,而且方便患者以后就医和外出就医,同时丰富了自己的数据库。

2. 微观内部分析

业绩平平与市场环境有着很大的关联,同时与医院内部在管理上存在了大量的问题有不可分割的关系。医院综合发展总是停留在一个较低的门诊层面,通过调查、考察、分析,医院存在以下几点关键问题:

(1)缺乏系统的整体发展战略和长远设计规划

医院的管理还很粗放,所谓发展战略也只是一个仅存在于最高决策人自己脑子里的很模糊的概念,没有经过专业整理分析,没有确切指针性定位,只是见机行事,说变就变。

通过对医院的考察,我们医院的专科医疗技术做到了顶天的地步,但是我们的工作、我们的发展思路却没有落到实处,没有集中资源力量做重点突破。

(2)没有建立起专家团队,影响医疗质量

我们医院只有一个专家,整个医院围绕一个专家运营。可以说,如果一个医院仅仅依赖一个专家而撑起来,就算规模再大,归根到底本质还是个门诊。在现在医院的竞争中,专家队伍是最基本的竞争基础,忽视专家的引进及自有人才的培养,对医院现在的经营、下一步的市场运作、将来的发展都是致命的。

(3)管理不到位,运营效率较低

我院整体上讲还缺乏正规医院管理模式,管理的制度化、科学化、规范化方面明显不足,主要表现在:

A. 组织结构过于简化,责权不明,一人多职,尤其领导层(当然,初期不可避免,但是不可继续下去);

B. 业务流程较乱,缺乏标准作业流程及相关管理制度;

C. 医院整体过分依赖身为专家的院长,无论是管理还是业务;

D. 设备资源利用率低下,导致成本费用较高。

(4)营销手段有限,而且没有一个整体的营销计划

宣传对于医疗行业企业的发展作用之大是不可估量的,但是我们医院当前的问题是:

A. 宣传手段单调,忽视多种营销宣传的综合运用;

B. 价格的作用在医疗系统不大,疗效才是硬道理。

C. 广告宣传缺乏系统性,投放盲目性很大,从整体上讲是对广告投资的一种浪费。

(5)公关活动贫乏,不注重公关效应

公关活动是增加医院社会美誉度的钥匙。没有社会美誉度的医院是没有社会形象的医院。

A. 没有计划性,建立美誉度需要有计划的、持续性运作。

B. 没有套路,没有细化公关对象,制定不同的公关套路。

C. 没有专业公关队伍。

(三)机会分析

1. 经济增长、体制改革机遇:

随着我国经济的迅猛快速发展,中国的医疗服务市场出现了一些新特点:

• 整体经济水平的增长,导致对优质医疗服务需求的大幅提升,畸形配置的医疗资源已经不能满足市场需求。

• 由于居民收入差距的扩大,市场出现了面对不同收入阶层的医疗服务形式或医院。

• 我国卫生体制的改革,导致整体医疗市场资源整合重组,由以往的综合实力碰撞竞争,增加了专门专科医院产生的专专碰撞、专综碰撞的混战竞争局面,不同类型的医疗机构将在自己的市场定位领域进行竞争角逐。

以上特点的出现,给整个医疗市场注入了不可估量的活力,给无数的中小医院无限的发展机遇,打开了通向阿里巴巴宝库之门。

2. 行业发展机遇:

• 医疗行业分工日益精细、专业化经营趋势日益突出,管理服务更专业。

随着现代医学的发展,医院的专科分科越来越细,发展了一些新的专科,并形成了各科的特色。如老年医院、妇科医院、男科医院、皮肤病医院等,这不仅能给患者提供更好的专业医疗服务,而且也能突出医院的特色,给中小医院提供了的更好发展之路。

• 专科医疗设备发展迅猛

医疗设备是医院现代化的物资设备基础,也是医院现代化的一个重要标志。一方面,医疗设备能够确确实实地提高医院的医疗水平,另一方面也可以从整体上提升医院的形象。由于体制原因,中小医院可以快速顺应医疗科技的发展,而综合医院由于多种因素制约,心有余,力不足,授予中小医院快速发展的时间机会。

3. 沂源县市场机遇：

根据初步了解,大多数患者都对沂源县医院的收费过高不满意,服务态度批评多多。

沂源县的医疗市场中至今没有一家消化专科性质的医院,我院是以唯一的专科、专家权威形象出现在沂源县医疗市场中,我们处于专科优势地位。从专科角度讲,我们医院是行业老大。

(四)威胁分析

● 通过市场调查数据可以知道,尽管我们医院技术上占了专科优势,但是,在市场上,我们没有获得专科优势。

居民看消化系统疾病选择专科医院的占78%,而我们仅仅获得36%的市场选择份额;选择看综合医院的有16%,而沂源县医院作为综合医院却获得54%的市场选择份额。我们医院应得的市场份额尚且只得到一小部分,如今我们医院却在做大市场、扩大市场,我们医院的竞争策略进入了误区。

● 通过调查我们知道,居民看病最关注医疗技术,达到88%,而大医院给患者以最可靠的形象,而我们医院即使专科方面也没有此形象。

● 随着居民收入的提高和高速公路的开通,如果不在医疗技术、医院形象方面做足功夫,沂源县的医疗市场将面临巨大的冲击,反之将带来巨大的收获。

● 农村的居民有病一般到县医院去治疗,因为感觉可靠、放心,对成立不久的医院不太信任,这种观念根深蒂固。我们医院还没有给沂源人民信心,还没有得到医院人民的认可,没有成为沂源人民看消化系统疾病的医院首选品牌,我们的品牌不硬、不亮。

三、市场定位：

1. 发展阶段定位

目前,尽管我们医院有一定的规模和成就,但是我们医院仍处于发展的初期阶段。

2. 目标市场定位

大众服务定位。我院将目标患者定位在县城低收入水平居民、流动人口以及广大农民。将目标市场定位在特殊人群、城市社区和农村,应采取低端包围高端的战略。在这样的市场定位策略下,医院的收费标准和疗效将是决定医院能否取得成功的最根本的基础。

3. 医院主题思想定位

医院的经营管理实质是想方设法地吸引病人前来就诊,医院发展的核心问题是要千方百计把自己的医疗技术做强,医疗水平提高。我院要想做好、做强、做大,就必须在"苦练内功"(不断完善综合管理、提高业务水平)的基础上,通过多方位潜移默化的宣传,建立和谐的医患关系,树立良好的社会形象,建立健康积极的医院文化,形成独具特色的办医理念。做到外树形象、内强素质、取信于民。因此"以疗效服人、以服务感人、以综合成效取信于人"应该作为医院管理理念。

因为我们医院是消化道专科医院,很多患者的病症均为老毛病,患者已经被疾病纠缠了相当长时间了,受够了病痛的折磨,他们最需要的就是疗效。为了吸引更多的患者,在"感动"主题内突出"疗效第一"的理念,以此作为基点医院发展理念定位。

4. 医院形象定位

品牌就是形象,是一个组织的灵魂。对于医疗系统来讲,品牌就是生产力!——"消化系统疾病权威。"

通过考察和社会调查可以确定,我们医院的灵魂应该确定为"消化系统疾病权威"。只有以此灵魂为核心开展的工作,才是有效的工作。我们医院今后的工作就是围绕此灵魂,通过全方位、持续性的医疗服务、跟踪服务、公益活动塑造独特的、固定的、广受赞颂的优良形象以获得社会大众的认同,形成医院自己独特的品牌资产——消化系统疾病专家医院。

建立品牌资产的关键是在于发展医患之间的互相依赖、互相满足的关系。医院要做好每一位病人的工作,一点点积累医院的患者资源。医院的整体形象上主题一定要明确,围绕的中心思想就是"专业"和"权威",通过各种宣传手段达到征服患者的目的。

只有让患者对医院形成关注才能培养他们对医院的信任,有了信任就会产生忠诚度,有了忠诚度就会产生依赖性。具有依赖性的忠实患者是可以通过口碑为医院介绍大量的病源,所以要从宣传中体现出我院的企业文化及特点,尽量避免与竞争对手在规模实力、综合技术实力等医院薄弱方面的竞争,重点突出宣传专科权威和疗效,兼顾服务形象的树立,向患者、向社会灌输"因为专业所以卓越"的观点,突出我院的"专科"特色,将劣势转化为优势。

5. 发展方向定位:"一招鲜,吃遍天"

只做消化专科医院,其他医疗科室走联合发展之路。我们的资源有限,不容分散,面面俱到,面面具不到位,最后结果是样样有,样样松。小而精,目前尚且不敌沂源县医院,小而多,结果毋庸多言。我们只有集中有限资源,作重点突破,执行医院后期发展战略。"一招鲜,吃遍天",一科突破,带动以后医院的全盘发展。

6. 宣传主题定位

● 医疗方面,只做消化系统主题宣传。

● 公关活动方面只做公关公益宣传,这样可以调动新闻力量,更有效地宣传我们医院。

● 其他科室的宣传,采取借力打力,站在其他大医院的肩膀上成就我院的事业。

四、营销策略

(一)发展战略设计

1. 战略目标:将消化专科做到最好、最强、最大。

2. 实现策略:扬长避短,发动消化专科攻击战,将主要资源投入消化专科建设,避免进入扩大战线的误区。

3. 发展初期:

解决人才、管理、布局、制度、宣传等自身问题。

主要解决以下问题:

(1)宣传力度不足:城北社区卫生服务站的宣传工作需要打三张牌:城北社区卫生服务站、某某消化专科医院、某院长的专家医疗技术。

三种宣传手段交叉覆盖每个角落,做亮医院品牌、专家品牌,增强大众信心。

(2)我们医院的跟踪回访服务不足,需要加强:成立流动服务部。

(3)我们医院的服务需要进一步提高。建立初步的客服组织系统。

(4)某院长的个人诊疗技术的宣传需要继续加强,改变患者信心不足局面。

(5)解决管理和医疗由医院专家一人一把抓的局面,进行医、管分家。

(6)完善各项规章制度,稳定医疗质量。

4. 发展中期:

做好、做强、做大消化专科为目标

● 引进消化专科医生:充实消化专科实力,解决消化专科医生发展不足的局面。

● 有效利用流动服务部、客服系统做亮医院品牌。

● 有针对性地做好外交工作,为医院下一步发展作准备。

5. 发展后期:

做好、做强、做大消化专科后进入后期。

目标:建立有重点、有专业特色的综合医院

(1)建立 CIS 视觉识别系统

(2)实施借鸡下蛋建立其他科室策略。把握小投入、大回报原则立项,待机而动,建立其他门诊科室。

(3)联合办医:无能力建立的科室采取近引外联策略,联合开诊。

近引:对地域较近的人才采取股份、红利等措施,引进医院,合作办医。

远联:针对距离很远的著名医院,采取举行活动的方式,联合在医院先开拓市场。可以联合大医院的公益义诊行动,举办活动,亦可与大医院联合开办定点门诊。

另外可以在网上开展免费咨询,义诊的活动。

(二)内部整改措施

首先,我们医院要做到经营管理与医疗运作分开,也就是常说的经营与生产分开,设专职负责经营的经营院长,医政管理及科室管理由经营院长负责,负责整个医院内部经营、维护、活动组织、对外公关、整体宣传策划等与医疗质量没有直接关系的事务。业务院长负责接诊、医疗、护理管理、药房等与治疗质量直接相关的事务,主抓医疗质量及服务体系设计、管理。

第二,我们医院要企业化经营,各科室、各部门要建立成本管理、目标管理、绩效管理、问题追责制度等管理制度,真正实现现代科学管理目标。

第三,建立完善的医院内服务体系,种种服务活动如同医院的营销策略一样,始终是围绕一个中心而展开的,这个中心就是要让患者满意。就是"以病人为中心"。

1. 医院应在门诊部和病区设立投诉接待处,定时专人负责接待处理病人的投诉。有效解决患者投诉的问题,会对患者满意度、忠诚度、信任感产生重大影响,从而影响医院的品牌建设。

2. 因势利导地满足病人。让就医者通过医院的个性化服务,使他们的不同需求都得到相应满足,并超越他们需求的期望值,达到高度满意。

3. "以患者为导向",注重病人的感受,推行微笑服务和全程导诊服务。注重病人的关注或意见,在病人关心的收费方面实行住院病人一日清单制,明码标价。

第四,建立专门的流动服务部,负责定期回访患者,出诊、下乡医疗宣传服务、信息采集、医院信息宣传、承担医院社会活动。规模式建制期为一年,携带小型体检仪器,负责走遍医院的各个社区和大小村庄,在全沂源县覆盖每个地方,扩大医院知名度。完成此工作后,建制缩小,转型成为医院的专门回访服务队。

第五,成立客服中心

未来医院的竞争,将是"以病人为中心"的全方位服务理念的竞争。客服中心的建立,不仅意味着医院全面服务行动和意识的提升加强,而且是医院的一项很好的品牌工程和美誉工程,成为医院竞争的利器。

客户服务中心职责范围:

(1)客户服务中心通过向社会公布的中心电话号码,接受健康咨询、预约专家、预约检查、预约居家医疗护理、邮寄检查单、电子邮件联络、客户电话回访等形式多样的诊前—诊中—诊后服务。

（2）负责入院患者的全程服务。对来院患者诊疗过程中，有需要帮助的，及时提供帮助，特殊患者需陪同检查治疗的要予以陪同。当门诊各科室有患者需要住院时，马上通知客户服务中心，由中心派专人帮助患者办理入院的各种手续、送到病房、交给主管医生和护士。

（3）熟悉各科室医疗技术与服务信息，为患者提供更优质的咨询和导医服务。为患者分发各种检验、检查单，指导患者复诊，需要补报告单者，即与相关科室联系，不能让患者来回办理。协助办理各种诊断证明书。有需要邮寄或者电话通知的，要在结果出来一小时内办理完毕。

（4）熟悉各科专家的专长、出诊时间以及专科出诊时间；掌握各科常见病的分诊和宣教防治知识；了解常做的检验报告的数值和临床意义；与各科室做好沟通，密切配合。

（5）凡有需要帮助办理出院手续的，协助办理出院手续。对有特殊情况需要马上离院的患者，可由患者本人或其家属签一份委托书，并留下押金条和剩余需要付的款项等，约好取发票的时间和方式，患者可先离院。由中心代办出院手续，然后按约定的时间或者方式交到患者手中。

（6）主动与各科室做好沟通协调工作，遇到顾客投诉，要及时向门诊部主任、相关科室主任和当事人反映，争取将问题及时解决。

（7）对离院的特殊患者进行电话回访，将收集到的信息反馈到相关部门。

（8）做好医院各种宣传资料的发送工作。

（9）每周填写《医院患者服务意见表》，将一周内患者对医院的意见和建议进行整理归类总结，一份送门诊部，一份市场营销部。

客服中心是保持医院与患者联系的桥梁，客服中心通过接听医院的咨询电话，统计患者资料，建立医院患者数据库，定期对出院患者进行电话回访甚至深入患者家中的回访，监督医院的各项医疗服务措施的执行，及时反应医院存在的问题，为医院在医疗、管理、服务方面提供改善的意见和可实施方案。

第六，引进消化专科人才，建立人才激励机制留住人才。

以红利、股份、待遇吸引人才、留住人才，做大、做强消化专科。其他科室人才见机而为，不可强求，保证消化专科发展为第一选择。

（三）促销策略

1. 对于较为偏远的乡村到来的患者可以给予八折优惠。

2. 市区 24 小时救护车接送病人，电话约诊，上门服务。

3. 来治疗的患者，统一发放医院的宣传资料，使之成为医院的义务宣传员。

五、传播策略

（一）宣传定位

"专科、专人、专病、专治"应该是我院作为专科医院的"专"的定义，但是到底"专"在哪里？医院现定位非常模糊，能够突出的科室全部突出了，在宣传上面对的是所有患者，希望只要是患者都要拉到，市场不够细分在患者看来概念非常模糊。要重新确定宣传的准确的定位点，可以从以下几个方面考虑：

1. 理念牌——中西医结合（广义细分市场）

现在大多数医院提出中西医相结合，这种说法不应只是停留在广告宣传上，而是需要推出以此为特色的诊疗服务。中西医结合在社会上具有广泛的关注度，患者更关心的是除了高科技的西医以及各种诊疗设备以外，中医应该更可以标本兼治。这样的医院定位可以在短时间内迅速提高医院的综合评价，并且具有吸引力可以很快提升营业额。

2. 技术牌——突出人无我有、人有我精的治疗项目

我院现采用的介入治疗方法，这也可以作为医院本阶段宣传重点。突出介入手术和传统手术的区分，从专家到病例，从设备到价格不无巨细地从每个细节方面整体包装我院成为沂源最权威、值得信赖的微创手术治疗中心。要给患者一种概念就是在沂源消化道专科微创手术做得最好的就是我们医院，比大医院还要好，还要专业的多。

3. 病症牌——突出某一种病症（全面细分市场）

与介入手术同样的概念，需要在介入手术的病症中选取一种病症最普遍的、手术成功率最高的作为医院整体定位，将市场再度细分。例如把肝胆结石等两三种手术作为宣传重点，突出我们的专家在这几项手术中的成功经验，这样一个概念作为医院定位可以大大提高我院在患者心中的分量。

（二）院内宣传

医院内的宣传可以说是重中之重，就好像商场为了促进消费是非常讲究商品美陈和商业氛围的渲染的。这里可以将医院宣传品分为如下几个部分：

1. 发放类宣传品

宣传图册：为医院行销必备之物，就像地产行业的楼书，不仅是介绍医院的必需品，还可以作为来院诊治后的患者向其他潜在患者介绍医院的利器，并具有长时间的保留价值。图册要制作精美体现医院的良好形象。

医院 DM 杂志：可以做成半月刊或单月刊，现在很多医院大量印刷院报，因其具有时效性和印刷量大的特点，对院内的各类活动可以做到适时报道，在社区活动和促销活动中起到不可替代的作用。

医院 DM 杂志内容分为两大块,一方面以科普教育为主,包括消化道多发病的病因及预防知识;另一方面是我院的整体宣传。

2. 装饰类宣传品

装饰类宣传品是指整个医院内墙上悬挂的印刷品,各科室医疗辅助挂图等。在候诊区、输液区、走廊以及卫生间,要根据不同的科室做出相应的宣传品,以便于患者在医院内无时无刻不感受到医疗的氛围。在适当的位置如病房或楼梯可以悬挂比较温馨的艺术画,提高这个医院的环境氛围。入门处及诊室外的专家介绍内容和样式需要全部调整,现使用的完全不能突出专家的权威地位,对患者的吸引力及信任度不高。

3. 摆放类宣传品

活动期间为了突出活动内容和请来的知名专家,需要制作 X 展架,以便增添活动的气氛。

4. 使用类宣传品

医院内用品要求形象统一,具有大医院的整体形象,从服装到使用品都要求印有医院标志。在这一方面做得很不到位,如果我院人员从事社区活动,其服装上连医院的标志都没有。医院也没有为患者准备盛放药品或病历并印有医院标志的手提袋。

(三)广告宣传

1. 平面广告整体策略:

主要投放在《龙之媒》报纸沂源版。版面策划上宣传要明确主题,多从患者的角度设计广告,版式设计新颖,在众多的医疗广告中形成自己的特色。

平面媒体广告设计策略:

(1)统一 VI 系统、统一版面整体形象,明确规定版式设计;

(2)图文并茂,插图要使用医院自己的照片,不可以使用不相关图片;

(3)淡化广告色彩,突出形象设计,利民、便民为形象主调;

(4)专业方面的内容力求简单,通俗易懂;

(5)专业专门设计,内容要贴近生活,真实感人,不可设计成为了广告而设计的广告。

2. 制作系列性广告,增强受众的阅读性:

可以考虑在 9 个不同主题的宣传,可以比较系统和全面地对我医院的整体形象和所经营的项目细致地作个介绍。

(1)形象篇:根据整体宣传定位体现标本兼治,概念不可以模糊,要和医院诊疗紧密结合,“沂源首家消化专科医院”“沂源消化专科权威”为中心。

（2）专家篇："聘请北京医科大学及沂水中心医院专家坐诊"突出专家的照片、职称、头衔、简历、专著等。这里要确保是真正的专家，可以充分宣传但不可以失真。

（3）医护篇："爱心、仁心、亲情、友情"以医生护士形象为宣传点，感人至上，树立医院整体医护在百姓心目中的良好形象。

（4）医技篇：主推我院独有的强项医疗项目。主要介绍我院手术的先进性、高安全性，高成功率。

（5）价格篇：可以控制成本的疾病公布最高限价，让百姓看得起病，不再使用"最低价格"、"低价位"等宣传用语。

（6）疗效篇：借鉴医药广告特点，以大量的诊断治疗案例，说明诊疗效果。解决存在百姓心中的疑虑，让他们看病更安心。

（7）科教篇：对我院主要治疗的病症进行科普宣传，讲解它的发病原因、治疗方法、愈后调养知识。

（8）社区篇：根据社区活动，采用纪实报道的形势，凸现我院在地面营销活动中受到的广泛关注度。

（9）活动篇：根据我院在不同时期所做的社会性公益活动或者是大型义诊活动，进行跟踪报道。

所有系列篇内容可长可短，需要重点介绍的专家篇、医技篇、科普篇、社区篇等都要根据当时活动和医院的整体宣传策略进行调整。形象篇、医护篇、服务篇、价格篇、科普篇就可以每一篇幅做出固定的样式，不定期在媒体上发放。

在平面广告的媒体投放上不必做到遍地开花，而要斟酌各个媒体的特点优势，有针对性地选用，加强每次广告的整体宣传质量。

3. 广播媒体：

消化系统疾病多是由于长期的工作压力和不健康的饮食习惯造成的。符合这种特点的以老年人和司机居多，这两个人群是电台广播的最大受众。

广播媒体宣传的范围很广，而且单位成本较低，广播的主要受众也与我院的主要患者来源相吻合，并且出租车司机有收听电台广播的工作习惯，更容易实现和扩大传播效果，提倡主要使用广播广告形式。

形式：健康在线咨询和健康生活讲座。时间定在晚上 7：00—10：00。

4. 墙体广告

重点在农村的村头路口、道路两旁高耸平整处，采用白底红字。

广告语：要健康，消化好，某某社区卫生服务站保健康

5. 路牌条幅广告

在各乡镇到沂源县城的路上,采用蓝色为主色调。

广告语:看消化,疗效好,收费低——某某社区卫生服务站。

6. 网络推广宣传

在信息化的时代,网站对一个企业具有很重要的作用。

● 对企业进行现代化包装:网址、网站、电子信箱等使得企业更具现代化形象,增加在客户心目中的信誉值。

● 全方位的医疗服务介绍与形象展示:网络科技足以令产品与品牌形象更加立体地呈现在用户面前,就算企业仅仅把网站当成电子宣传册来使用,也较传统的宣传模式更加多姿多彩、更加易于发布与传播、更加经济与环保。

● 丰富营销手段、开拓崭新的市场空间:医院网站可以满足一部分患者网上查询的需要,抓住网络商机。

● 以轻松便捷的方式来倾听用户的声音:通过信息反馈、留言板等形式获得患者意见,及时反馈,能帮助医院提高医疗服务质量,拉近医患关系,提高医院美誉度。

● 提供面向广阔市场的全天候服务:互联网的特点在于突破地域的限制,一个网站能同时为您服务于世界各地的患者;同时,网络无休息,一年 365 天、一天 24 小时,您的网站永远忠实地服务患者。

● 提高竞争力:加速企业信息化进程,与时代接轨,不给竞争对手以可乘之机。

在网站上可以设立诊疗科室、诊疗设备、专家风采、在线咨询、健康咨询、消化道疾病知识等相关栏目,实现医院与患者的良性互动。

7. 电视宣传

拍摄《某专家与他的消化介入技术》主题纪录片

某专家消化系统健康讲座

8. 广告语设计:

农村:看消化,疗效好,收费低,某某消化

城市:健康身体,从消化开始,某某消化保健康

"消化好,最重要,我们专攻消化疾病"

对外形象宣传口号为"消化好,最重要,某某消化专攻消化疾病",初期做好概念宣传工作的同时,不能够忽略对单个病种的宣传,以显示医院的真实实力。

改变门诊形象,成立消化专科医院是我们医院的目标,以"某某消化"为我们医院的代名词,突出我们医院的强项,也为将来发展铺路。

六、公关策略

在整个营销体系中,广告只是单方面可以提高医院的知名度,而公关活动是

医院树立良好形象的关键,不仅可以相应提高知名度,更可以树立大众值得信赖的美誉度,并取得直接的经济效益,更有利于医院的发展壮大。

公关活动主要分为两大模式,一为政府公关活动;二为民众公关活动。

1. 活动实施六原则

(1)活动辐射区域时效互不重叠的原则

活动辐射区域时效互不重叠是为了使活动在"多点开花"、彼此呼应的同时,又使资源得到最合理化的配置,而不至于浪费。如:凡在近几周内在该社区进行了推广活动,该社区周边社区的推广活动即顺延到其他社区推广完毕。

(2)合理使用媒体的原则

因为活动本身具有"超级终端"的意义,信息的到达率将会非常高。但为了在活动前期达到"一石激起千层浪"的效果,还是有必要在活动前后和活动进行期间作必要的充分的媒体炒作。为此,我们需要选择受民众关注程度较高的传媒。

(3)针对目标患者的原则

所有的活动都必须始终贯穿"针对目标患者"的原则。在保证活动长远效果的同时又注重时效,即,医院管理部门都必须对每一次的活动进行绩效评估。因此,在系列促销活动开始前必须对服务人员进行严格的选拔和系统的注重实效的培训,结束后进行总结,使下一次活动更完善。

(4)有的放矢的原则

针对高、中、低端不同的患者给以不同的诉求点,根据不同的诉求点来确定活动的主题。

(5)空间上、形式上高、中、低端立体攻势的原则

地面推广并辅以新闻媒体、电台广播、气球条幅等全方位宣传的形式在各社区进行系列活动。

(6)亲情服务的原则

参加活动工作人员的亲情服务,对于扩大医院市场占有率和提升医院品牌形象、增加医院的美誉度、提高居民的忠诚度将会起到直接的作用。

2. 政府公关

(1)与当地各政府机关尤其公安、武警、消防合作,搞体检、联谊活动。通过直接和间接的广告宣传、公益活动,向目标群体和大众传播商业信息,通过实际影响、大众媒体的传播使我院的品牌深入民心。

(2)与红十字会、民政部门合作爱心救助活动,为一些贫困的农民或需要救助的弱势人群提供帮助,博得民众的好感和爱戴。

(3)与当地媒体共同创办百姓生活栏目,反映百姓生活中的点点滴滴,凡是与

医疗有关的问题均可以由我院专家来做相应的解答,增加我院专家在民众心目中的地位和可信度。

3. 农村大众公关

(1)走巡回义诊路线,在操作过程中增加技术含量,小型诊疗设备、现场医生和网上专家共同诊治。由医院的流动服务部负责,走遍沂源的各个村镇,为期一年。

(2)与多家其他类型专科医院或者大医院联合:举行感恩老区专家义诊,由医院的流动服务部负责。各家医院各取所需,我自名利兼收。

(3)可以在较为偏远的乡镇征集幸运患者,为其免费医疗,扩大影响力,提高知名度和美誉度。

4. 社区活动策略

社区作为医院营销的主要阵地,绝对不可以忽视。通过在社区的调查了解,社区是我们医院的宣传盲区,说明以往的工作方法存在严重问题。改变传统社区工作办法是当务之急,重新规划社区义诊活动办法,改变过去派医生护士到指定社区进行义务的诊疗服务的传统做法,变被动为主动。可以通过两次传统办法后,与社区居委会建立互动关系,征集、建立居民备案医疗卡,定时间医院对某社区开放,让患者享受更好的诊疗服务。这样,不仅达到活动目的,而且能调动社区居委会的宣传力量为我所用,达到以往宣传达不到的目的。

(1)活动方式:

● 活动主题:消化道健康免费检查

● 活动时间:我们医院自己确定

● 活动对象:沂源县各个居民小区,间隔式选择操作

对居民小区的选择要综合考虑到小区的建立时间、主要居住人群、小区老龄化程度以及小区的整体收入水平。以保证此项活动能够更好地达到短期和长期的目的。

活动地点:在社区简单体检过滤健康居民,有问题的进一步到我们医院体检;在选定的居民小区开展健康讲座。

● 活动目标:

搞社区活动是一种很好的传播途径,既可以扩大知名度,同时更重要的是能建立起很好的美誉度。因此,此社区推广活动应以追求社会效应最大化、培养居民信心为主,吸引患者治疗为辅。通过社区义诊活动来宣传、美化我们医院在市民心目中的地位,实现擦亮品牌目的,在居民心中种下医院的种子。

● 活动内容：

免费体检：本次活动以消化系统健康免费检查治疗与专家进社区讲座相结合。以关注老年人健康为切入点进行宣传。

对外宣传免费检查的项目主要包括：

消化性溃疡、胃炎肠炎等消化系统疾病，肝病、糖尿病、肾病、心脑血管病、慢性支气管炎等常见病多发病不需要做媒体宣传，可以初步诊断，可以在行动上表现更利民，获得更多居民好感。

健康讲座：

消化系统疾病的预防及治疗和生活习惯与身体健康的关系。

免费体检治疗和专家讲座相互配合。专家进社区讲座活动在前，免费体健活动紧随其后，以讲座促进体检，更好地贯彻此次活动的意图。

（2）现场布置：

现场悬挂活动主题横幅

制作活动背景墙、现场医疗咨询区布置

活动宣传展板布置（病历宣传样板、健康教育样板）

形象宣传品（画册、X展架、现场POP等）

（3）活动组织安排：

工作重点：工作人员的选择、人员服装/绶带准备、站位、工作职责、宣传单的调配

A. 室外阶段：9：00－11：00咨询医生及护士按时到位，活动展开。

B. 室内阶段：下午3：00－5：00

为了提高人们对健康问题的关注程度，特别是对消化道疾病的预防和治疗的关注，医院与居委会合作开展"健康专家送上门"服务，通过专业知识的介绍，改变人们对消化道疾病的忽视，倡导"用健康的生活习惯抵制疾病发生"的健康理念。告知公众特别要养成合理健康的生活习惯，关注消化类疾病的预防和治疗。

凡来参加讲座的患者，都会得到一张体检卡，凭借此卡可以参加接下来医院体检活动，我院均为其优惠提供一切咨询、检查、治疗服务，并免费为每一位患者建立健康档案、定期回访，如来我院就诊一律全免挂号费（专家、特诊科除外）。

5. 医院内免费体检治疗活动

（1）配合社区行动

活动时间确定在专家进社区活动结束三天后。一方面给打算前来体检者准备的时间，另一方面也不会因为时间拖得过长让公众产生怨言。

每次免费体检活动确定时间为一天。凡在这天不管是前来医院就诊的还是

持体检卡前来体检的,一律免费检查并提供一些初步治疗的方案和药物。

活动时间分为:上午8:00－11:40;下午2:00－5:30。

活动当天,导医台负责体检登记、发放体检序号、体检顺序的合理调度及医院内秩序的维持等工作。

(2)优惠诊疗社会互动行动:

● 活动宗旨:惠所当惠,只给真正需要优惠的群体。

● 操作的方法:可以是不定期或者周期性定期开展活动。

● 目标人群:选定没有医疗保险的社会目标群体,提供相应证明后,超低价位诊疗。

下岗失业人员——下岗失业证;

农民——户口本;

外来下层打工者——身份证、介绍信。

● 感动行动:诊疗结束后,发放生活手册,指导其正确的生活习惯和就医保健时间。

6. 活动宣传炒作

(1)前期炒作:

提前一周平面媒体活动广告和新闻;

提前一周进行电台节目的宣传;

专家进社区活动期间的社区宣传。

(2)后期炒作:

电台跟踪报道;

电视台新闻报道;

平面报纸活动报道和新闻。

7. 配合活动准时投放广告

(1)广播广告

沂源人民广播电台:每天整、半点(15秒)活动通告(18－22次)

(2)报纸广告

主要投放媒体为沂源龙之媒报纸。

可以采用软文形式,尽量减少对医院的刻意表现。内容主要是说明我们社区公益活动的时间、地点和活动内容即可,甚至更大的活动地点排序表。

Y 牧业公司发展战略咨询

Y 牧业是一家由没有大公司饲料技术背景、没有大公司管理背景、没有大公司市场营销背景的人投资成立的一家饲料公司。公司成立一年多来,市场管理、营销人员管理、财务管理等都很混乱,市场销售也不如意,总是亏损。于是,Y 牧业老板开始对这个投资项目重新思考,这种情况下找到龙锋策划工作室。就这样,开始了 Y 牧业发展战略策划。

饲料行业战略分析:

中国饲料行业大局已定:

这其中包含两层含义,第一层含义是饲料行业品牌地位已经有了定局,正大饲料、希望饲料、通威饲料、六和饲料在北方饲料行业中的大牌地位已经确立,只要他们内部不发生重大变故,没有任何饲料企业能够撼动他们的地位;第二层含义是无论预混料市场还是浓缩料和全价料市场,在价格方面,高中低三层次价格的产品各个大牌厂家都有,没有空白市场存在,基本上是无差别、无缝隙竞争。总之,一句话——中国饲料市场已经是成熟市场,任何新人或者新的资金进入此市场,都很难有机会有所作为。

山东饲料市场企业拥挤:

大品牌饲料企业在山东境内全有,并且很密集,尤其是六和集团;中小型饲料厂也很多,各种饲料、各种价格的饲料产品同样不缺,甚至有的企业在局部地区可以比美正大饲料、希望饲料和六和饲料。

饲料市场和消费者很成熟:

养殖市场规模没有变化,猪、肉食鸡、蛋鸡仍然是饲料行业的主打饲料,鸭子、牛等其他特种动物养殖只有在某些特殊地区才会成规模。经销商选择经营的饲料会看市场反应决定,养殖户选择使用饲料没有情绪化,很理性、很精明,主要注重效果和价格及性价比,售后服务和养殖技术帮助也很看重,但是不是决定性因素。

二、战略决策：

在这种局面下，作为已经进入了饲料行业的 Y 牧业，我们给了老板关于 Y 牧业的三个建议：

一是快刀斩乱麻，直接关停，资金另寻出路或者改产。

二是面对不寻常局面，行不寻常策划，但是路很难走，成功很遥远。

三是与养殖户联合，成立饲料、养殖发展共同体。

此投资老板的选择如下：

对于第一条建议，Y 牧业公司投资老板有心选择，但是对于过去一年多的资金投入和苦心经营成果，不甘心放弃，正如那种"鸡肋"心态；而对于第三条建议，他直接否定，因为他知道那是很难完成的目标，如果选择，同样前途莫测；对于第二条建议，尽管说了很难，但是投资老板还是充满希冀。在这种下不了决心情况下，投资老板要求我们做出第二个建议的策划再考虑。于是，双方的业务合作又继续进行。

三、Y 牧业公司诊断：

通过月末营销人员会议和全体中层以上领导会议的了解，公司目前面临的问题很多，但是会议上所提的问题，实际上那些都是问题的表象，不是公司问题的根本。针对各种表象分析总结，公司需要解决的根本问题如下：

公司总体经营战略模糊，需要明确制定。

本地市场开发策略模糊执行，没有明确思路。

外地市场开发策略没有拟定，需要快速出台。

价格体系混乱，还没有理顺。

售后服务流程没有建立，难以达到效果。

没有明确的客户投诉处理流程，随机随心处理投诉，公司制度欠缺。

公司没有认真研究传播策略，公司宣传没有套路，与现代营销方式脱节。

公司营销理念欠缺，有的只是公司理念。

销售管理制度欠缺。

针对以上问题，公司的经营方针应该明确清晰，不能模糊经营。"摸着石头过河"（公司老板针对前期经营所受挫折所说）是因为没有可以参考的路，但是，在饲料行业市场格局已经成型的今天，可以参考的有很多，所以"没做过"不能作为前期失败的借口。

四、发展战略咨询策划

强化激励机制 举善尚功 实现人才立业
Y 牧业公司经营策划方案

一、引言

了解了 Y 牧业公司的状况后,不由得想起了《淮南子·齐俗训》中关于一个齐国和鲁国立国国策的历史故事:

昔太公望、周公旦受封而相见,太公问周公曰:"何以治鲁?"周公曰:"尊尊亲亲。"太公曰:"鲁从此弱矣!"周公问太公曰:"何以治齐?"太公曰:"举贤而尚功。"周公曰:"后世必有劫杀之君!"其后齐日以大,至于霸,二十四世而田氏代之。鲁日以削,至三十二世而亡。

故事讲的是:周朝立国,分封诸侯。姜太公封齐,周公封鲁。一天,姜太公与周公旦见面谈天下大事,当谈到各自的封地国如何治理时,二人立场各异。姜太公治国宗旨:举善尚功;周公治国宗旨:尊尊,亲亲。姜太公据此预言鲁国,将来必定国力积弱,国君无作为。周公据此预言齐国,必定国力强盛,但是将来必为他姓篡国。很不幸,历史证明了二人预测的正确性。齐国日益壮大而称霸,但是在二十四任国君时被田姓取代封国。鲁国则相反,国力和版图日益萎缩,但是到了三十二代国君才亡国。

这个故事涉及了两种立国战略:一种是"举善尚功",另一种是"尊尊,亲亲"。举善尚功,大意是唯能是举,重赏功臣。这是一种开拓型快速发展经邦战略,用在当代经济社会适合吸引、凝聚人心,以结果论英雄,以功利为经营核心,快速建立强盛事业。"亲亲"古义是指"父慈、子孝、兄友、弟恭",互相爱护团结,"尊尊"古义是指不仅要求在家庭内部执行,贵族之间、贵族与平民之间、君臣之间都要讲尊卑关系,讲秩序和等级。"尊尊,亲亲"通俗地说就是尊敬社会上地位尊敬的人,亲近近亲贵戚,保持维护社会上下尊卑秩序。这是一种守成型经国战略,做法上表现为讲求秩序,建立并维持目前的格局制度,绝不冒进改变,以保持稳定实现事业长远存续。

我们公司目前不仅正处于事业起步立业阶段,而且是处在市场狭路上。如何经营和发展,而且是需要速效经营、快速发展,这个故事中的两种立国战略,很值得我们思考。我们公司也正好处在公司经营战略确立阶段,两种战略恰合公司目前态势,正好摆在面前。而其中的举善尚功战略,对我们公司的经营发展,具有重要的现实指导意义。

二、经营战略纲要

目前,公司管理高层已经形成,并且多数岗位责任制度已经出台,有关上层组织管理方面,不是当务之急,在此不做赘述,略。

我们公司初创,不仅没有企业品牌优势,而且没有个人品牌优势,所以市场影响薄弱是不容置疑的,没有多少市场竞争资本可陈列,唯一有的是猪饲料的性价比和本地人的微弱竞争优势。如果公司在人才吸引、使用、留住上没有英明的用人策略,那么资金、技术都将付之流水;同样,如果没有恰当对路的激励措施,也只会让投资慢慢地一点点地丢失而已。所以,人才经营是公司第一要务,而"举善尚功"作为最佳的人才经营经典当为公司经营的第一要策。

执行举善尚功战略具体途径策略:

一是股份、红利激励:

作为打工者,首为求利。公司给予员工的基本之利工资、提成、奖金规划已经有了,但是对员工影响更大的远期之利、更大之利公司没有规划。这才是影响员工工作积极性的最大动力,换句话说是公司发展的最大动力!

此政策主要针对营销人员,因为他们是公司的赢利来源,是公司生存的根本。公司可以制定一个浓缩料、全价料短期销售目标,每个人都有目标基础销售量,再确立一个悬赏竞争目标,凡是超过基础销量的部分给予高额提成,达到悬赏竞争目标销量的给予一个短期大比例红利股。

为了保持这种开发市场的旺盛斗志,再跟随出台一个中、长期考核标准,考核期内始终夺得悬赏竞争目标者,给予一定比例的红利股、不可向外转让的实股,可以让优秀的销售人才永远绑在公司的战车上,为公司的发展服务。

红利股是中期稳定和激励人才的因素,实股才是实现长远稳定与激励的基石,那是让优秀员工、得力干将真心归属的唯一条件。

二是职位激励:

公司刚创立,目前就有许多职位等待"有能者居之",未来公司发展壮大了会有更多职位提供。

公司可以暂时做一个公司远景规划,规划的思路是:目前的业务人员在本地市场基本达到经营目标后,可以作为自己的自留地存在,接着开发远处市场,并可以在远方市场建立自己的营销人马或者市场销售网络,当本市场销售达到目前公司生产能力的四分之一规模并且长期持续后,可以由公司出资再建新厂,并就任总经理,享受新厂10%红利股份,若干年后,转变成实股。

三是对口落实对象和顺序:

1. 第一顺位是营销部门:这是需要快速施行的部门。营销是实现公司存续发展的关键部门,整个部门都应该包含在内,而且是最重要的推行尚功战略的部门。公司营销部门都是新人,制度新订,当此之际,应该一鼓作气,奠定公司未来发展的基础。此基础,一是稳定现有队伍人心,二是刺激现有人才力量的动力,三是怎样留住未来的公司功臣。

2. 第二是品管部门:这是未来的工作激励。品管是保证产品质量的关键部门,关键人应该在其列。

3. 生产部门:这是主要靠制度管理控制的部门,不是必须施行的部门,可以酌情考虑。生产管理人员、关键人员直接决定产品质量,也是需要关注激励。

总之,企业的各个重要环节的掌控人才,不仅关系目前企业的生死存亡,而且是公司存续后进行异地生产扩张的主力核心人才。如何留住和充分发动他们的工作积极性,远期激励措施是影响个人才智发挥和团队凝聚力形成的关键因素。企业中如果出现了古老的军事格言"上下同欲者胜""三军一人者胜"的情况,必是靠举善尚功战略此三者缔造。

三、经营战略规划

(一)质量控制策略

质量是立业之根本。饲料的质量是养殖户的生命线,谁打了养殖户的饭碗就是砸了自己的饭碗。质量包括两方面:一个是配方技术要好,养殖效果投料少产出多,二是生产达到技术效果。据了解,我们的配方很好,所以就剩下生产实现技术效果这一问题,这就是生产控制。生产控制主要有以下四项内容:

第一是原料控制。产品质量的保证应该从源头抓起,保证公司的优质原料顺畅供应是公司的一项重要工作。在饲料配方技术已经优秀的基础上,原料的生产厂家是关键,大宗关键原料一是选择诚信厂家,二是选择至少两家供应商。尽管如此,原料的检验必不可少,没有正式的化验结果出来前,不能使用。

第二是生产过程控制。此过程控制主要有四个方面:

其一是严格按照配方要求生产,只有如此才能保证所生产产品中的各种营养成分含量达到标准。

其二是把好原料储存、取用关。此关要点首先是要创造条件,保证原料不变质;其次是生产时取用原料,保证先进先出;第三是原料堆放整齐洁净,保证原料不混料;第四是生产时用料,按照配方准确计算及称量。

其三是严格按照设备生产技术流程操作,不可减少生产工序,给产品生产工艺打折扣,影响产品质量。

其四是保证原料的搅拌质量,经常震动搅拌仓、出料仓,降低黏附料、死角料数量和避免成品混料,也是减少质量事故的一个必不可少的程序。

第三是严格成品保管。严格按照先进先出原则管理仓库,成品不可长期存留,是保证质量的另一关键环节,所以预测正确的市场需要量,按需生产是营销部门的另一项重要工作。

第四是送货、储存管理。送货车的防水、经销商的储存环境、用户的储存环境都应该是营销人员需要高度关注的工作,减少用户的质量问题就是减少自己的麻烦。

（二）产品

产品选项上错位经营。

一是确立公司的拳头产品。在市场上筛选出最好的饲料品种,确定为公司的核心产品,全方位精心包装,创立公司品牌。

二是寻找大公司的产品软肋。大公司的产品软肋不仅是我们打开市场的关键,也是我们树立品牌的机会。研究对手的软肋,制定针对性营销策略,以我之长,开辟市场,塑造公司品牌。

三是整合公司产品,全价料、浓缩料、预混料三者搭配,编制市场组合拳,应对不同的市场、不同的销售区域、不同的客户对象,针对他们不同特点,量体裁衣提供适合他们各自的产品。

（三）价格

区域内统一定价非常关键,尤其是公司价格,这是建立公司与经销商、用户和谐关系的重要环节。

出厂价:建立统一的产品出厂价,是公司除了产品质量外信誉经营的关键。

提货价:本地提货补贴、外地提货补贴政策统一。

送货价:桓台县本地区是公司的市场门面,本地区经营是公司发展的重中之重。在公司刚起步,并且没有品牌的情况下,建立良好的客户关系和效果榜样不仅是本地市场开发的关键,更是开发外地市场保证公司正常发展的基础。

重要大客户特惠价:建立往来账户,提前打款发货,送货上门。也可以发展比如玉米供货非现金结算,但是收购价格、质量一视同仁,尤其质量。

经销商零售价:不统一经销商零售价,但是相邻区域经销商公司业务人员要注意协调,避免自相残杀。

（四）市场开发策略

1. 区域布局策略:

第一市场:桓台、老市场、业务人员家属所在县市

第二市场:第一市场接壤县市

第三市场:第二市场外围

2. 本地市场开发策略:自留地策略、本钱策略、榜样策略

自留地策略:在桓台和业务人员家乡,给业务人员一个月时间,八仙过海各显神通抢占地盘,作为自己在公司今后的自留地收入,但是决不允许恶性竞争甚至拆台,一经发现,付出双倍代价赔偿对方,甚至辞退;同时严禁诬告,否则辞退。

本钱策略:自留地市场属于自己的个人封地,只要公司存在一天、个人在公司一天,提成就保留一天。

榜样策略:大户、领袖型养殖户作为重点客户目标对象

3. 外地市场开发策略:大户策略、经销商策略、倒推开发策略

大户策略:如果没有用户,许以重利试用。试用从大户开始,或者从养殖名人或者技术领袖开始,以他们为突破点,打开市场。

经销商策略:市场管理维护,采取经销商途径。原因略。

倒推开发策略:有了用户和榜样后,倒逼经销商关注、经营。

4. 成本战略:

新市场初期三个月实行成本开发战略,在饲料价格不变的基础上,实行高提成、高返点,同时在运费、服务方面加大力度。

5. 效果战略:

新市场第一新客户,而且是大户,试验对象首批饲料免费(定量),大量购买优惠。

6. 三个月后提成差异化策略:

不同市场、不同时期、提成不同;不同销量拉开提成档次,以刺激开发新市场和扩大老市场。

(五)售后服务策略

业务人员电话回访:定期电话回访、提货后问题、关心回访

业务人员上门回访:提货后亲自上门关心回访

营销部电话回访:定期问候、提货后调查回访

公司经理回访:对大客户定期关怀回访:电话、上门

技术回访:后勤技术人员巡回回访(桓台)

(六)宣传策略

1. 广告:

墙体:暂时不选用。

喷绘:经销商、养殖大户门外

条幅:养殖集中区域重要交通路口。

2. 包装：

产品包装也是很好的广告。其作用不仅表现在卖饲料时，而且还可以在包装物被作为其他用途时，做广告宣传。所以，包装物的改变，成本提高一点儿不需要过多地在意。某次提价时可以考虑上档次。

3. 宣传品：精美公司宣传图册、不干胶贴纸、挂历、带公司标志的实用招待器皿。

4. 榜样宣传：树立关系好的大客户作为宣传榜样。

5. 养殖圈内的地域领袖宣传。

6. 口碑：加强质量宣传、服务跟进、养殖培训、疫病防治服务，建立公司口碑。

7. 卖点表达：高质低价傻老板，舍我其谁！

8. 广告语：环境技术 Y 料，养殖致富三要素（也是培训和分析问题的三个要点）。

（七）投诉处理机制

1. 处理原则：

首要是现场快速处理，适用于数额少，产品质量责任难以排除的投诉。

第二是上报经理处理，适用于数额大，做不了主，或者有极大可能性不是公司原因造成的投诉。

第三是鉴定处理，适用于影响大、数额大、有信心不是质量事故的投诉。

2. 流程：

电话投诉：记录内容——客户负责人——24 小时内上门详细调查——汇报营销经理——处理或者处理意见上报技术经理、总经理

拜访投诉：填写投诉内容——处理或者上报、处理意见上报技术经理、总经理

动作要领：

（1）无论是公司还是营销人员在外接到投诉，马上通知分管经理、总经理。

（2）营销人员立即到位，做出初步调查结果，向经理汇报。调查内容包括：畜禽名称、生长阶段、何时何种饲料、质量后果、周围养殖户状况、养殖户采取了哪些措施。

（3）公司相关负责人员合议，分析问题所在。

（4）安排技术人员到现场查看。

（5）现场分析事故原因，逐项排除疾病、环境、养殖技术、猪种等因素，最后考虑公司饲料质量。

（6）如果确实是饲料质量问题，与客户协商。

（7）现场人员提出畜禽问题饲养解决方案。

（8）公司合议评估做出最后决定,通知客户。

（9）理赔方法:以料代赔为主要手段,万不得已情况下可以采用现金理赔。

3. 接受投诉人员:

每天的值班经理、技术经理、销售经理、售后服务经理、财务经理、生产经理、总经理,建立核心投诉内容与交接班时间记录本,无线座机与交接记录本同时交接。

4. 正规的投诉档案表格:专人负责投诉调查、填写记录,并存档保管。

5. 慰问:投诉处理后,经理致电慰问或者到门慰问。

（八）公司理念

对市场:您的需要,就是我的工作。

对员工:今日服务不努力,明天努力找工作。

（培训要点）

（九）销售管理

1. 差旅费补贴

公司现行制度只适合本地市场开发,如果要开发远方市场,必然会发生抵触情绪。所以,必须有远方市场差旅费报销制度:

有车者,实行车公里补助制(摩托也实行同样标准)。

无车者,5元以上车票实报实销。

每天补贴住宿、伙食60元。

此补贴只适用于新市场开发前三个月,三月后取消。

2. 业务人员管理

外地出差管理:

首先,出差前汇报路线图,有车者记录里程表起始数字;

其次,每个目的地客户处现场即时将名字、电话通过短信发回公司,报平安,并方便公司通知消息,同时节省费用。"平安到达＊＊＊处,电话########,有何事需要告知,请回话";

第三,每天填写行程工作记录,回公司上交;

第四,随身携带投诉表格、竞争者情报调查表格填写。

本地市场活动管理:

每天早上公司报到,并递交本日拜访客户行程计划;

做全天活动记录;

到了客户处即时发短信给公司报平安,内容同上。

出差时间分割：

外地出差不多于每月二十天，保证每月有十天以上在本地市场服务。

3. 货款管理

针对货款结算混乱局面，特制定此规定：

只有送货人员结算货款，带回公司。业务人员不得私自与客户结算货款或借款，更不得擅自截留货款，违者严厉处罚。

针对大客户建立往来账户，货款、返款计入账户，减少算账复杂性和带款结算风险。

4. 建立客户档案

个人住址、联系方式、喜好、生日、家庭成员及联系方式是档案的基本内容。

①经销商：学历、性格、地区、人口、养殖规模、市场竞争、合作时间、累计销货总量、平均每月销量、每次提货细节记录、交流关键信息记录、信用记录、信用评估、促销活动记录；

②大养殖户：学历、性格、养殖规模、养殖特点、养殖技术水平、合作时间、累计提货总量、平均每月采购量、每次提货细节记录、关键交流信息记录、信用记录、信用评估、同行朋友、助销记录；

③榜样小养殖户：除了大养殖户档案的学历、性格、养殖规模、养殖特点、养殖技术水平、合作时间、累计提货总量、平均每月采购量、每次提货细节记录、关键交流信息记录、信用记录、信用评估、同行朋友、助销记录这些同样内容外，定期详细记录养殖效果日记。

（十）人力资源管理

（事有先后，生产销售走入正轨前，暂时不必理会，只需执行有功则奖，有过则罚即可，一切以暂以功利为先）

1. 岗位责任制

2. 职位级别制

3. 工资级别制

4. 奖金

5. 岗位考核

6. 奖罚制度

7. 晋升制度

（十一）培训

1. 培训目标

鉴于公司工作人员素质参差不齐，本培训计划旨在通过技术知识、企业理念、管理原则、企业文化建设方面进行全方位的培训,提高公司中高层的各方面素质,实现符合公司人力资源现状的现代企业形象。

2. 培训对象

所有营销人员

所有中层以上领导

3. 培训项目

饲料知识

养殖技术

管理知识

企业文化

团队精神

4. 培训原则

1)从基础——中级——高级

2)思想——素质——执行——团队

3)思想——管理——发展

5. 培训流程

畜牧技术知识为整个培训起点,并贯穿全过程,同时将公司员工分类分别开展管理和营销培训。

6. 培训内容目录

• 结果至上

• 品牌培训

• 角色转变

• 执行力

• 团队培训

营销培训:营销理念、市场管理、团队营销理念需要快速启动。

以上是一个真实的企业经营战略咨询过程,很可惜,此策划仅仅展开了核心部分,投资方就感觉不是在给自己做企业,反倒像是为员工做企业,因而放弃。如今,该公司仍旧在死亡线上打拼市场,仍然是老板的独资公司,不过像个家庭作坊企业了。

某葡萄酒淄博营销策划

某公司是中国葡萄酒的新秀。公司依托宁夏贺兰山东麓 3.6 万亩酿酒葡萄园而建。这里是被国家批准的国家地理产品保护区,由于气候、土壤等条件与世界知名葡萄酒产地法国波尔多相近,因而被国内同行称为"中国的波尔多"。

以宣传为主导　占领消费者心智
扬长避短　避实击虚　实施消费者拦截　塑造干红葡萄酒新品牌

上篇　传播策划

龙锋策划工作室
2010 年 5 月

策划核心——占领消费者心智,成为消费选项

一、传播策略

卖点传播是目前公司宣传的核心,不可盲目制作形象宣传和投入,尤其是西部形象宣传需要把握好宣传度,潜移默化作形象塑造是适合公司目前状况的关键。

占领干红葡萄酒概念和产品第一位阶优势。

正奇结合,硬软广告齐下。

有主要宣传阵地,突出身份、形象、实力。

有效果传播阵地,针对消费者促销,突出卖点。

正面介绍和互动娱乐活动结合。

调查问卷与抽奖扶助,加强宣传效果。

二、文案设计

(一)广告语:

● 设计理念:好葡萄,酿好酒;喝好葡萄酒,就是享受好葡萄。

● USP：

1. 每天一杯某干红葡萄酒,胜吃 99 颗红葡萄——家居饮酒消费

2. 某干红葡萄酒,贺兰山下好葡萄——营养概念

3. 家有某干红葡萄酒,享受贺兰山下好葡萄——家居饮酒消费

4. 喝某干红葡萄酒,享受贺兰山下好葡萄——营养概念

5. 吃葡萄何用东挑西拣,一杯某葡萄酒,胜似 99 颗红葡萄——营养美容概念

6. 喝酒喝干红,干红选某酒,纯净的酒,健康的酒——安全保健概念

7. 纯净、纯洁、纯粹、纯汁,某干红葡萄酒——品牌表达

8. 喝某干红葡萄酒,享受 99 人生——预防保健长寿概念

9. 中国唯一通过美国食品认证的酒——品牌表达和标志性概念,每个广告都用,用词还需要仔细斟酌。

以上广告语,可以根据需要再重新剪辑,进行缩短和拉长时间处理,以适应不同时长、不同活动需要。

（二）设计理念：

专栏《中国干红葡萄酒》,连载,旁观者身份,为干红葡萄酒做知识性、技术性揭秘讲解。

写作理念：

● 好葡萄酒是种出来的

● 好葡萄酿好酒,好干红胜似好葡萄

● 揭露好干红葡萄酒的真相

● 揭露中国干红葡萄酒生产行业问题

写作核心:葡萄酒是怎样做出来的? 针对生产流程各个环节进行技术说明

软文编辑:按照好干红生产技术倒推法,层层深入展开好干红需要的质量保证措施

专栏题目:葡萄、葡萄酒、健康或者为什么好葡萄酒是种出来的

或者炒作:中国干红,希望在何方? 唯一通过美国食品认证的葡萄酒

1. 中国葡萄酒行业真相,唯一美国认证;葡萄酒考评:专家言论——引申到好葡萄酒是种出来的;

2. 葡萄与葡萄酒营养对比

3. 自酿葡萄酒技术——工艺简单,好葡萄出好酒

4. 酿制好干红的葡萄标准要求

5. 中国各地酿酒葡萄?　　西部

6. 不达标葡萄怎么办?　　加糖、香精等

7. 中国哪里的葡萄是最好的干红原料？　宁夏

8. 干红葡萄酒鉴别　色、香、味

9. 葡萄酒的红色哪里来的？　调色

10. 东西部葡萄酒区别　真相，唯一美国认证

11. 贺兰山下好葡萄　地理环境

12. 好干红——某干红葡萄酒，真相，唯一美国认证

13. 某系列干红介绍　唯一可以出口美国的干红葡萄酒

中间可以穿插某干红有奖葡萄酒知识调查问卷，抽奖是提高软文关注度的最好附加行动。

三、媒体安排

1.《淄博晚报》:政策、金融版面

软文为主，穿插硬广告

时间以星期二、五根据阶段需要安排硬广告，其他时间安排软广告

时段以 10—15 天为一个周期

2. 淄博广播调频 100 节目

时段:7:00—9:00;10:30—12:30;16:30—18:30

时长:5 秒;10 秒;15 秒;30 秒;60 秒;

3. 办公楼多媒体电视广告:义乌小商品城

4. 公交电视广告

5. 网站嵌入式广告:网站、卡

媒体以《淄博晚报》和电台为主，其他三种可以根据经费确定。

四、平面广告设计

(一)招聘广告

1. 版面:1/2、1/4、

2. 文案:

好葡萄酒是种出来的——国外的葡萄酒大师如是说。

中国唯一通过美国食品认证的葡萄酒。

中国的葡萄酒希望在西部——中国的葡萄酒行业、专家如是结论。

纯净的地理气候环境——无自然环境污染,

纯洁的葡萄种植过程——无种植管理污染,

一群拥有纯粹思想的塞尚贺兰人——实在人,

供应纯汁的某干红葡萄酒——实在酒。

从西部的戈壁,

从巍巍的贺兰山下,

某干红葡萄酒来了,

代表西部来了,

来到了淄博,来到了东部葡萄酒的根据地。

某干红葡萄酒,

中国最好的酿酒葡萄产地的酒,

向淄博人民问好!

西风起兮葡萄酒市场,

西部酒葡萄名震海内外兮到东方,

安得猛士兮扩土封疆。

纯净、纯洁、纯粹、纯汁的某干红葡萄酒,

3. 图案:

贺兰山下自然环境与葡萄园(整体背景)

几个某酒品牌人团结同心的人物动作设计(人物可真也可虚拟设计)

瓶装葡萄酒与人物设计融合

(二)销售广告

1. 版面:1/2、1/4、1/6、1/8

2. 文案:宣传、娱乐活动结合,营销、娱乐互动并行

广告语:再议

(1)吃葡萄何用东挑西拣,一杯某葡萄酒,胜似99颗红葡萄——营养美容概念

（2）某干红葡萄酒,贺兰山下好葡萄——营养概念

（3）家有某干红葡萄酒,享受贺兰山下好葡萄——家居饮酒消费

（4）喝某干红葡萄酒,享受贺兰山下好葡萄——营养概念

（5）每天一杯某干红葡萄酒,胜吃99颗红葡萄——家居饮酒消费

（6）喝酒喝干红,干红选某酒,纯净的酒,健康的酒——安全保健概念

（7）中国唯一通过美国食品认证的酒——品牌表达和标志性概念,每个广告都用(用词需要进一步斟酌)

（8）喝某干红葡萄酒,健康跨过99——预防保健长寿概念

以上广告语,可以再重新剪辑,进行缩短和拉长时间处理。

3. 图案:同招聘,人物改成男女浪漫饮酒,或者个人家里享受酒

（三）形象广告

1. 版面:1/2、1/4、1/6、1/8

2. 文案:同招聘广告

● 品牌广告语

中国唯一通过美国食品认证的酒——品牌表达和标志性概念,

纯净、纯洁、纯粹、纯汁,某干红葡萄酒——品牌表达

● 文案

好葡萄酒是种出来的——国外的葡萄酒大师如是说。

中国唯一通过美国食品认证的葡萄酒。

中国的葡萄酒希望在西部——中国的葡萄酒行业、专家如是结论。

纯净的地理气候环境——无自然环境污染,

纯洁的葡萄种植过程——无种植管理污染,

一群拥有纯粹思想的塞尚贺兰人——实在人,

奉上纯汁的某干红葡萄酒——实在酒。

让您工作之余,

尽享美好逍遥人生。

● 公司介绍

略

3. 图案:同招聘广告,人物改成个人家里享受酒

五、电台广告设计

● 5秒:广告语

1. 喝某干红葡萄酒,享受贺兰山下好葡萄

2. 每天一杯某干红葡萄酒,胜吃99颗红葡萄

3. 家有某干红葡萄酒,享受贺兰山下好葡萄(下午、夜间)

4. 某干红葡萄酒,贺兰山下好葡萄

5. 喝某干红葡萄酒,健康跨过99

● 10秒:广告语40字左右

喝酒喝干红,干红选某酒,纯净的酒,健康的酒。每天一杯某干红葡萄酒,胜吃99颗红葡萄。

吃葡萄何必东挑西拣,一杯某葡萄酒胜似99颗红葡萄。某干红葡萄酒,贺兰山下好葡萄。

中国唯一达到出口美国品质标准的干红葡萄酒。干红好享受,尽在某干红葡萄酒。

● 15秒:广告语或者对话,广告语70字左右,对话100字左右

喝酒对白

● 30秒:对话组合140字

喝酒对白

● 1分钟:对话或者对话故事,某干红的故事

核心:纯净、纯洁、纯粹、纯汁,某干红葡萄酒

六、其他传播途径

1. POP广告单页发送

2. 淄博网络博客讨论

3. 电视新闻传播

4. 电视社会话题讨论

七、传播策略

1. 先营销,后形象

本着成本优先原则,在利用媒体宣传时,在广告制作上,注意不要进入形象宣传的误区。我们公司现在是销售和生存第一,不可把有限的宣传资源浪费在形象宣传上,虽然形象宣传很重要,但是我们绝对比不过那些大公司,尤其是他们已经拥有绝对品牌优势的情况下,更是这样,是谓"智者不为"。

2. 先软性宣传,后硬性宣传

鉴于公司名不见经传,产品没有知名度,公司的前期宣传应该以基础内容和名字宣传为重心,提高公司知名度,提高消费者对公司产品的认知度为核心,建立公司及产品在消费者心中的好印象。

3. 注重活动互动,避免纯宣传

鉴于目前媒体广告泛滥成灾的局面,公司的所有广告宣传都要增加与读者和

消费者的互动手段,提高他们的关注度,让他们从感兴趣开始,更加深入地关注公司,关注产品,关注公司的宣传内容。

以上是常规传媒策略,另外还有随机性的非常规策略

4. 注重事件传播:每个行业都有其技术弱点,此弱点就是事件发生的原因。一旦发生针对该点的事件,行业内所有企业都会受到或正面或负面的影响,此时的正面借机宣传,就是事件传播,此为借力打力之法,借着所发生事件在社会上的影响效应,顺势扩大自己的正面影响,自然在行业内耀眼闪光。有两种,一种是偶发事件,另一种是有计划制造事件。偶发事件可遇不可求,借力之处负面影响小,自己制造事件就如同玩火,玩不好,会成为行业内的公敌,危害之力不可估量,最后结果不可预测。

5. 注重搭载捆绑式传播:与目标客户群相似的公司、组织一起,利用各种方式合作,共同经营客户群,使得传播费用减少,但是传播声势更大,做到共商共赢。

6. 好的产品包装会说话:对于干红葡萄酒而言,有三个,一个是酒瓶,二是瓶标,三是外包装。公司的三个方面的包装都需要再仔细斟酌。

下篇　营销策划

以切割营销理念为核心,贯彻切割营销战略。

通过有目的的切割传播、切割营销,实现行业内局部突破,实现品牌建设目的。

淄博市场现状

1. 行业内大牌林立:行业市场格局已经形成,市场瓜分基本完成,新品牌立足空间狭小,生存困难。张裕、长城、王朝、威龙等国内品牌与洋酒瓜分了各种档次消费者,新品牌生存困难。

2. 酒店几乎已经没有市场空间:由于起步晚,大品牌覆盖式买断酒店干红经营,作为酒类的传统主战场,想要有所建树几乎寸步难行。酒店对我们公司而言就像鸡肋,食之无肉,弃之可惜。

3. 酒水经销商密度大,几乎无缝覆盖。厂家买断经营结合当地酒水经销商的经营,市场经过盘根错节覆盖,新品牌只能另辟蹊径开发市场,否则退出市场可以预见。

4. 各家商超内,干红葡萄酒国内大品牌几乎都有,价格与张裕相差不大,几乎都走高档路线,同时洋酒业有大量存在。我们公司无知名度的情况下,进了商超,唯有价格残杀是出路,前景渺茫。

5. 进口国外的干红品牌比国内知名品牌更多,占了"洋酒"的光,神秘性、价格、销路都不容忽视。

6. 其他葡萄酒种类繁多,有许多低价格葡萄酒,由于消费者知识的缺乏,对低价干红市场有一定影响。

7. 男人多数喜欢喝白酒,对干红不感兴趣,尤其中青年男人,这是淄博市场消费者的一个重要特点,但是这也说明未来市场空间所在。

8. 红酒消费群体正在兴起,但是干红葡萄酒还没有成为大众消费品。

9. 酒类家族竞争激烈,红酒市场小,干红更小,只存在于高层和女性消费群体内。

10. 某公司进入淄博市场不仅时间比较晚,而且时机比较晚,错过了酒水经销商换牌子的时间。经销商、代理商换牌子一般都在年底和年初,只有特殊情况才会发生,否则年中很难有机会。

一、公司资源整合:

● 资金实力弱:注定了营销过程中力量投入将会捉襟见肘,知名度难做,目前,在淄博生存是第一位的,发展和品牌都是次要考虑的东西。

● 人力资源资本极弱:人少,都没经验,缺乏培训。资金原因造成此结果,必将反过来影响市场开发速度,从而又影响了资金回收,由此造成恶性循环。

● 品牌度:为零,决定了公司在淄博市场初期的路将会非常艰难。

● 市场网络:为零,公司决策建立自己的独特网络虽然正确,但是时间会非常长,弯路会走得比较多。

● 产品技术不具有竞争优势:尽管具备产地优势,但是该优势不被多数人知道,有等于无,况且该优势无论哪家葡萄酒公司或者个人投资者都可以得到,并且酿造技术门槛低,在目前和将来都不是具有技术竞争优势,难以形成核心竞争力。

● 网站建设低级,缺少消费者认识的平台。

二、SWOT 分析:简要分析

1. 优势:

一是优质葡萄产地优势,是好干红的基础,忠实的干红消费者都知道西部干红优势;

二是有多年的淄博市场干红销售经验,淄博有熟悉的人际关系,更有利于开展工作;

三是新品牌,在市场上不存在不良影响。

2. 劣势:

一是品牌低,产品没有相应的制度,品牌没有知名度,更谈不到品牌信誉度、

美誉度,距离销售的最高境界——好口碑更是天差地远;

二是资金不足更是大问题,首要是宣传投入少,力度就弱,知名度难做;

三是人力不足,初期开发市场更是问题,后期发展人才跟进会断链,更是市场稳步发展的大问题,当然这都是资金不足惹的祸;

四是传统销售模式难建立,已经被占领,即使建立,在行业内大品牌的威压下也难有作为;

五是无市场基础,我们走的是一条全新的颠覆市场的路,需要摸着石头过河。

3. 机会:

一是家居葡萄酒消费即将兴起,上层人物已经形成消费共识,只是目前还没有形成消费氛围;

二是目前酒市场和干红市场都面临市场剧变前夜,公司干红有质量好定价低优势;

三是有颠覆市场格局,行业内重新排序可能。家居消费不可低估,在此市场内,如果谁能够在全国有所建树,必会在干红行业内挺进行业排行榜前三名内。

4. 威胁:有价格战可能,一旦针对公司发生,虽然表明公司实力有了增强,市场发展旺盛,但是也到了公司生死存亡之时。目前,行业格局稳定,公司销售量细小,相对市场容量而言几乎等于零,还不需要担心,可以大胆进行各种行动。

三、营销策略:

这是一场有侧翼攻击战特点的战役,而我们公司的身份又打不起,只能采取游击战,时间就是金钱已经不能代表其含义,而时间就是能够生存多久的生命才恰如其分。为什么这么说,是因为我们的模式具有可复制性,一旦引起大公司的注意,我们就没有多少发展空间了,已经发展的空间也会遭到他们强势的直接攻击,我们将没有时间精力继续开发市场,守护已经占领的市场有可能也会进入倒计时!

淄博市场开发战略如下:

扬长避短,避实击虚,直销渗透占领消费者喝酒心智选项,占领未来葡萄酒大市场——家居消费。长——优质低价,虚——家居干红消费市场;短——品牌低,实——传统销售网络。

以点带面,抓住典型客户,扩大影响,扩大销售,实施消费者直接拦截。

鉴于目前公司在淄博市场一切都是从零开始的现状,以体验营销——品尝营销为起点,实施市场营销网络倒推营销——从消费者拦截过渡到会员网络销售和葡萄酒营销网络终端拦截。具体战略有三条:

1. 游击战略:不发动大规模进攻,寻找行业强者市场薄弱漏洞发展,发展有市场的被忽略的非主流系统网络。目前公司实力,不足以在主流销售网络中发起任何战役,只能独辟蹊径,建大企业不为的销售渠道网络。

2. 借鸡下蛋:利用美容院、整容医院等组织的人脉资源建立直销客户网络。

3. 蚕食策略:渗透式进入市场,通过潜移默化占领市场,避免硬攻市场,我们没有品牌优势,没有资金优势。

4. 顶级干红礼品策略:丰富产品线,创造顶级干红产品(产品建议),并开发礼品包装盒,顺势打开礼品市场。

5. 切割营销:容量切割、质量切割、消费者切割、产品切割。

6. 产品差异化策略:差异化策略可以打开一片崭新的市场,并制造新闻。

四、切割营销分析

1. 消费者切割分析:

人群切割:

有消费需求:老人、女人是忠实的消费者;中年男人是潜力消费者和随机消费者。

有消费能力:退休、白领工作人员其收入都比较高,有能力消费。

人群特点:

老人:知识高或者阅历广、深,有保健意识,是主动和被动消费合一的消费者。

妇女:有保健美容意识,多数是被动消费者,年轻有品位的女性是主动消费者,但是很少。

2. 消费行为切割分析

男人是购买的策划者、行动的执行者,品牌和认知是第一位,价格是参考。

酒店消费:男人是决策者(女性聚会除外)。

家庭消费:男人是理智和品位购买者,女人是诱导性消费者和品牌拥护者。

自办宴席:红白事、乔迁之喜庆祝、聚会、生日宴会是价格、品牌的消费者。

3. 包装差异化切割:差异化策略可以打开一片崭新的市场,并制造新闻。

大容量现状:适合多人共饮,酒店内销售或可,保健自享明显不太适合。

小容量需求:适合少量饮酒者,家庭消费的最佳包装是两整杯,再稍微多点会增加饮用量和销售量。我们的市场定位既然是家庭内享用,那么开发家庭小包装势在必行。

4. 质量切割

产地:是我们唯一的优势(价格并非干红的消费优势)。

企业:好产地、质量稳定可靠的规模生产企业是我们的首选,可以同时借其力,协助市场开发。

5. 产品差异化切割:

开发少量礼品包装,作为销售和自用礼品。

针对女性消费进行包装设计,与小包装结合切割出女性专用。

五、包装策略

1. 小瓶策略:8两瓶灌装,针对女性、家居消费者。宴席上,喝红酒人数少的情况下,家居消费一次喝不多的情况下,可以多个选择。通过体贴消费者,体现公司的关心、细心的良好形象。大包装箱采取女性化设计,以美容、保健为中心理念。

2. 精装小包装盒策略:2瓶精品礼品包装,内含启瓶器、酒杯、多功能军刀等多种器具礼品选择。消费者可以少花钱,上档次,馈赠佳品。

3. 豪华大包装策略:

低档:吉祥、长寿设计。

中档:富贵、长寿豪华设计。

高档:华贵设计理念,圣贤语录、诗、画、云龙可以考虑。

现有包装可以做散卖干红的商超、酒店使用,用完即止,同样产品最好不出现两种包装,礼品盒除外。

六、营销战术

战术核心是差异化营销。根据客户特点,制定不同的营销模式、产品卖点表达,实现该类客户群的销售突破。

1. 体验营销:即品尝营销,宣传、促销重点,是品牌和销售的基础。政府宿舍住宅区、龙凤苑、公园,稳步持续执行。品牌是知名度、信誉度、美誉度的层层加深建设的过程,饮品销售是从知道、认识、感觉、试探购买、继续购买到忠实消费的过程。体验营销可以达到双管齐下、同步建设的目的,相对目前公司的现状,是切实可行、必不可少的市场营销工作。

2. 公关销售:营销重点,挖掘消费领袖力量,倒逼酒店营销。是目前饮品营销方法中事半功倍的营销方法。

3. 酒店营销:作为网络营销的终端,目前是葡萄酒市场竞争的主战场,量力而行,见缝插针,蚕食运作。也是办事处生存的关键。鉴于目前营销的困难局面,通过前两项实施倒逼开发是公司打开市场的钥匙。我们公司作为后来者,市场空间剩余很少是可以预见的,开发是必须要做的,不过不应该作为公司开发市场资源的主攻方向。

4. 电话营销:尽管是公司销售的发展目标,但是目前只能做客户资源及资料储备工作,如果操作只能做团购电话营销,效益会比较大,否则,在公司产品认知度低、知名度低、信誉度空白、美誉度没有的情况下,解决不了扩大销量的目的。

5. 事件营销:鉴于目前公司的实力,只能做有把握的事件炒作,改变现有市场格局的事件可遇不可求,我们不可故意炒作,否则后果严重。

6. 捆绑营销:家电、手机、家具等。

7. 网络营销:建立批发销售网络,想成功必须做的工作。

● 老干部、老年人活动中心:是最佳的针对有需要、有消费能力的老年人的宣传、销售网络,可以建立庞大的销售网络。

● 美容医院的客户资料和宣传平台,是最佳的年轻女性的宣传和销售阵地,能够利用他们的客户资料是建立女性电话直销网络的最见效的途径。妇科医院也可以考虑。

● 健身机构:直接利用会员网建立电话直销网。

● 婚纱摄影:合作展台销售或者兼职销售,开发婚庆干红市场。

商超网络目前不适合,有了知名度、信誉度、美誉度后可以考虑。干红葡萄酒在商超,低价不是优势。

七、营销流程:

1. 体验营销:就是品尝营销,也是公司形象展示。

● 活动描述:两人一组,到社区、卖场或者公共场所,免费品尝活动。

● 对象:有良好经济基础的女人、老人。

● 时间:星期六、星期天全天社区;周一至周五早晨公园晨练场、晚上休闲场所;美容行业场所、婚纱摄影场所。

● 地点:高收入者住宅区祥瑞苑、龙凤苑、黄金国际、世纪花园、区府几个宿舍区大门,更好的方式是与社区超市合作,这些地区是全方位目标客户的聚散地;美容医院、妇科医院、美容机构是中青年女性的目标客户聚集场所;老干部和老年人活动中心、干休所是黄金级别客户聚散地。

● 方式:

一人负责品尝服务行动操作,旗袍服装,身披绶带,上书"某酒,中国好干红";

一人专职负责品尝问题解答;

整理品尝中遇到的各种问题,并给每个问题设立标准答案;

● 设施:太阳伞或者小帐篷、桌椅、POP广告,有条件可以增加电视、音响

● 培训:礼仪、流程、消费者问题解答、公司形象培训。

● 发放原始VIP卡,如果公司提价后仍然享受目前的价格购买现有品种的干

红,永久有效。

2. 酒店营销:公司形象展示

• 对象:中档饭店、特色小饭店,但是都要干净、卫生,适合女性消费。

• 方式:专人进店负责管理,统计、订货、发放奖励、提成。

• 开发策略:直接操作进店和倒逼进店结合,内容多,略。

• 包装:负责人特色服装,女旗袍,男身披长带,上书"某葡萄酒,西部好干红"。

• 销售政策:价格、回扣、销售积分等综合兼顾

凡是在大堂点酒菜的,低价,给予店老板高价格差回报;

雅间点酒菜的,供货价灵活对待(或者全市统一供货价,公司拿出 1 元利润分摊),增加启瓶奖励管理,并增加推销业绩竞赛项目,设立大奖。

由于入市太晚,市场空间很少,主要的目标在新开业的酒店,可以免费铺货、免费品尝、资助广告宣传、一人协助酒店营业等多种方式合作共赢。

铺货:铺货要掌握好量,按照老板所言两天的销售额,不超过两箱,货款下次进货结算。

免费品尝:公司专人负责,时间不超过两周,每天做好酒店营业观察,并做好记录。

资助广告:可以合作合而为一广告,也可以赞助优惠就餐活动参入广告。

专人协助:从事免费品尝、协助卫生、招呼客人工作,同时做好酒店每天营业情况,完成酒店考察工作。

3. 公关营销:

• 领袖消费公关:寻找消费领袖,建立消费领袖团队,自身消费,引领消费,扩大消费大户圈,带动团购、宴请和个人享受消费,建立广泛的、庞大的高档消费群,引领认知度、知名度、美誉度建设,建立公司口碑品牌。

• 比赛公关:赞助老人比赛活动,与老龄委联合举办老年人比赛:台球、门球、象棋、围棋、书法等等比赛,取得他们全年的比赛计划安排,有针对性地加入每项比赛,并实施体验营销。

• 会议公关:人大、政协、企业家联合会、女企业家联合会、行业商会、外地在淄博的商会开会现场,举行现场免费品尝体验。

具体的办法是接触相关对象后后,根据具体情况制定适合的方式。

4. 捆绑营销:

与产品生产商或者销售商合作,按照单价或者组合价的高低,我们搭载于他们的产品上或者他们搭载于我们的干红上,一起打包销售,实现共同销售,共同扩大销量,提高市场占有率。目前,我们只实行搭载销售,成熟期可以考虑相关小商

品搭在我们的产品上促销。

- 电子商品:根据商品不同,决定搭载关系
- 家具:销售搭载。
- 美容机构:会员卡销售搭载
- 保健器械:销售搭载
- 健身机构:吧台或者会员卡销售搭载
- 旅游机构:团队旅游销售搭载

具体的办法是接触后,根据具体情况制定适合的方式。

5. 活动促销:卖场短时间,高折扣,高优惠,追求轰动、品尝型消费

- 原始 VIP 卡:永久享有目前价格的干红品种购买权利
- 抽奖促销:配合公司的活动抽奖、客户抽奖
- 赞助比赛奖品:老人象棋、围棋、门球等其他的老人娱乐活动
- 节日活动促销
- 婚宴促销

具体的办法是接触后,根据具体情况制定适合的方式。

6. 其他地县市分销:适用鞭长莫及的县市

- 发展加盟经销商:

山东省以淄博为中心;

外省重点省份同样县市级一步到位;

非重点省份可以发展地市级加盟商,可以一方面快速布点,另一方面也尽量压缩了营销网络渠道层级。

- 加盟要求:

首次订货额

月提货销售:递增指标

季度销售回扣:指标回扣

年度销售回扣:指标回扣

月平均销售竞赛奖励回扣:基础额以上

- 加盟信息传播:地市报纸信息栏小通告

八、销售管理:

1. 档案:

- 客户档案:按照消费客户、酒店客户、经销商客户分类建立每个客户的档案,档案基础内容包括名字、电话、生日、工作、消费干红品种档次、配偶名字、生日、购买记录、汇总

● 将客户分级：初级客户、白银客户、黄金客户、白金客户、钻石客户、云龙客户（顶级存在，不记名，见证件有效，每个地市不超 2 人），升级条件

● 制造级别差异：价格差异、礼品差异、生日待遇差异

2. 客户回访：定期、售后、预计下一次购买前，电话或者上门回访。

3. 收发货管理：登记造册进行样品、活动样品领用管理。

4. 客户管理：

● 级别管理：客户订货、待遇变化、公司信息传达

● 升级管理：追踪客户级别发展动态，及时交流通知

● 交流管理：生日、家庭喜事

5. 市场管理：

● 客户维护：待遇兑现

● 工作计划：每周、每月工作项目计划

● 目标销售计划：目标分解到日、周、月，并有奖罚跟进，目前局面只能实行小罚重奖

6. 投诉反应管理

建立投诉快速反应机制，初期由经理负责，随着公司的成长，逐渐安排其他专人负责，力争将投诉的负面影响消灭在种子阶段。投诉反应时间，力争在 24 小时内解决，再长就会发芽、成长、蔓延，给公司的信誉、美誉造成极大损害。

7. 工作会议管理

形成工作例会制：

● 每天早晨：前一天总结汇报，今天工作计划安排

● 周末下午：本周工作总结、下周工作计划

● 周一早晨：本周工作计划书、当天工作计划

九、当务之急

1. 工作人员：严重不足，不仅指销售人员，还有档案管理、销售助理、会计等，虽然有些人可以兼职，但是建立职能工作内容必不可少。

2. 培训滞后：

● 品牌塑造：品牌内涵、怎样建立品牌、注意问题

● 营销知识技巧：消费心理、话术

3. 以建立市场认知度、知名度为重心，确定、制定工作计划、执行方案、监督奖罚制度。

某系列食品整合营销方案

这是为一个想要做食品深加工的投资者所做。他很看好小包装速食肴菜市场。

前有方便面,今有方便菜
"某品牌比菜香"中国第一道"方便菜"

策划人:孙德锋
2007 年 11 月

一、市场分析

咸菜,是消费者心中和餐桌上必不可少的佐餐食品,消费量占据酱腌菜市场总量 50% 以上,是最为强势和主流的"方便佐餐开胃菜"。如果在这个品类里出现一个龙头大哥的企业,那么毫不夸张地说,它将控制整个中国人的餐桌!

据零点调查公司对中国市场进行的两年多的研究,到 2003 年的时侯,他们的调研结果显示出的数据是,中国咸菜市场容量为 240 个亿。而我们也有充分的理由相信,这个行业的实际容量还要远远大于这个数字。

而与之反差极大的是,作为这个行业中的领军者,一年能销售数百亿的市场,却才只销售二三个亿而已,而且能达到这样销售额的企业也是少之又少,如"乌江榨菜",全年回款首次突破 4 亿元大关。品牌分散的程度可见一斑,甚至可以说这个行业尚不存在具有足够竞争力的品牌。市场并没有品牌化。

随着中国饮食结构的变化,也使得咸菜的消耗量增大,每年以 25% 的速度自然增长。而咸菜产品消费量占据酱腌菜市场总量 50% 以上,它还将继续保持在方便佐餐开胃菜行业的绝对优势,并带动整个酱腌菜行业的增长。

"咸菜"市场还有相当广阔的发展空间。

咸菜是一种传统的产品,过去,人们多习惯家庭自制咸菜。而随着我国经济的不断发展,人民生活水平的不断提高,生活节奏的加快,消费者已很少自制咸菜,多在市场上购买。这也是社会分工的必然结果。

因此成品咸菜满足了人们对方便性的需求。

我们可以相信酱腌菜行业亟待整合,正处于行业大变革的前夜。

在这样一个历史时期,我们携手"某品牌比菜香",共同打造中国第一道方便菜!

二、产品 SWOT 分析:

(一)优势分析:

1."某品牌比菜香"系列产品

传统优势:传统名菜——辣疙瘩炒肉丝、辣(疙瘩)丝(成本极低,不炒,纯粹发酵产品,可做技术包装宣传)

产区优势:沂蒙山区是革命老区,沂蒙红嫂故事的发生地。而且该地区污染少,产品无公害,符合大众绿色无污染的追求。

品牌优势:商标名为"某某",为大众熟悉的红色经典,容易使人联想起绿色、健康、革命、温馨、仁爱、质量可靠的品牌形象,容易激起大众的品牌认同感。

产品名为"某品牌比菜香",直接而神秘,容易激起消费者的品尝欲望。

经验优势:历史悠久,生产经验丰富。

文化资源优势:沂蒙红嫂是红色经典,为消费者所熟悉。而且沂蒙山区又是沂蒙红嫂故事的发生地。在品牌推广时,可打出这张文化牌,以此为铺垫,迅速抢占消费者的心智资源。

2. 生产及配套设施完善,原料资源充足,质量高;

沂蒙山地区污染少,可供选择的无公害农产品充足;

3. 淄博及北方各地区食品销售市场网络都比较健全、密集,各地都有密集的、多渠道的分销网络资源可供选择;

4. 淄博龙之媒公司拥有培训销售队伍的良好经验;

5. 以特色产品打开市场,"某品牌比菜香"有深厚的历史、文化背景以及广泛优质的原料产品空间,其后续产品推展空间巨大。

(二)劣势:

1. 小食品市场竞争强烈,新产品被消费者接受阻力巨大;

2. 陌生品牌,消费者认知度低;

3. 面对庞大的众多的市场分销网络,渠道选择是对营销成果的巨大考验;

4. 市场准入门槛低,生产技术门槛低,容易出现同样产品竞争。

(三)机会:

"某品牌的内涵"具有让国人感动、温馨的文化内涵,蕴含巨大的感情商机

"春节到来,购物旺季"——食品类新品上市的最好时机

"青岛大型食品展销会",是加速招商及销售的又一机遇

1. 本品价格适中,口感好,适用于各阶层、各个档次、各种口味需求的产品;

2. 口味多样,适合全国各地销售。山东人自古喜爱吃咸菜,辣疙瘩炒肉符合山东人口重的习惯。

(四)威胁:

由于技术门槛低,容易被跟风和仿制,竞争激烈。需要认真防范与区隔竞争。

市场商超为主的销售渠道,其他品牌,如"老干妈""巧媳妇"等食品强势品牌占领着市场的绝对领导地位。

市场上的辣疙瘩炒肉丝的品种虽然不多,但一旦打响某品牌后,市场将出现各种鱼龙混杂、质量好坏不一的品牌,将会造成负面影响。

三、竞争分析:

市场上同类产品众多,而且价格便宜。手工咸菜作坊星罗棋布,遍布城乡,良莠不一的小型咸菜厂不断出现,产品质量参差不齐,鱼目混珠的,不但影响了咸菜行业的整体形象,也在一定程度上扰乱了公平的市场竞争秩序。

跨国食品公司大举收购国内酱腌菜企业,国内企业间的并购也在增加,新的资本正纷纷进入酱腌菜行业。一时间,酱腌菜市场风起云涌。市场的需求也在发生着重大的变化。酱腌菜行业进入了一个大转变、大调整和大分化时期,面临着前所未有的机遇和挑战。

一旦"某品牌比菜香"介入市场,将会面临激烈的竞争。而且成为名牌之后,更容易遭受攻击和仿制,要充分利用专利、商标武器,从生产技术、外观包装、商标方面保护自己的产品、市场,屏蔽仿冒恶性竞争。

四、消费者分析:

目标消费者:高端人士,上班一族;餐饮消费者;在校学生;家庭主妇。

心理特征:上班一族、餐饮消费者、在校学生追求简单便捷的饮食,但同时对产品质量也有较高的要求。

高端人士关心自己的生活质量,注重自身的健康问题,为了健康甚至不惜一掷千金。在吃腻了生猛海鲜之后,他们开始重视绿色食品,追求健康,追求绿色,追求质量。

家庭主妇是家庭餐饮的主要负责人,十分重视产品对家人健康的影响。

2. 需求分析:

咸菜是一种传统的产品,过去,人们多习惯家庭自制咸菜、小菜。而随着我国经济的不断发展,人民生活水平的不断提高,生活节奏的加快,消费者已很少自制

咸菜,市场上有那么多家庭作坊制作的各种口味的咸菜,多在市场上购买。"某品牌比菜香"满足了消费者对成品咸菜的需求。

3. 购买动机:

(1)好吃:爽口、肉香、营养、好吃;

(2)经济实惠:大中型普通产品平均 100 克每元的价格完全可以接受;

(3)食用方便:罐头包装,一拧就开,很符合现代快节奏的社会生活环境。

4. 购买决定:

(1)购买者一般是——本人或亲人;

(2)受广告的影响、受亲朋的推荐;

(3)时间紧迫,食用上的需要;

(4)方便酒肴。

5. 购买频度:

(1)家庭来不及炒菜时,可做菜下饭;一周一次;

(2)习惯在外出旅游时方便食用;

(3)上班族快餐需求;

(4)当成礼品拿去孝顺老人、爱护孩子;

(5)快餐酒肴;

(6)亲朋好友礼尚往来。

五、产品定位:

(一)市场定位:

1. 产品的市场定位

前有方便面,今有方便菜。"某品牌比菜香"作为中国第一道方便菜,价廉物美、合社会各层次、各种口味的食用标准。

传统的就是习惯的,拥有上千年历史的,是极富生命力的。"某品牌比菜香"要依靠诱人的滋味,美好中国人的胃口。方便面的诞生,方便了一批时间少,缺乏精炒细作条件的人群。同样"某品牌比菜香"可以定位于中国第一道方便菜,突出方便、快捷、温馨、健康,虽然不是菜,但是比菜还香。

(二)目标市场及消费者定位:

1. 根据市场的需求以及目标市场的确立,某品牌的主要目标市场是大型商超、社区便利店、早餐店、食品专卖店等;也可以进入酒店销售;

2. 时间少,缺乏精炒细作条件的人群。目标市场重点瞄准这一人群,同时居家自用与饭店使用也是不可忽略的市场。

（三）目标市场价格定位：不要中档产品，只发展高档消费产品和大众消费产品。

这是基于"自己消费求便宜，购买礼品求高档"的消费行为，做出的放弃中档的市场的初期产品价格定位的策略，同时为了照顾社会的富裕阶层、追求上档次消费、追求高消费人群的消费心理，安排高档产品生产销售。

六、品牌策略

1. 品牌文化内涵：

仁爱奉献——某品牌内涵之原型所体现的就是这种革命精神，一种支持革命、献身革命、爱党爱军的形象，说到底是一种仁爱之心。这种精神融入产品中，在产品中可以深层体现对消费者生活的关怀，对消费者健康的爱护，而且原型的故事更容易激起消费者对某品牌的心理认同感、信任感。

2. 品牌战略

前期应重视终端销售，完成各地经销商的设定，加强产品在卖场的生动化陈列；加强品牌形象在卖场的展示宣传；加强人员导购及品尝售卖，迅速进入各类卖场和便民小店，扩大影响。以产品实物宣传为主，市场销售和生产进入良性发展后，再重视媒体广告的作用。

中期执行品牌战略，从名牌产品做起，带动塑造名牌企业战略。

广告、营销宣传主次位置处理、更迭、升级分寸把握；建立自己的销售网络和产品物流集散中心；保鲜库。

后期执行名牌产品、名牌企业互动交叉宣传，互相促进带动企业营销发展。

携名牌企业的市场效应优势，名牌产品带头，以点带面带动企业其他产品销售；以品牌为主导，带动资本扩张，红遍全国。

3. 品牌塑造

塑造"某品牌"温馨、健康、活力的品牌形象；

品牌命名：此命名源自红色经典，使人联想起绿色、健康、革命、温馨、仁爱、实在可靠的品牌形象，"比菜香"突出了产品的特色，直接而神秘，容易激起消费者的品尝欲望。二者紧密结合可以打造良好的品牌形象。

又名——"某品牌妈妈菜"

将两者进行视觉捆绑。把两者的关联进行可视化的链接，这将直接促进"比菜香"对某品牌资源进行有效的控制。突出比菜香品牌，同时又与沂蒙红嫂建立了紧密的联系。

在产品包装的上部品牌识别区，可以加上这样一段文字：

——在抗日战争和解放战争时期，沂蒙红嫂付出了巨大的牺牲，她们用甘甜的乳汁、勇敢、勤劳和智慧为共和国的诞生谱写了一曲曲奉献的乐章。

"某品牌比菜香"系列产品,真正来自沂蒙山区的绿色食品。采用沂蒙山山泉水、渤海湾优质海盐、沂蒙"腊疙瘩"绿色蔬菜精心腌制后,同上等肉丝炒制,真正关爱您的健康!

前有方便面,今有方便菜。"某品牌比菜香"作为中国第一道方便菜,为您快节奏的生活中增添一份温馨,增添一片绿色!

及时有效的公关:虽然沂蒙红嫂的故事已红遍大江南北,但毕竟已年代久远,有相当数量的消费者对此并不了解。可以通过公关活动加以提醒,强化消费者的品牌认知。(详见公关策略)

包装及视觉风格:包装被称为是"无声的推销员",它是消费者在终端所见到的最直接的广告,是产品在货架上的形象代言人。健康、优良的包装材料,独具匠心的包装造型,标志、图形、字体、色彩等各种手段的综合运用,都有助于品牌个性的塑造与强化。要突出温馨,突出仁爱。建议使用健康、温馨、美丽的身着传统沂蒙红装的少妇为新时代红嫂的标志;采用暖色调的红色为主色调,既温馨,又能与沂蒙红嫂红色经典相联系。

产品及服务特征在激烈的市场竞争中,产品之间的同质化现象越来越严重,严重到彼此之间几乎已经没有什么区别。要塑造一个优势品牌,我们要努力占领"第一",保持"专一",如果未能把握时机占领"第一",则设法抢占"第一"。唯有如此,我们才能让自己的品牌最终成为一部分消费者心目中的"唯一"选择。对于"某品牌比菜香",我们要突出中国第一道方便菜的定位,与同类产品区别开来,迅速抢占消费者的心智资源。在服务上要突出温馨,突出仁爱。

品牌历史:诞生时间较长的品牌常常给人成熟、老练、稳重的感觉,但可能也有过时、守旧、死气沉沉等负面影响。因此,对于老品牌,需要经常为品牌注入活力,以防止其老化。对于"某品牌比菜香"系列产品,除了要与其原始形象有机结合以外,还要跟上时代的步伐,宣传绿色,健康,无污染。

品牌价格:一以贯之的高价位可能会被认为是高档的、富有的、略带世故的,例如金利来;相反则会被认为是朴实的、节约的、略显落伍的,例如雕牌;经常改变价格,会被认为是轻浮的、难以捉摸的。对于"某品牌比菜香"系列产品,应形成价格的高低搭配,适应不同人群的需要。

品牌籍贯:由于历史、经济、文化、风俗的不同,每一个地方都会形成自己的一些特色。对于沂蒙山区而言,特色就是革命老区,绿色天然。在宣传时,要突出沂蒙特色。

七、营销策略

（一）产品策略

产品条形码：申请自己的专用条形识别码，适应超市销售渠道要求。

沂蒙红嫂比菜香：

1. 采用沂蒙山山泉水、渤海湾优质海盐、沂蒙辣疙瘩绿色蔬菜精心腌制后，同上等肉丝炒制。各种口味均有：香辣、五香、鱼香等；辣丝只做一种口味，传统原味——辣、甜、微酸；

2. 中、小容量包装，精装，简装，零卖；大容量包装，精装礼品装；

3. 加工的整齐部分瓶装，制成高档产品；长短不一成品进行袋装，做大众消费产品；

4. 辣丝不单独销售，缺货式供应销售，只在套装礼品中销售，提高档次，带动其他产品销售，同时抬高其他厂家的竞争难度。

产品文化：

1. 品牌原型故事，带动沂蒙地区可食用的地方野菜产品：苦菜、香椿芽、桔梗等；

2. 以"红色经典，红嫂乡情，红遍天下"为主题，广告诉求：健康、自然；

3. 利用现有或者更高级别的中医专家论证保健功效，做无公害、保健、养生功能产品包装，增加产品高级亮点，更好地适应大众传播。

（二）产品包装设计及重量差异化包装策略

1. 袋装：

（1）小袋 100g—500g 设计多种差异化包装方式，提供给不同的、不同类型的经销商。高端消费群的经销商提供小包装、礼品装，大众消费终端的提供大包装及组合装产品；

（2）高端小包装精美透明，内装菜漂亮整齐；

（3）普通大包装取长短不一者、加工高档产品的遗留部分填充。

2. 瓶装：方形透明玻璃瓶去同样长度成品整齐装入，只做成高档礼品包装。

3. 礼品装：瓶装走精品路线，大包袋装走普通礼品路线。

（1）主推产品包装：各种口味齐全，但是，辣丝只有一瓶，命名——众星捧月（白色，名副其实）；

（2）次推：无辣丝的做辣炒肉丝全家福包装。

精品装、普通产品组合包装，质量不同，产品相同。

（三）价格策略

质量、重量差异化包装，辅以差异化定价。根据市场情况合理定价。

高档、低档产品价格策略,高档礼品化销售,低档大众化普及销售,避免中档高档产品获取超额利润,从而降低低档产品成本,便于推向社会大众,赢取广泛的社会美誉度,同时又促进高档产品的销售。定价根据实际再做确定,此处不做确定。

高、低收入适用2:8法则,消费心理也同样适用。据此理论制定产品价格。

1. 普通袋装产品价格:元/千克

2. 精品袋装产品价格:元/千克

3. 普通礼品装产品(全家福)价格:元/单位

4. 瓶装精品价格:元/瓶

5. 精品礼品装产品(众星捧月)价格:元/单位

(四)包装图案设计差异化策略

产品包装是最好的广告,产品的质量是最根本的广告宣传。产品的外观包装是最直观的、宣传频率最高的广告。

采用红色为主色调,一是喜庆,二则容易使人联想起沂蒙红嫂红色经典。

1. 主要包装图案设计:

主调设计:以温馨、健康、清新、美丽的身着传统沂蒙红装的少妇为新时代红嫂为表达;

高档背景设计:选用青山绿水——突出温馨、自然、健康、无污染;

大众背景设计:"红色经典,红嫂乡情、红遍天下";

背面设计:红色底色,以无公害、营养、保健特点作文字表达,满足消费者诉求,另附配料表、产品标准号、保质期、生产日期、厂址、电话及条形码。

2. 高档产品包装设计:

包装设计上揉入文学性、艺术性、抽象性,提高文化消费韵味,满足高档消费者文化、感官、层次享受。可采用沂蒙红嫂的形象,但要上升到艺术的高度,体现文化内涵。

小袋外包装平面设计:高档背景设计、主调设计

瓶外包装平面设计:方形瓶、高档背景设计、主调设计

礼品袋或者礼品盒平面设计:主调图案、众星捧月菜盘图案、高档背景设计组和;抽象诱惑性文字

"比菜香","某品牌比菜香!""红色经典,红嫂乡情、红遍天下"

一吃难忘的滋味

无法言喻的美妙

——某品牌

3. 大众产品包装设计:

可分为袋装、盒装。可适当降低文化的要求,同样使用沂蒙红嫂图像,颜色走大众世俗倾向策略,背景图案可以偏重红色,不仅映射红色老区,而且可以吸引消费者眼球,使消费者容易注意。

小袋外包装平面设计:大众背景设计、主调设计

礼品袋或者礼品盒平面设计:主调图案、全家福菜盘图案、大众背景设计组和;抽象诱惑性文字

"比菜香","某品牌比菜香!""红色经典,红嫂乡情、红遍天下"

一吃难忘的滋味

无法言喻的美妙

——某品牌

4. 招贴画及包装文字设计

文字突出第一方便菜,最好的方便菜。突出方便(文案)采用新时代红嫂的形象(图片可向沂源分公司索要)

在抗日战争和解放战争时期沂蒙红嫂付出了巨大的牺牲,她们用勇敢、勤劳和智慧为共和国的诞生谱写了一曲曲奉献的乐章。

"某品牌比菜香"系列产品,真正来自沂蒙山区的绿色食品。采用沂蒙山山泉水、渤海湾优质海盐、沂蒙辣疙瘩绿色蔬菜精心腌制后,同上等肉丝炒制,香喷喷,辣乎乎,真正美好您的胃口!

您是否为没有时间精炒细作而烦恼? 您是否为总吃方便面感到无奈? 快节奏的生活,忙碌的工作使您感觉做饭成了一种负担。您也会感慨如果有一种产品简单快捷,却又能跟妈妈做的菜相媲美,那该多好啊。

前有方便面,今有方便菜。"某品牌比菜香"系列产品让您的梦想成为现实!

作为中国第一道方便菜,"某品牌比菜香"作为中国第一道方便菜,为您快节奏的生活中增添一份温暖,增添一片关怀!

"比菜香","某品牌比菜香!""红色经典,红嫂乡情、红遍天下"

(五)市场保护策略

由于技术门槛低,容易被跟风和仿制,所以,商标注册、生产工艺专利申请,包装设计专利申请是一项势在必行的竞争措施,这样的定位可以同其他同类产品区别开来。

商标认证:方便菜"某品牌比菜香"。

生产工艺专利认证申请。

包装设计专利申请。

包装物外观设计专利认证申请。

（六）渠道策略

渠道一：授权大型零售商店、超市，借助其完善的销售网络，直接完成由出厂到终端的流通；如政通超市；其他如大润发超市、银座、商厦等；

渠道二：通过中型销售商进行销售；

渠道三：通过批发商批量向各小型零售商配送、铺货；

渠道四：通过批发商向各大、中、小型零售商进行销售；

渠道五：人流量大处，早餐工程车、医院门口、社区便利店等；

渠道六：建立旅游景点、铁路、航空适销对路的销售网络，宣传和让各地旅客品尝认识是第一位，招商内容在包装中同时体现；

渠道七：淄博的高校市场，如山东理工大学、淄博职业技术学院、山东水利学院等可通过校园代理的方式销售。

（七）销售策略

1. 营业推广：零售，自己的对外销售窗口和各销售终端摆设销售；

2. 人员推销：阶段性于各大中型超市进行人员促销和其他促销行动（如节假日、销售旺季等）；

3. 校园战略：在校园吃饭时间开展促销，在主要宣传栏张贴招贴画，刺激性发展校园代理商；

4. 社区战略：利用在社区直接面对消费者促销的措施，直接刺激消费者，让消费需求包围终端，刺激终端合作；

5. 招商代理：在外省、地市的市区及区县设置代理商。

（八）公关策略

1. 充分利用各种展销会攻关：青岛大型食品展销订货会的参展可加速招商及销售。

2. 可在每年的建党节，建军节与政府机关及其他事业单位合作举办活动，同时吸引媒体报道，扩大社会影响。

3. "某品牌"犒军公益公关——在高级别军部促销宣传，赋予历史以新时代含义，一举多得。

4. 各个旅行社、机关、事业单位建立团购合作，开拓高端客户市场。

5. 系列促销活动。

赠品促销：与其他产品生产厂家合作，购买达到一定数量赠送她们的产品，如烙煎饼一袋等；

赠送一定数量旅游券，让消费者去参观孟良崮战役遗址；

五一、十一、春节各个节日促销。加强产品在卖场的生动化陈列；加强品牌形象在卖场的展示宣传；加强人员导购及品尝售卖；

与酒水商合作，以赠品促销的方式，将产品随着酒水带进酒店；

与超市合作，在某一时间段购物满一定金额，奖我们的产品，以此作宣传活动

在大型商超前举行免费品尝促销活动；

与旅行社合作：带到专卖店，与导游合作，返利，以礼品包为主；

八、某品牌比菜香 USP 表达

某品牌品质，袋袋飘香，代代传承

某品牌，妈妈的滋味

某品牌比菜香！妈妈味！

九、目前工作

1. 产品分类整合：精品和次等品；各种包装

2. 辣丝新品准备：原料；生产工艺；理化分析；储存条件、期限研究（目前不是很急迫，速食食品）

春节前各种攻关、宣传活动准备工作

3. 无公害认证

4. 专家保健论证：可以先寻求保健理疗功能，有药书记载更好

5. 商标认证：方便菜"某品牌比菜香"

6. 生产工艺专利认证

7. 营养分析资料需要快做。

8. 机会：临近春节，是食品创名牌的最好机会，沂蒙红嫂不容错失机会。

9. HACCP 食品安全质量体系认证刻不容缓；ISO9001 也必不可少。

10. 包装设计专利申请

参考文献

《三国志》:(晋)陈寿著,陈君慧译注,线装书局,2008。

《三国演义》:(明)罗贯中著,光明日报出版社,2013。

《后汉书》:(南朝宋)范晔,线装书局,2010。

《决战在商场——商战致胜谋略》:(美)艾尔·雷兹,(美)杰克·屈特著,蒋涛、阎锋刚编译,中国经济出版社,1992。